이기주의론

−나에게는 나밖에 없다

최 용 철 지음

*이 저서는 2010년도 전북대학교 저술장려연구비 지원에 의하여 연구되었습니다.

*This Research was supported by Chonbuk National University Research Fund, 2010

인문교양시리즈 ❺
이기주의론

초판인쇄일 : 2011년 4월 25일
초판발행일 : 2011년 4월 25일
지은이 : 최용철
펴낸곳 : 간디서원
펴낸이 : 김강욱
주 소 : 서울 동작구 사당동 64-140
전 화 : 3477-7008
팩 스 : 3477-7066
등 록 : 제 382-2010-000006호
ISBN : 978-89-964325-5-5 (93190)

* 잘못된 책은 바꾸어 드립니다

이기주의론

−나에게는 나밖에 없다

최 용 철 지음

간디서원

차례

머리말_17

서론: 왜 이기주의인가?_23

1. '진정한' 이기주의로 살아가기_23
   진정한 이기주의로 살라_23
   이기주의는 '나'를 바탕으로 삼는다_25
   모든 행위는 자기 이익의 반영이다_26
   '자기 이익'은 특정한 대상을 가리키지 않는다_28
   자기 이익에 대한 억지 해석을 멈춰라_29
   자기 이익에 대한 오해를 풀라_31
   자기 이익에 대한 왜곡을 그만 두라_32
   삶은 곧 성찰이다_34

2. 왜 '나'는 사라지는가?_35
   '나'보다 소중한 존재는 없다_35
   '나'를 버리기 위해서라도 버릴 '나'는 있어야 한다_36
   자기 목숨을 내놓고라도 지켜야 할 도덕 규칙은 없다_39
   무조건 명령 복종체제는 '나'를 사라지게 한다_40

3. '나'에게는 '나' 밖에 없다_41
   이타주의자는 인간의 존엄함을 짓밟는 이론이다_41

이타주의는 귀족 시대의 산물이다_43
내 몸처럼 이웃을 사랑하기란 불가능하다_45
이타주의의 집단 최면에서 깨어나라_47

1. 행복에 관한 명상_49

1. '행복은 모든 행위의 목적이다.'_49
   행복은 인간의 기능이 조화를 이루는 상태이다_49
   합리성은 인간의 덕이다_50
   본능적 반응은 사유의 과정이 결코 아니다_51
2. '중용은 행복에 이르는 지름길이다.'_53
   행복의 필요조건을 헤아려라_53
   행복은 중용의 미덕에서 나온다_55
   '하루아침의 맑은 날씨로 기후를 말할 수는 없다.'_57
   중용에 대한 몇 가지 물음_59
   삶에 무조건 적용해야 할 철칙은 없다_59
   행복에 이르는 유일한 길은 없다_61

3. '자아실현'은 어디까지 가능한가?_63
　능력을 현실화하라_63
　혼합식의 방법 vs. 집중식의 방법_64
　자아실현의 걸림돌은 사회적 자아실현이다_68

2. 절제의 삶: 에피쿠로스학파_73
　행복은 외부 조건과 무관하다_73
　장기적 쾌락 vs. 단기적 쾌락_75
　고급한 쾌락 vs. 저급한 쾌락_80
　고급한 쾌락과 저급한 쾌락을 어떻게 나누는가?_86

3. 체념의 삶: 스토아주의_93
　체념만이 살 길이다_93
　욕구하지 않으면 좌절도 없다_95
　의지의 통제는 행복의 굳게 잠긴 문을 여는 열쇠이다_98
　체념의 지극한 경지_99

무조건 체념은 욕구를 가진 인간에게 무리다_105
무조건 체념은 과장된 슬픔이며 과장된 괴로움이다_107
체념은 간섭받지 않으려는 자존의 지극한 경지이다_110

4. 자연의 삶_115

'자연의 법칙을 지켜라' _115
'자연으로 돌아가라' _117
'자연스런 행위를 하라' _119
'본성을 추구하라.' _124
'자기 이익을 추구하라.' _127
자연은 재앙인가, 축복인가?_132

5. 이기주의의 폭과 깊이: 이기주의 철학_133

1. '삶은 고독하고 야만스럽고 추악하며 가난하고 짧다' _133
   자연 상태는 죽음에 대한 공포를 불러일으킨다_133
   이 세상은 서로가 경쟁하고 갈등하고 적대하는 곳이다_135
   '인간은 인간에 대해 늑대이다_137

2. 자연인가? vs. 사회인가?_139
  국가는 평화 상태를 유지해야 한다_139
   자연 상태는 이론적 가설이다_141
  홉스는 신의 명령을 국가의 명령으로 대체하다_143
3. 서로 이익을 도모하다_145
  이기심은 탐욕스러움이 아니다_145
  '자기 사랑과 자비는 서로 충돌하지 않는다.'_148
  '신은 행복을 무보수로 관리하는 책임자이다.'_152
  '이성은 감정의 노예이며, 노예이어야 한다_154
  도덕 규칙을 지키는 것은 자기 이익 때문이다_157
  '자기 이익에 심사숙고하지 않는 사람은 비열하다.'_158
  '보이지 않는 손'은 행복을 빚어낸다_160

6. 어떤 이기주의인가?_163

  1. 독백인가, 독선인가, 아니면 윤리인가?_163
   독백 이기주의, 헤아릴 수 없는 그 은밀함_163

독선 이기주의, 천상천하유아독존_165
윤리 이기주의, 이기적이어야 한다는 당위_167
2. 이기주의의 정체확인_168
심리 이기주의, 행위의 동기를 '나'에게서 찾다_168
심층 심리 이기주의, 무의식의 세계를 끌어들이다_173
하고 싶은 대로 행위 했다는 사실은 중요하다_176
심리 쾌락주의, 오로지 쾌락만을 추구하다_178
욕구와 욕구 대상은 서로 다르다_179
'내일'을 일반화하기란 어렵다_182
'자기 이익'은 언제나 미정(未定)이며 미완(未完)이다_189
3. 이기주의는 이기주의이다_191
"당위는 능력을 함축한다."_191
윤리 이기주의와 심리 이기주의는 서로 다르지 않다_194

7. 왜 무조건 명령인가?_199

1. '옳기 때문에 해야 한다'_199

'자기 이익보다는 올바른 게 더 중요하다'_199
　'머리 위에 별이 빛나는 하늘과 마음속의 도덕 법칙'_203
2. '현상계' vs. '물자체'_206
　사람은 '있는 그대로 세계'를 도저히 알 길이 없다_206
　인과적 필연과 자유는 서로 양립 가능하다_207
3. '가면무도회'와 '무지의 자식'_209
　'휘황찬란한 칸트의 언사는 위선이다.'_209
　경향과 의무의 이분법은 인간의 자아를 분열시킨다_211
　칸트의 정언명령은 십계명을 차용한 신의 명령이다_214

8. 어떻게 인류 전체의 행복인가?_221

1. '최대 다수 최대 행복'_221
　그 누구도 미래의 결과를 정확하게 모두 예측할 수 없다_221
　왜 사려 깊어야 하는가?_224
　'인간은 생각하는 갈대'_225
　선의 극대화로 상식을 뒤엎다_227

2. 쾌락 계산은 가능한가?_229

   　나는 나를 배려해야 한다_229

   　쾌락을 계산하라_231

   　쾌락과 쾌락을 주는 재료는 서로 다르다_234

   3. '불만족스러운 소크라테스가 더 낫다'_235

   　'고상한 감정을 향유하는 능력은 연약한 나무와도 같다.'_235

   　'인간은 온 사방으로 스스로 자라는 나무와 같다.'_237

   　"이것이 인생이다.(C'est la vie.)"_240

9. 협동은 가능한가?_243

   1. '자기 이익은 생물학적이다.'_243

   　'조용하면서도 낭만적인 조그만 카페의 작은 탁자 아래'_243

   　나의 죽음은 나와 같은 유전자를 갖는 다른 사람의 생존_245

   　'협동하지 않을 경우보다는 협동할 경우에 더욱 잘 산다'_247

   2. 죄수의 딜레마_250

   　"먹고, 마시고, 즐겨라! 내일이면 우리 모두 죽으리라!"_250

배신을 최선의 선택으로 만드는 '죄수의 딜레마'_253
'죄수의 딜레마' 결론은 배신이 아니었다_256
3. 협동은 언제나 가능하다_258
이기주의는 상호 호혜의 전략이다_258
'자아 정체는 마치 실체 없는 국가와 같다."_260
'삶은 모든 사람이 함께 운전하며 달리는 고속도로 여행'_263

10. 은폐인가? vs. 성찰인가?_267

1. 종교와 성찰_267
'너희는 아들들의 살을 먹고, 딸들의 살을 먹어야 하게 되리라'_267
자기의 피조물을 자기가 심판하겠다는 협박_271
'나를 죽여 지옥에 보낼 수 있다면 차라리 나는 기꺼이 지옥으로 가겠다.'_273
2. 계시와 성찰_276
"함부로 맹세하지 말라."_276
일부일처제와 '쿨리지 효과'(Coolidge Effect)_281

신성불가침의 금기는 성찰을 꺾으려는 음모이다_283
　 금기사항은 자기 이익 추구의 결과이다_286
 3. 양심과 성찰_288
　 양심은 천차만별이다_289
　 '양심은 교육의 산물이다.'_292
　 양심의 명령은 모호하기 그지없다_294

맺음: 성찰하지 않는 삶은 무의미하다_299

 1. 적과 동침하다_299
　 이기주의의 부정적 이미지는 허수아비이다_299
　 안중근은 범죄자가 아니다_301
　 성찰은 비극적 인간의 부단한 숙고 활동이다_303
　 "인간은 무엇이나 할 수 있다."_306
 2. 참을 수 없는 간섭, 위선, 음모_308
　 어떤 개인의 희생은 또 다른 개인의 번영이기도 하다_308
　 가부장적 체제는 '나'를 버리도록 '나'를 억눌러 왔다_311

3. 성찰하는 '나' _316
　성찰하는 '나'를 뺀 이기주의란 없다_316
　성찰은 '나'의 이야기를 만들어 가는 성찰이다_318

주석_320

머리말

　요즈음 '정의', '공정 사회', '복지' 등의 단어가 그 어느 때보다도 자주 등장한다. 그런 단어를 들을 때마다 도대체 누구의 정의인가, 누구의 공정 사회인가, 누구의 복지인가 하는 물음이 곧바로 떠올랐다. 도대체 누가 나를 대신해서 아니 나를 위해서 정의, 공정, 복지를 말하는가, 참으로 고맙기도 하지, 하면서 존경의 마음이 절로 솟았다. 그러면서 다른 한편으로 도대체 나 아닌 다른 사람이 나의 정의, 나의 복지를 말한단 말인가, 나 아닌 다른 사람들이 나의 삶에 대해 이러 저러하게 말할 수 있을까 하는 의구심을 떨칠 수가 없었다.
　그런가 하면 혼잡한 거리에서 자주 보는, 인간인지 천사인지가 구별 안 되는 부류들이 외치는 '예수천당 불신지옥' 소리가 갸륵하게만 여겨졌다. 도대체 오늘날 어느 누가 다른 사람들이 지옥에 가서 영원히 고생할 것을 염려한단 말인가. 이런 투철한 타인 배려 정신이야말로 높이 평가받아야 하지 않을까. 그러면서도 다른 한편으로 도대체 저 부류들은 뭘 믿고 사람들의 영원한 삶을 자신 있게 말하는가, 도대체 누가 저 부류들을 이 거리로 내몰았는가, 도대체 저 부류들이 말하는 영원한 삶이란 무엇인가, 영원히 산다면 도대체 몇 살로 살 것인가, 영원한 삶에서 만나는 무한한 수효의 다른 삶들을 어떻게 일일이 기억해야 하는가, 영원한 삶이 혹시 도저히 참을 수 없는 지루함을 주지는 않을까, 그럴 때 영원한 삶을 포기하지 못하는 거야말로 으뜸 재앙이 아닐까, 등등의 물음이 꼬리를 물었다. 이러 저러한 물음을 헤아리다보면 거리에서 지옥을 외치는 사람들이나 그들을 거리로 내 몬 사람들이 뭔가 개념 있는 사람들로는 보이지 않았다.

그렇다고 도덕가로 자처하는 사람들이 뭔가 개념 있는 사람으로 보이지 않기는 마찬가지였다. 위선의 탈을 쓴 채 위장 전입, 탈세, 투기, 변절은 다반사였고, 낮밤으로 권세와 재물을 얻기에 혈안이다. 권세와 재력을 얻은 후에는 이 때다 싶었는지 마치 귀족이나 된 양 자기 말고는 아예 사람이 없다는 듯이 행세하며 횡포를 부린다. 알량한 학식으로 한껏 세상 사람을 깔보고, 법으로 세상 사람들을 짓밟고, 재력과 윗자리의 권세로 아래 자리의 사람을 억누른다. "도대체 어느 누가 얼마나 잘 난 사람이어서 못 난 사람의 섬김을 받아야 하는가?". "인간관계에 이렇게 위아래 수직 관계만 있을 뿐 좌우 수평

관계는 정녕 찾을 수 없는가?"

이 책은 이렇게 불쑥 불쑥 떠오르는 물음들을 모아 거기에 '진정한' 이기주의로 살라고 대답한 책이다. 일종의 자문자답서이기도 하다. 묻고 또 대답을 했다고는 하지만 여전히 나는 묻는다. 내가 이로워야 세상도 이로워지는 것 아닌가, 세상을 이롭게 하려면 먼저 내가 이로워져야 하는 것 아닌가, 툭하면 세상을 이롭게 하라고 말하면서 나를 이롭게 하라는 말을 이상하게 듣는 까닭은 도대체 무엇인가.

최근 '정의란 무엇인가' 라는 물음을 다룬 책이 날개 돋친 듯 팔려나갔다는 소리를 들었다. 그 책이 잘 팔리는 것을 야유나 하듯이 이 책이 서점 진열대에 나란히 자리 잡았으면 하는 바람이 없는 것도 아니다. 그런 바람이 꿈이라면 어쩔 수 없이 접어야 하겠지만, 이 책을 읽는 강호제현이 나의 주장만큼은 오지랖 넓은 헛소리가 아니라고 혹여 생각해주지 않을까 하는 바람 간절하다.

          이천 십일 년 사월 봄꿈을 접으면서

서론: 왜 이기주의인가?

1. '진정한' 이기주의로 살아가기

진정한 이기주의로 살라

 삶은 마치 미지의 세계로 저마다 떠나는 여행과도 같다. 나는 나의 길을 가고 다른 사람 역시 그의 길을 간다. 다른 사람의 길을 내가 가지 않듯이 다른 사람 역시 나의 길을 가지 않는다. 내가 가는 길이 타인이 가는 길이 아니듯이, 나는 '타인'의 삶을 살지 않는다. 나의 삶을 사는 것이 곧 '진정한' 이기주의의 삶이다.

 어떻게 살아야 하느냐의 물음에 이 책 『이기주의론』은 '진정한' 이기주의로 살라고 대답한다. 여기서 이기주의를 '진정한' 이기주의라고 부르는 까닭은, 통상 부정적 이미지의 이기주의와 구별 짓기 위해서이다. 이기주의에 대한 편견과 선입견이 워낙 뿌리 깊은 터라 어떤 형태로든 이기주의를 내세우기란 쉽지 않다. 실상 이기주의가 부당한 여러 오해를 받고 있다는 게 필자의 생각이다. 특히 이기주의가 이타주의와 대립관계에 놓인다고 생각하는 건 참으로 오래된 오해이다.

잘 알려져 있듯이 이타주의란 남을 위한 삶을 살라는 이론이다. 남을 위해 사는 삶이 더 없이 훌륭해 보이는 탓에 이타주의를 물리치고 이기주의를 앞세우려는 건 무모하고 심지어 몰상식처럼 보인다. 그렇지만 나 아닌 남을 위해 살라는 이타주의는 봉건주의 잔재이다. 봉건주의는 섬김을 미덕으로 삼는다. 노예의 섬김을 받던 귀족은 노예가 자기 이익을 추구하는 것을 바람직하게 여기지 않았을 것이다. 귀족들은 자기들이 만든 법과 제도에 무조건 복종하기를 노예에게 요구하고 간섭했었을 것이다.

오늘날에도 자기 이익을 추구하는 이기주의의 등장을 탐탁하게 여기지 않는 사람이 많다. 그들은 자기들이 마치 봉건주의 시대의 귀족쯤인 줄 안다. 그들은 여전히 상하 명령 복종의 인간관계를 유지하여 섬김을 받으려고 한다. 그들은 무조건 복종을 아예 미덕처럼 여긴다. 그렇지만 복종은 노예의 미덕일 따름이다. 무조건 복종은 국가주의, 도덕주의, 종교주의가 판치는 세상에서나 미덕일 따름이다. 국가 법률, 도덕 규칙, 종교 교리는 명령을 하고 무조건 복종을 요구하는 체계이다. 이 무조건 명령 복종 체계에서 성찰은 금기이다. 그러나 성찰이 없는 삶이란 결코 '나'의 삶이 아니다. 이 책 『이기주의론』은, '나', '자기 이익', '성찰' 세 개념을 바탕으로, 진정한 이기주의를 내세운다. 이 세 개념을 차례로 살펴보면 다음과 같다.

이기주의는 '나'를 바탕으로 삼는다

첫째 진정한 이기주의는 무엇이 '나'의 삶이어야 하는가를 성찰한다. 이 이기주의는 무엇보다 '나'를 바탕으로 삼는다. 어느 누구에게나 '나'의 삶만큼 중요한 삶은 없다. 문제는 어떻게 살아야 하는가를 어느 누구도 쉽게 확신하지 못한다는 점이다. 그지없이 불확실한 세상을 살아가는 사람은 누구나 불완전하기 짝이 없다. 불확실함과 불완전함은 벗어나고 싶어도 그러지 못하는 인간 운명의 굴레이다.

험난한 세상을 살아가기에 나는 '나' 아닌 다른 무언가에 쉽사리 의지하고 구원을 기대한다. '나' 아닌 다른 무언가에 의지하고 구원을 기대한다는 것은 곧 다른 무언가의 간섭을 기꺼이 받겠다는 뜻이다. 다른 무언가로부터 간섭을 받겠다는 것은 곧 '나'의 삶에 대한 포기로 이어진다. 삶이 마치 여행과 같다면, 명령받고 간섭받는 삶은 자기 목적지를 잊은 채 다른 사람의 목적지로 향하는 것과도 같다.

삶이 마치 저마다의 여행이라면, 국가, 도덕, 종교는 여행길의 고달픔을 달래 줄 것 같은 희미한 불빛의 유혹이다. '나'는 희미한 불빛의 유혹에 '나'의 삶을 포기해야 하는 갈림길에 선다. 갈림길은 언제나 유혹이다. 갈림길에 서서 '나'는 무조건 국가에 순종하고 도덕에 맹종하고 종교에 복종해서라도 삶의 고달픔을 덜고 싶은 마음 간절하다.

　삶의 고달픔을 덜어주겠다는 유혹은 뿌리치기 힘든 향기롭고도 달콤한 유혹이다. 그러나 국가 법률, 도덕 규칙, 종교의 신이란, '나' 아닌 다른 누군가가 고안해서 만들어내고 운용해왔던 만큼, 결코 '나'의 것이 아니다. 그건 단연코 '타인'의 것이다. 그러니 무조건 복종이 이루어지는 순간 '나'는 '타인'의 노예이고야 만다. 주인이 명령하고 노예가 복종해야 하는 인간관계에서 '나'는 왜 복종해야 하는가를 묻고 헤아리기란 좀처럼 힘들다.

　무엇이 진정으로 '나'의 삶인가를 미처 헤아리지 못함으로써 '나'의 삶은 점차 '나' 밖으로 내몰리고 만다. 저마다 떠나는 여행에서 저마다 길을 찾듯이 '나'의 삶이란 '나' 아닌 다른 무엇의 명령과 간섭을 배제해야 한다. 무조건 복종과 종속에서 벗어날 때 비로소 '나'의 삶은 드러난다.

모든 행위는 자기 이익의 반영이다

　둘째 어느 한편이 주인이고 다른 한편이 노예라면 그 때 문제는 어느 편이 더 유리한가이다. 그러나 무엇이 진정 '나'의 삶이어야 하는가를 헤아릴 때, 어느 편의 이익이냐가 아니라, 무엇이 진정으로 '나'에게 이익인가에 초점이 맞추어진다. 어느 누구도 무엇이 정녕 자기 이익인지를 확신하기란 어렵다. 무엇이 자기 이익인가의 판단은 지극히 사려 깊어야 하고 독단에 빠지지 말아야 한다. 그렇다고 스스로 판단에 비추어 자기 이익이 무엇인가를 결정하지 말아야 하는 것은 결코 아니다.

이기주의에 대해 부정적 평가가 일상에서 팽배한 것은 자기 이익을 추구한다는 그 점 때문이 아니라, 오히려 자기 이익을 추구할 때 저지르는 무모함 경솔함 즉흥성 때문이다. 그럼에도 자기 이익을 추구하는 것이 마치 문제인 듯이 여겨져 왔다. 정녕 자기 이익을 추구하는 사람이라면 경솔하게 손해를 자초하지 않는다.

남을 짓밟고 무시하고서야 얻는 이익은 당장 이익인 듯해도 사려 깊은 사람에게는 결코 그렇게 보이지 않는다. 오로지 자기 이익만을 추구하려는 행동은 자기 이익에 위배되는 경솔한 행동이기 십상이다. 그것이 비난받는 까닭은 자기 이익을 추구하는 행위이기 때문이 결코 아니다. 자기 이익에 따른 행위는 누구나 사려 깊게 해야 할 바로서, 조금도 비난받을 까닭이 없다.

이기주의에 대한 편견과 선입견은, 무엇이 자기 이익이어야 하는가에 대해 철저히 사려 깊지 못한 탓에 생겨난 것이지, 자기 이익을 추구하는 게 잘못이기 때문에 생겨난 것은 아니다. 사람이란 누구나 스스로를 이롭게 하는 활동을 하며 또 그런 활동을 마땅히 해야 한다. 살아 숨 쉬는 일부터, 그러기 위해 음식을 섭취하는 일이며, 또 타인으로부터 사랑이나 존경을 받는 일까지 일거수일투족이 자신의 생명을 이롭게 하려는 활동이 아닐 수 없다. 어느 생명체도 스스로에게 고통을 주려고 하지 않듯이, 인간의 모든 활동은 자기 이익을 반영한다.

'자기 이익'은 특정한 대상을 가리키지 않는다

인간의 모든 활동이 자기 이익의 반영이다. 그렇다고 해서 '자기 이익'의 개념이 단순히 추상의 보편 개념인 것은 아니다. 오히려 '자기 이익'은 모든 인간 활동의 바탕을 이루는 행동 요소이다. 그럼에도 '자기 이익'을 추상화된 보편 개념으로 여기기 쉽다. 그렇게 여기는 까닭은 낱말이 고정된 의미를 지니고 낱말의 의미가 곧 낱말이 가리키는 대상이라는 고정 관념 탓이다. 이 관념만큼 잘못되고 뿌리 깊은 고정 관념도 찾아보기 힘들다. 아주 어린 시절부터 낱말을 배울 때 줄곧 특정 사물을 어른들이 가리키는 방법으로만 배워왔기 때문이다.

사물을 가리켜서 낱말을 배우는 방법을 계속 따름으로써 마침내 '그림이론'(picture theory)[1]에 다다른다. 그림 이론이란 세상 낱말이 모두 어떤 대상을 가리킨다는 이론이다. 그림 이론은 어떤 개념이든 그에 상응하는 사물이 있다고 여긴다. 이 그림 이론에 따르면 이 세상에는 '자기 이익'에 대응하는 활동이 있어야 하고, 또 그런 활동의 집합도 성립해야 한다. 나아가 이 '자기 이익'의 따른 활동의 속성을 추출해서, 이 속성을 갖는 대상들과 이 속성을 갖지 못한 대상들을 서로 다르게 구별해야 한다. 이런 추상화의 과정을 거칠 때, 자기 이익의 활동은 마치 일정한 집합에 포섭되는 어떤 대상처럼 보인다. 그러나 문제는 그러한 대상이 무엇인지 알 길이 없다는 점이다.

어떤 낱말에 대응하는 속성이 무엇인지 알 길 없는 까닭은 낱말이 어떤 대상을 반드시 가리키는 것은 아니기 때문이다. 언어는 대상을 묘사하는 그림이 결코 아니다. 언어란 곧 삶의 형식이며, 삶은 곧 언어 게임이다.2) 언어 게임이 이루어지는 삶의 현장에서 낱말의 의미는 결코 낱말이 가리키는 대상이 아니다. 낱말의 의미는 곧 낱말의 사용이다.

'자기 이익'의 의미도 그 말에 대응하는 대상의 속성이 아니라 그 말의 사용이다. '자기 이익'에 대응하는 대상의 속성이 존재한다는 신념은 한낱 망상이다. '자기 이익'이라고 일컬어지는 대상의 속성을 언제나 찾을 수 있다는 신념은 본질주의의 신화에서 나온다. 본질주의의 망상과 신화는 마땅히 벗어나야 할 그 무엇이다. 마찬가지로 자기 이익에 따른 활동을 모두 한꺼번에 싸잡아 비난하는 일반화 혹은 보편화의 작업도 이제는 접어야 한다. 그러한 일반화 작업은 마치 손가락으로 달을 가리킬 때 손가락만 쳐다보는 격이다.

자기 이익 활동에 대한 어떤 일반적·보편적 해석은 결코 가능하지 않다, 그렇다고 자기 이익 활동이 자기중심의 편협한 독선(selfishness)은 아니다. 무엇이 자기 이익의 활동인가는 무엇이 자기 이익인가에 대한 사람들 저마다의 성찰에서 비롯할 뿐이다. 그럼에도 자기 이익에 따른 모든 활동을 무조건 비난하는 것은, '자기 이익'에 대한 억지, 오해, 왜곡이다.

자기 이익에 대한 억지 해석을 멈춰라

'자기 이익'을 배타적으로 '오로지 자기만의 이익'으로 해석하려는 것은 분명 억지이다. 폭넓게 해석할 때 자기 이익을 추구하는 활동은 오로지 자기만의 이익을 추구하는 활동이 결코 아니다. 자기 이익을 추구하는 활동은 동시에 타인에게 이익을 주기도 하다. 사실상 자기 이익을 추구 하더라도 타인에게 이익을 주는 행위가 수두룩하다. 그래서 현실에서 자기 이익에 따른 활동과 이타적 활동은 식별하기조차 어렵다.

우리가 사랑하면서 갖는 자기 이익 개념 속에는 이미 상대방의 행복이 들어간다. 당신은 상대방과 관계 맺음이 자기를 부정하는 행위나 자기를 희생하는 행위라고 믿고 싶은가. 당신은 자신의 행복이 상대방의 이기적 관심에서 이루어지지 않는다고 말하고 싶은가. 당신은 사랑하는 사람이 '비이기적으로', 그래서 상대방은 전혀 만족을 느끼지 못하면서 자기를 애무해주기를 바라는가, 아니면 애무하는 것이 기쁘고 즐겁기 때문에 상대방이 애무해주기를 바라는가. 그러니까 우리는 상대방이 그저 시간을 함께 보내고자 함께 지내면서 상대방이 자기희생 같은 행위를 경험하기를 원하는지를 스스로 물어보라. 그리고 상대방이 그 시간에 커다란 기쁨을 느끼기를 바란다면, 다시 말해 함께 있다는 사실에 기뻐하고, 흥겨워하고, 열중하고, 매료당하고, 즐거워하기를 바란다면, '이기적이지 않는 사랑'을 숭고한 이상이라고 말하지 말라.[3]

자기 이익에 따른 활동은 대개 타인에게 이익을 주는 활동이기도 하다. 타인에게 손해를 반드시 입혀야만 자기 이익이 생기는 것은 아니다. 때로는 타인의 이익에 무관심한 채 자기 이익을 도모하기도 하고, 또 타인의 이익을 고려하면서 자기 이익을 도모하기도 하며, 적극적으로 타인의 이익을 증진시켜 자기 이익을 도모하기도 한다. 이 모든 경우가 곧 자기 이익에 따른 활동이다. 그리고 이 모든 경우에서 타인을 짓밟고 무시하면서 자기 이익만을 추구하지는 않는다. 그러니 자기 이익에 따른 활동이라고 해서 비난받아야 할 하등 이유가 없다.

자기 이익을 추구하려면 자기만의 이익이 아니라 타인의 이익에 관심을 기울여야 한다. 자기 이익의 목적 달성을 위한 수단으로 타인에 대한 배려는 얼마든지 가능하다. 타인을 도움으로써 자기 이익을 얻는 효과가 있다면 자기 이익 원칙에 따라 기꺼이 그렇게 해야 한다. 자기 이익 원칙은 다른 사람을 돕는 행위를 금지하기는커녕 오히려 권장한다. 자기 이익에 따른 행위임에도 그것이 타인의 이익을 배려하는 행위를 가능하게 만든다. 오늘 당신을 위한 일은 실상 내일의 나를 위한 일이기도 하다.

자기 이익에 대한 오해를 풀라

바로 눈앞에 놓여있어 거머쥐면 당장 얻을 수 있는 듯 보이는 순간의 이익을 '자기 이익'처럼 생각하는 것은 오해이다. 충동을 못 이겨 자기가 당장 하고 싶어 하는 일만을 경솔하게 하는 것은 자기 이익을 추구하는 행동이 아니다. 자기 이익을 추구하는 사람들이 예외 없이 모두 충동을 못이길 만큼 경솔한 것만은 아니다. 시간상 단기 이익과 장기 이익을 구분하면서 자기 이익을 추구하는 사려 깊은 사람이 있는 반면 지금 당장 눈앞의 이익을 놓치지 않으려는 조급한 사람도 있다.

황금 알을 지금 당장 더 갖고자 하는 심산으로 황금 알을 낳는 거위의 배를 가르는 일은 작은 단기 이익으로 말미암아 장기 이익을 포기하는 어처구니없는 경우이다. 지금 당장 수확량을 늘리려고 무분별하게 화학 비료를 뿌리고 밭을 한 번도 쉬지 않게 하는 농부는 단기 이익으로 장기 이익을 포기하는 경우이다. 4년에 한번 밭을 쉬게 하면서 화학 비료를 사용하지 않는 농부는 앞을 내다보는 현명한 사람이다. 진정한 이기주의자라면 앞으로 미래에 생길 이익에 대해 결코 무분별하지 않다. 이기주의자는 자기에게 돌아올 진정한 이익이 시간상 언제 돌아올 것인지에 대해 사려 깊다.

자기 이익에 대한 왜곡을 그만 두라

이기주의자의 '자기 이익'을 금전, 금품, 재화와 같은 물질로 여기는 것은 왜곡이다. '이익'을 반드시 물질로 여겨야 할 까닭은 없다. 사려 깊은 사람이라면 무엇이 진정으로 자기에게 이익인가를 폭넓게 생각한다. 그는 자기 이익에 대해 편협한 해석을 경계한다. 행복해지기 위해서는 단순히 재화만 필요한 것이 아니다. 행복해지려면 가족, 친구, 동료와 바람직한 관계를 맺어야 한다.

자기 아닌 다른 사람과 맺는 바람직한 인간관계란 무엇보다도 먼저 그들로부터 무시당하지 않고 경멸받지 않는 관계이다. 다른 사람으로부터 무시와 경멸을 받지 않음은 곧 자기 존중이기도 하다. 자기 존중이 필수불가결한 만큼 자기 이익을 단순히 재화로만 해석함은 편협하다. 아무리 금전상 풍요로워도 여전히 만족스럽지 못한 경우가 허다하다. 타인의 경멸을 받고 타인이 기피하는 인물의 삶은 금전상 빈곤한 삶보다도 훨씬 더 슬프고 비참하다. 금전상 빈곤하더라도 타인의 존경과 추앙을 받는 삶이 더욱 만족스럽다.

 진정으로 자기 이익을 추구하는 사람은 금전상 풍요로운 삶보다는 즐겁고 만족스럽고 행복한 삶을 스스로 엮어가는 사람이다. 부유한 상인이나 지주가 아니더라도 때로는 흰 눈이 덮인 가파른 산길을 오르면서 건강하게 살아 있음을 즐기는가 하면 어느 때에는 파도가 하얗게 부서지는 푸른 바다를 바라보면서 삶의 희열을 느끼기도 한다. 그런가 하면 옥탑 방 작은 창에서 보이는 밤하늘의 무수히 반짝이는 별들을 쳐다보면서 삶의 경이로움을 만끽하기도 한다.

 즐거움, 만족, 행복만큼은 분명 자기 이익이다. 부유한 나라란 경제발전을 통한 부자들이 많은 나라가 아니라 즐거운 사람, 만족스런 사람, 행복한 사람이 가득 찬 나라이다. 무엇이 자기 삶이어야 하는가를 묻고 무엇이 자기 이익이어야 하는가를 헤아리는 것만으로도 자기 이익이다. "내가 이로워야 세상도 이로워지는 것 아닌가?", "세상을 이롭게 하려면 먼저 내가 이로워져야 하는 것 아닌가?" "세상을 이롭게 하라는 말을 하면서도 자기를 이롭게 하라는 말을 이상하게 듣는 까닭은 도대체 무엇인가?" 이러한 물음들이 '나'를 성찰로 이끈다.

삶은 곧 성찰이다

셋째 진정한 이기주의는 '나'를 '성찰한다.' '자기 이익'을 추구하는 현재의 '나'는 과거와 미래를 성찰하는 '나'이다. 성찰하는 '나'는 시간상 현재에만 얽매이지 않는다. 현재에만 얽매인 '나'는 순간적이어서 무모하고 경솔하고 즉흥적이고 그래서 무분별해지기 쉽다. 성찰하는 '나'는 사려 깊은 '나'이다. 사려 깊은 '나'는 어느 한 시점에 머무는 고정적이고 한정적 자아가 아니다. 성찰하는 '나'는 현재 처지에서 과거를 떠올리고 미래를 헤아린다.

현재에서 과거를 헤아리고 미래를 떠올리는 '나'는 무분별한 감정에 쉽게 사로잡히거나 융통성 없는 이성에 고집하지 않는다. 성찰은 마치 '나'에 관해 하나의 이야기를 만들어 내는 상상과 흡사하다. 성찰하는 '나'의 상상은 과거의 '나'와 현재의 '나'를 거쳐 미래의 '나'를 포함하는 이야기를 엮어내는 힘이다. 우리가 미처 생각하지 못했던 사항을 떠올리고 지금의 처지를 고려하고 훗날 어떤 결실을 맺을 것인가를 헤아리는 능력이 곧 상상이다. 이러한 상상은 단순한 감정도 아니며 법칙에 따른 맹종으로서 이성도 아니다.[4]

삶은 곧 성찰이다. 끊임없는 성찰을 통해 현재 살아가고 있는 삶을 의식할 수 있다. 현재의 삶을 의식함으로써 현재와 과거의 비교가 이루어지고 미래에 대한 전망이 생긴다. 성찰을 통해 현재의 나는 과거와 미래의 나와 서로 맺어진다. 성찰은 내가 어떤 사람이었는가를 탐색하고 그 사람이 어떤 사람이어야 하는가에 대한 사고 실험이다. 성찰을 통해 과거의 나를 돌아보고 미래의 나를 포함하는 '나'의 이야기를 만들어간다.

2. 왜 '나'는 사라지는가?

'나'보다 소중한 존재는 없다

'나'는 '나'를 위해 살아야 한다. 그럼에도 남을 위해 살아야 한다고, 그래서 자기는 남을 위해 살아간다고, 자못 자랑스럽게 떠벌리는 소리를 자주 듣는다. 그런 소리는 도저히 납득 못할 말씀이다. 도대체 '남'이란 누구인가? 그 남이란 분명 '나'가 아니다. 과연 '나'는 나 이외의 무엇을 위해 살아갈 수 있을까? 나 아닌 사람을 위해 살아가기 위해서라도 '나'는 반드시 있어야 하는 게 아닐까? 그러면 나는 누구인가? 그 '나'를 밝히려면 그 '나'와 나의 서로 다름을 판별해야 한다. 그런 판별은 내가 다른 사람과 다른 몸임을 확인함으로써 이루어진다. 나의 몸은 다른 사람의 몸이 아니다. 내가 살아간다는 것은 곧 남이 아닌 '나'의 몸이 살아간다는 뜻이기도 하다.

몸을 가짐으로써 '나'는 타인과 서로 달라지면서 '나'를 특별한 존재로 삼을 수밖에 없다. '나'보다 소중한 존재는 도저히 찾을 수 없다. 그러니 '나'보다 소중한 그 무엇을 내세우는 주장은 위선이다. '나'에 대한 존중은 '나' 없이는 아무 것도 없다는 생각이다. 그러니 누구나 '나'를 존중해야 하며 '나'를 이롭게 해야 한다. 이 점 분명히 깨달아야함에도 대개는 대수롭지 않게 여기고 심지어 외면하는 이상한 현상이 생겼다.

대부분의 사람은 타인에 대한 희생·봉사·헌신이야 말로 미덕이라는 고정 관념에 얽매여 살아간다. 그래서 '나'를 염두에 두는 것만으로도 죄의식이나 죄책감에 사로잡힌다. 대부분의 사람은 "모두가 이기주의라면 도대체 세상은 어디로 갈 것인가?" 라고 묻는다. 그 대답은 이렇다. "남들에게 신경을 쓰기 보다는 '나'에 대해 더 많은 신경을 쓴다면, 불행한 사람은 훨씬 줄어든다." 아울러 자기의 불행을 남에게 전가하느라 시간을 허비하는 사람도 현저하게 줄어든다.[5]

'나'를 버리기 위해서라도 버릴 '나'는 있어야 한다

한 사람의 주관을 넘어서는 보편 가치는 없다. 그럼에도 그런 가치가 있기나 한 듯이 그것을 추구하라는 요구는 봉건사상에서 나온다. 봉건사상은 명령을 하는 주인과 복종을 하는 노예를 구별 짓는 생각이다. 봉건사상에 흠뻑 물든 '나'는 국가, 도덕, 종교를 지고의 보편 가치로 여기면서 평생 복종하는 삶을 영위한다. '나'는 국가 법률에 대한 순종, 도덕 규칙에 대한 맹종, 종교가 내세운 신에 대한 복종이 곧 사회생활이라고 여기며 살아간다. 오늘날 국가주의, 도덕주의, 종교주의가 판을 치는 건 이 봉건사상 때문이다.

오늘날 '나'를 사라지게 만드는 봉건사상은 퀴퀴하고 고리타분하기만 하다. 퀴퀴하고 고리타분함은 옛날 할아버지가 머물던 옛날 사랑방에 들어섰을 때 풍겨나던 곰방대에 찌든 냄새이다. 요즈음이라면 어떤 건물 지하 깊숙이 자리 잡은 노래방에 들어설 때 풍겨나는 큼큼함이다. 그러한 냄새가 곳곳에서 진동하듯이 '나'보다는 타인이 먼저라는 무리한 생각이 이 세상 곳곳에서 판친다.

개인의 관심, 선호, 욕구의 저 너머 보편 가치를 향할 때 '나'를 배제하는 것은 지당해 보인다. 그렇지만 사회생활이 곧 '나'를 버리는 일은 아니다. 도대체 왜 나를 제쳐두어야 하는가? 도대체 왜 나를 제쳐두고 타인이 먼저이어야 하는가? 도대체 왜 나를 낮추어야 하는가? 도대체 왜 나를 낮추고 주변 사람들을 섬겨야 하는가?

'나'를 버리지 않는다고 해서 곧 '나'만을 내세우는 것은 아니다. '나'를 버리지 않음과 '나'만을 내세움은 서로 같지 않다. 사회생활에서 '나'만을 내세우는 일을 금기로 삼다 보니 마침내 '나'를 아예 버려야 한다든지 '나'를 잊는 것을 미덕으로 여기는 지경에 이르렀다. 갓난아이를 목욕시키다가 떠내려 보내고 마는 어이없는 큰일이 벌어진 격이다. 어느덧 '나'를 버리는 일이 아무렇지도 않아졌고, 어느새 '나'를 버리는 일을 권장하기에 이르렀다. 지금까지 사회생활에 대한 고정 관념으로 말미암아 '나'를 버리지 않거나 그렇게 못하는 사람은 마치 탐욕스럽고 게걸스러운 짐승인양 여겨졌다.

생각해보면 '나'를 버리기란 불가능하다. '나'를 버린다는 것은 '나'를 없애는 일이다. 나를 없애는 일은 이 세상에서 나를 사라지게 하는 일이고, 이 세상에서 나를 사라지게 함은 나의 생명을 없애는 일이다. 그런 일을 스스로 하려는 사람이란 도대체 있을 수가 없다. '나'를 버리기 위해서라도 나를 버릴 '나'는 있어야 한다. 그러니 '나'를 버리기를 권장하는 것은 불가능하다.

설령 '나'를 버린다손 치더라도 이미 버려진 '나'는 더는 어떤 일도 하지 못한다. 이 세상에서 사라진 사람이 이 세상에서 아무 것도 할 수 없다. 없어진 내가 무엇을 할 수 있다는 주장은 터무니없다. 나를 사라지게 함으로써 다른 사람과 모든 관계는 끊어질 수밖에 없다. 그러니 남을 섬기고 남을 위해 봉사하라는 도덕·윤리의 요구에 부응하기 위해서라도 '나'는 살아남아야 한다. 사회생활을 위해 '나'를 버리라는 요구는 사회생활 자체를 불가능하게 만든다. 사회생활을 위해 '나'를 버리라는 요구는 사회생활을 하지 못하게 만드는 어처구니없는 모순이다.

'나'를 버리고 보편 가치를 추구하라는 요구는 사회생활뿐만 아니라 스스로 생명을 포기하라는 엄청나게 극악하고도 과도한 요구이다. 한 예로 "도둑질을 하지 마라."는 요구는 누구나 무조건 받아들여야 하는 확고한 도덕 규칙이다. 그것은 어떤 어려운 상황에서도 마땅히 지켜야 할 규칙으로 여겨진다. 그 규칙을 지키기 위해서라면 기꺼이 '내 한 목숨'을 버리는 일도 마다하지 말아야 할 그런 것처럼 보인다. 그렇지만 '나'의 목숨을 버려서라도 그 규칙을 지켜야 할까 의심스럽다.

자기 목숨을 내놓고라도 지켜야 할 도덕 규칙은 없다

소설 『레미제라블』에서 장발장은 배고픔을 못 이겨 빵 한 덩이를 훔친다. 그것으로 그는 평생 범죄자로 살아간다. 빵 한 덩이라도 당장 먹지 않으면 목숨을 부지하기 어려울 만큼 배고픈 상황을 상상해보라. 그 상황에서 어떤 도둑질도 무조건 하지 말라는 규칙을 지켜내기란 힘들다. 왜 자기 처지가 빵 한 조각을 훔칠 수밖에 없는 처지인가를 생각 못할 것도 없다. 어떤 경우라도 도둑질해서 안 되는 상황이란 없다. 도둑질을 해서 자기 목숨을 부지할 수 있다면 그렇게라도 해야 한다. 자기 목숨을 내놓고라도 지켜야 할 도덕 규칙은 없다. 도덕 규칙에 대한 맹종보다 '나'를 살리는 것이 먼저이어야 한다. 배고픔이 목숨을 위협하는 절박한 상황에서 '나'를 살리려고 빵 한 덩이를 훔치는 '나'를 무조건 비난하기 어렵다. '나'보다는 도덕 규칙이 무엇보다 먼저이어야 한다는 요구는 사람들의 최소한의 생존 욕구를 무시하는 처사이다. 그러한 요구는 자기 생명을 스스로 지켜내려는 결연한 의지를 말살하는 처사이다. 도둑질 말고는 어떤 방법으로라도 스스로 목숨을 부지할 수 없는 처지의 사람에게 도둑질을 하지 말라는 요구는 그냥 죽어버리라는 저주처럼 들린다. 정녕 저주가 아니라면 그건 자기 목숨을 남에게 구걸이라도 하라는 요구이다. 그건 빌어먹으라는 욕이다. 그건 남에게 구걸하여 거저 얻어먹으라는 욕이다. 도둑질 말고는 스스로 결코 배고픔을 도저히 해결할 길이 없는 절박한 상황에 살아남는 길은 구걸뿐이다. 무조건 도둑질을 하지 말라는 명령은 남의 도움에 의지하라는 소리로만 들린다.

남에게 구걸하여 거저 얻어먹을지언정 어쨌든 도둑질을 해서는 안 된다는 것이 도덕주의의 숨은 뜻이다. 도덕주의는 나의 삶을 스스로 보존하기보다는 나의 삶을 남에게 종속시켜 간섭받으라는 요구이다. 도덕주의는 스스로 삶을 엮어나가기 어렵게 만드는 과다한 요구이다. 전통적 도덕 규칙은 도덕주의에 바탕을 두고 '나'를 없애기에 초점을 맞추어 삶을 억압해 왔다, 굶어죽을지언정 도둑질을 하지 말라는 것은, '나' 보다는 '남' 을 먼저 생각하라는 요구이다. 남보다는 '나' 를 생각하는 이기주의를 비난하는 것은, '나' 의 삶보다 도덕적 삶을 더 낫게 여겨야 한다는 도덕주의의 과도한 요구 탓이다.

무조건 명령 복종체제는 '나'를 사라지게 한다

문제는 무조건 명령 복종 체제이다. 무조건 명령과 복종 체제를 바탕으로 도덕주의, 국가주의, 종교주의가 기승을 부린다. 무조건 명령 복종 체제에서 명령하는 편은 당당한 능동적 지배자로 군림하며, 복종하는 편은 나약한 수동적 노예로 전락한다. 국가 종교 도덕은, '나' 의 삶을 무조건 명령 복종 체제에 복속시킴으로써, 마침내 '나' 의 삶은 사라진다.

본디 세상을 이롭게 하지는 못할지언정 '나' 를 이롭게 하려던 이기주의자는 무조건 명령 복종 체제에서 맞서서 당당히 '나'의 삶을 살고자 한다. 그러나 사람들 거의 모두가 무조건 명령 복종 체제에 이미 파묻혀서 당당하게 살고자 하는 의욕을 꺾은 터라, 이기주의자는 마침내 문명화되지 못한 야만으로 치부되고 만다. 바야흐로 독립적으로 살아가려는 '나'는 명령 복종만이 전부인 인간관계 속에서 비로소 더 없는 악인의 표상처럼 여겨지고야 만다.

3. '나'에게는 '나'밖에 없다

이타주의자는 인간의 존엄함을 짓밟는 이론이다

다른 사람에게 빌어먹지 않겠다는데 빌어먹으라는 것은 욕이다. 빌어먹으라는 욕은 불평등한 인간관계에서나 나올 수 있는 욕이다. 본디 이 욕은, 도움을 주는 사람은 우월하고 도움을 받는 사람은 열등하다는 차별의식의 발로이다. 이 차별 의식은 도와주는 사람과 도움 받는 사람의 편 가르기에서 나온다. 도움 받는 사람과 도와주는 사람의 편 가르기로 불평등한 인간관계의 싹이 튼다.

이 불평등한 인간관계를 도모하고 획책하는 데 이타주의만큼 적절한 것은 없다. 이타주의는 사람들이 타인의 이익을 배려할 수 있으며 또 그렇게 해야 한다는 주장이다. 호스퍼스(Hospers)는 철저한 이타주의자를 타인을 위해 자기를 포기하는 '발 걸

레'(doormat)로 묘사했다.[6] 이타주의는 자기 이익을 도모하는 이기주의적 행위를 비열하고 천박하게 여기는 관점이다. 그러나 철저하게 이타주의를 따르면서도 과연 삶을 유지할 수 있을까? 이타주의자라도 자기 생명을 보존하고 유지하지 않을 수 없다. 목숨을 유지해야 이타적으로 살 수 있으니 말이다. 그러니 이타적이어야 한다고 해서 한결같이 이타적이어야 한다는 뜻은 아니다.

그럼에도 이타주의는 언제나 자기 이익보다는 타인의 이익을 위해서 행동해야 한다고 주장한다. 그렇지만 계속 그렇게 주장하는 이타주의는 자기 목숨조차 부지하기 어려운 처지에 놓인다. 자기가 먹어야 할 음식도 다른 누군가에게 양보해야하기 때문이다. 그렇다고 이타주의자로 살기 위해 죽지 않을 만큼의 음식을 먹는다면 그 행위는 이타주의의 원칙에 분명히 어긋난다. 철저한 이타주의자는 전적으로 이타적이 아니어야만 목숨을 부지할 수 있다. 이타적 행위가 무언가를 주기만 하는 행위를 뜻한다면, 무언가를 주는 그 행위가 이루어지기 위해 그 무언가를 받는 행위가 있어야 한다. 무언가를 주는 이타적 행위가 이루어지기 위해서라도 다른 사람이 그 무언가를 받는 이기적 행위가 반드시 먼저 있어야 한다. 이렇듯 철저한 이타주의는 앞뒤가 도무지 안 맞는 부정합한 원칙이다.

그럼에도 이 부정합적인 이타주의를 아무 문제도 없다는 듯이 권장하는 게 현실이다. 이 앞 뒤 안 맞는 이타주의에 호감을 갖도록 만드는 게 도덕주의이다. 이타주의에 대한 호감이 크면 클수록 이기주의에 대한 박대는 심해진다. 타인을 위한 희생과 봉사를 요구하면서 이타주의는 개인의 독립하는 삶을 방해한다.

랜드는 이타주의를 단호히 거부한다.[7] 이타주의는 자기 삶을 존엄하게 여기는 인간 능력의 발휘를 억제하고 훼손한다. 심지어 인간 본연의 모습을 완전히 말소시킨다. 이타주의는 사회 전체와 그 안에서 사는 개인의 삶에 해롭기만 하다. 이타주의를 받아들이는 사람의 첫째 관심사는 자기 삶을 어떻게 사는가를 제쳐 놓고 어떻게 나를 희생하는가이다. 이타주의를 강조하는 사람은, 자기의 삶을 독립적으로 개척하기는커녕 그렇게 하지 못하게 방해하면서, 독립심이 강한 사람들에 달라붙은 '기생충'에 불과하다. 빌어먹으라는 욕은 바로 이 기생충이 들어야 할 욕이다.

인간은 본디 하나의 생명체로 살아간다. 누구에게나 자기 목숨의 유지는 그 무엇에 비할 바 없이 긴박하고도 중요하다. 이 목적만큼은 자기 자신을 위해 이루어진다는 점에서 분명히 자기 이익에 따른다. 지기 이익에 따른 위한 활동임에도 결코 비난받지 않는다. 이 목적을 자기 이외의 어느 누가 달성시켜 주지 못하며 그래서 다른 누구에게 맡겨질 수도 없다. 이 목적은 모든 활동의 기원이다. 이 목적을 다른 무엇과 연계시키면서 그 다른 무엇과 의존 관계에서 파악하려는 시도는 분명 넌센스다. 자기 목숨을 유지하려는 목적을 다른 무엇에 대한 봉사와 희생과 연계하려는 시도는 넌센스를 넘어서 음모처럼 보인다.

이타주의는 귀족 시대의 산물이다

토크빌(Alexis de Tocqueville)은 일찍부터 이기주의가 필요하다고 역설했다. "바르게 이해된 이기주의의 원리는 우리 시대에 사는 사람들의 요구에 가장 적합한 이론으로 … 따라서 오늘날의 윤리학자들은 그 방향으로 전환해야 한다. 설사 그들에게 불완전하게 생각된다 하더라도, 그 필요성 때문에라도 채택해야 한다."8)

토크빌은 이기주의가 필요하다고 촉구한다. 토크빌은 이타주의가 소수의 부유한 권력자들이 이 세상을 좌우하던 귀족 시대의 산물이라고 생각한다. 귀족들은 인간의 의무에 대해 숭고한 이념을 부여하면서, "자기 자신을 잊어버리는 일이야말로 칭송할만한 가치를 있는 일 "9)로 여겼다. 귀족 시대의 지배자들은 끊임없이 미덕을 칭송하였고 피지배자들은 칭송을 받고자 끊임없이 미덕을 추구하였다. 그러나 미덕에 대한 칭송에는 사람들을 봉사와 희생의 관념으로 얽어매려는 음험한 음모가 숨어있었고 지배자들은 그런 숨겨진 의도를 결코 드러내지 않았다.

'올바르게 이해된' 이기주의는 이타주의를 무조건 숭상하는 봉건사상에 맞선다. 봉건주의는 타인에 대한 봉사와 희생을 바탕으로 삼는 제도이다. '타인'이란 봉건 귀족이다. 봉건 귀족은 자기들이 선택받은 존재로서 타인으로부터 섬김을 받아야 할 존재로 스스로 여기며 타인에게 자기를 섬길 것을 스스럼없이 요구한다. 귀족에게 타인이란 자기를 섬기기 위해 살아가는 존재로만 여겨진다. 귀족은 자기를 섬기지 않는다는 것을 죄악시 한다. 그러니 그 누구도 섬기지 않고 또 그 누구의 섬김을 요구하지 않는 이기주의는 봉건 귀족에게는 지극히 불온한 사상이다. 귀족은 그런 사상을 배척하고 비난할 수밖에 없다.

내 몸처럼 이웃을 사랑하기란 불가능하다

봉건주의에 물든 이타주의로 말미암아 이기주의는 배척을 받아 왔다. 미덕에 대한 칭송이 이루어지는 시대는 자기 이익을 부정하는 종교주의의 시대이기도 하다. 자기 이익에 따르는 행위를 비열한 짓으로 비난하는 분위기에서 타인을 위한 봉사와 희생만이 칭송받았을 것이다. 희생과 봉사라는 이타적 행위를 요구하는데 선의와 자선을 강조하는 엄격한 종교 계율은 더 없이 훌륭한 수단이었을 것이다.

종교 계율은 자기 생명을 유지하는 기본적 자기 이익의 행위까지 죄악시하는 풍토를 조성하기에 이르렀다. 인간의 행동이란 사실상 이기적 동기에서 비롯된 이기적 활동임에도 사람들은 그런 분명하고도 엄연한 사실을 은폐해야만 했을 것이다. 그 누구도 부도덕하고 죄짓는 인간으로 낙인찍히기를 원치 않았을 테니 말이다. 사실상 이기적 행위임에도 이타적 행위로 위장하는 풍토에서 자기 이익에 따라 행위 해야 한다는 요구는 악마의 주문과 다름없었을 것이다.

어떤 종교는 은총을 얻고 영생하려면 자기 몸과 같이 이웃을 사랑해야 한다고 가르친다. 자기가 자기 몸을 사랑해야 함을 인정하면서 다른 한편으로 자기 몸처럼 남을 사랑해야 한다는 것은 도저히 앞뒤 안 맞는 말이다. 나는 나일 수밖에 없고 남은 남일 수밖에 없다. 남이 나를 대신해서 숨을 쉬어줄 수 없고, 나도 다른 사람을 대신해서 숨을 쉬어줄 수 없다.

남을 자기 몸처럼 사랑하라고 함은 참으로 고상한 듯이 보이지만 어처구니없다. 그것은 자기희생에 대한 강요이다. 생각해보면 이웃에 대한 봉사와 자기희생이 이루어지려면 먼저 자기가 살아 숨 쉴 수 있어야 한다. 바로 이러한 사실을 깨닫는 순간 봉사와 희생의 요구는 부정합하기가 짝이 없는 위선적 기만으로 드러난다. 자기 목숨도 부지하지 못하면서 봉사와 희생은 이루어지기 어렵다. 무엇보다도 먼저 자기의 생명이 있어야 숭고한 의무도 성립한다. 그럼에도 사람들은 이러한 기본 사실을 외면한 채 무조건 비이기적인 존재가 되어야 마땅하다는 강박 속에서 살아간다.

자기 자신에 대한 관심은 무엇에 비길 바 없이 중요함에도 그러한 관심은 불경스럽기만 하다. '바르게 이해된 이기주의'의 원리는 거창한 목표를 추구하지는 않는다. 이 원리는 어느 한 개인이 다른 개인의 이익을 대가로 희생하기를 결코 요구하지 않는다. 이 원리는 모든 개인이 스스로를 목적으로 삼기에 어느 누구의 수단으로만 악용될 수 없다는 원리이다. 이 원리는 개인의 독립하는 삶에 대한 자각을 촉구한다. 독립하는 삶에 대한 자각은 맹목의 이타주의와 분명 다르다. 사회생물학의 주창자 윌슨(Wilson)도 지적하듯이, 맹목의 이타주의란 보답을 원하지 않는 극단의 자기희생을 신성시하여 그러한 행동이 남들에게도 재현되도록 장려한다.[10]

이타주의의 집단 최면에서 깨어나라

바야흐로 선의와 자비에 따른 봉사와 희생을 강요하던 종교주의의 집단 최면에서 깨어나야 한다. 때는 이타주의를 칭송하는 귀족의 시대가 아니다. 이타주의는 도저히 성립하기 어려운 부정합적 이론이다. 각 개인의 삶이 소중하다면 그 각 개인의 삶이 다른 어떤 삶에 대해 부수적이거나 종속적이어서는 안 된다. 자기가 아닌 다른 무언가에 목숨마저 기꺼이 바치는 자기희생을 미덕으로 삼아야 할 하등의 이유가 없다.

이제 왜 이기주의이어야 하는가는 분명해진다. 이기주의는 사회통념에 따라 부정 일변도의 평가를 받아야 할 원리가 아니다. 그것은 오늘날 우리가 지극히 당연시 여기는 개인 권리의 존중에 바탕을 둔다는 점에서 지극히 상식적이어서 거부감을 일으킬 만큼 특별하지 않다. 그럼에도 이타주의의 부당하고도 과도한 요구를 앞세워 이기주의의 최소한의 요구를 묵살하는 게 현실이다.

"어떻게 살아야 할까?", "어떤 사람이어야 할까?" "어떻게 행위 해야 할까?"는 윤리적 물음의 전형이다. 이러한 물음에 대한 대답은 당연히 '나'의 대답이어야 한다. 삶의 지침이나 행위 지침은 다름 아닌 '나'의 지침이다. 그 지침을 따를 사람은 다른 사람이 아닌 분명 '나'이어야 한다. 무조건 지켜져야 한다는 이유로 지켜지는 규범은 진정한 규범이 아니다. 지킬만한 이유로 말미암아 지켜지는 규범만이 진정하다. 지킬만한 이유를 성찰하여 지켜지는 규범은 최소한 '나'를 배제시키지 않는다.

'나'에게 명령하고 무조건 복종을 요구하면서 '나'의 삶을 간섭한다는 점에서 국가주의, 도덕주의, 종교주의는 결코 바람직한 규범이 아니다. 이제부터 어떤 이론이 '나'의 삶을 고무하고 권장하는가를 성찰하고자 한다.

1. 행복에 관한 명상

1. '행복은 모든 행위의 목적이다.'

행복은 인간의 기능이 조화를 이루는 상태이다

누구나 행복을 바란다. 일찍이 그리스 철학자 아리스토텔레스도 설파했다. 행복이란 모든 사람의 목적이다.[11] 행복해지려고 사람들은 온갖 종류의 행위를 한다. 행복이 '자기 이익'의 다른 명칭이라면, '자기 이익'은 최고의 목적이다. 사람들이 온갖 종류의 행위를 하는 것은 '자기 이익' 때문이기도 하다. 아리스토텔레스의 『니코마코스 윤리학』은 주로 개인이 행복을 어떻게 추구해야 하는가를 다룬다. 행복을 최고 목표로 삼기 때문에 아리스토텔레스의 철학은 행복주의(Eudaemonism)[12]라로도 불린다. '자기 이익'이 행복의 다른 이름이라면 아리스토텔레스 이론을 진정한 이기주의라고 불러도 무방하다.

행복은 그리스어 '에우다이모니아'(eudaimonia)의 번역어지만 실상 만족스럽고 적확한 번역어는 아니다. 오히려 이 말은 '잘 삶'(well-being)에 해당한다. 의사들이 건강에 대한 기준을 내세우듯이 '잘 삶'의 기준을 생각해볼 수 있다. 예를 들어 자존감을 지킨다든지, 정해 놓은 목표를 성취한다든지, 삶이 즐겁다고 느낀다든지, 활기가 넘치는 적극적인 사람이 되려고 한다든지 등등이 그렇다. 이러한 상태는 아리스토텔레스가 말하는 '잘 삶'의 상태로서 에우다이모니아의 현대적 변형이다.

합리성은 인간의 덕이다

에우다이모니아는 오로지 인간에게만 가능하다. 호모 사피엔스로서 인간을 다른 짐승과 구별해주는 특징은 이성 능력으로서 합리성이다. 합리성은 인간 종의 가장 두드러진 특징이라고 아리스토텔레스는 주장한다. 그것은 인간의 덕이다.

덕은 그리스어 '아레테'(arete)의 번역어이다. 아레테는 '고유한 능력'을 뜻한다. 물건을 자르는 칼의 아레테는 자르는 능력이며, 시간을 재는 시계의 아레테는 시각을 가리키는 능력이다. 인간의 아레테는 단순히 생명을 유지하는 능력에 그치지 않는다. 식물을 비롯해 동물들도 모두 마찬가지로 생명을 가지기 때문이다. 감각을 통해 세계를 지각하는 감정적 존재라는 사실도 인간의 아레테는 아니다. 식물들은 그런 능력을 갖지 못하지만 짐승들은 그러한 능력을 갖기 때문이다.

인간의 아레테는 인간만이 가지는 고유한 능력이다. 그것은 다름 아닌 이성 능력이다. 그래서 인간은 이성적 동물이다. 이것이 아리스토텔레스의 인간에 대한 정의이다. 물론 인간이 이성적 동물이라고 해서 언제 어디서나 이성 능력을 발휘한다는 뜻은 아니다. 다른 동물들과는 달리 인간은 이성 능력을 사용할 잠재 능력을 가진다는 그런 뜻이다.

아리스토텔레스에 따르면 행복으로서 에우다이모니아는 단순히 쾌락 상태는 아니다. 짐승들이 쾌락과 고통을 느낄 수 있어도 행복해질 수 있는 것은 아니다. 짐승들에게 행복과 불행을 적용하기란 불가능하다. 이것은 막대기나 돌멩이가 쾌락과 고통을 느끼지 못하는 것과도 같다. 아리스토텔레스에 따르면, 행복이란 사유하고 다른 선택지들을 비교하고 숙고하며 선택하여, 선택에 따라 행위 하는 인간 활동에 따르는 어떤 상태이다. 여기서 '행위' 란 단순히 신체적 움직임이 아니다. 행위를 할 때 행위자는 어떤 의도 혹은 목적을 품는다.

본능적 반응은 사유의 과정이 결코 아니다

어떤 의도, 목적을 품음은 곧 사유의 과정을 거친다는 뜻이다.[13] 이런 사유 과정을 인간 이외의 다른 동물들은 거치지 않는다. 인간이외의 어떤 동물에게도 사유 과정으로서 생각, 숙고, 선택이 이루어지지 않는다. 오로지 인간만이 이러한 활동을 한다. 짐승들이란 그들이 움직였던 방식 말고는 달리 움직일 수 없는 존재이다. 짐승들은 자기가 처한 상황에서 주어진 자극에 본능적으로 반응한다. 본능적 반응은 무조건적 반응이다. 무조건적 반응은 결코 사유의 과정이 아니다. 짐승의 본능적 활동은 사유의 과정을 거치는 학습을 통해 바꾸어질 수 없다는 뜻이기도 하다.

생후 몇 달이 지난 강아지는 근처에 어미의 젖만 있으면 살아간다. 그러나 생후 몇 달이 지난 유아는 그렇지 못하다. 생존을 위한 인간의 고유 기능인 이성 능력을 아직까지 발휘할 수 없기 때문이다. 인간은 음식을 구하려고 농작물을 재배하고 폭풍우를 피할 수 있는 피신처를 마련하고, 언제 눈보라가 불어 닥칠지를 예측하고, 식량을 구하려고 여러 나무를 경작하는 방법을 터득해 나간다. 이러한 일들이 그저 본능에 따라서 이루어지지 않는다. 이러한 일들이 이루어지려면 여러 선택지를 고려하고 결단해야 한다.

문제는 행복의 능력은 동시에 불행의 씨앗이기도 하다는 것이다. 오로지 인간만이 언어를 학습할 수 있고 책을 읽을 수 있으며 예술을 즐길 수 있다. 그러니 오로지 인간만이 좌절과 슬픔을 겪으며 죽음을 앞두고 두려워하고 사람을 사랑하기도 하지만 끝없이 증오하다가 우울증이나 정신분열을 겪기도 한다. 이성 능력은 행복에 이르게 하기도 하지만 불행에 이르게도 한다. 이성 능력은 엄청난 행복과 엄청난 불행, 잘 삶과 못 삶 양자를 모두 초래할 잠재적 가능성이다.

에우다이모니아는 인간의 기능이 모두 조화를 이룰 때 생기는 상태이다. 의지와 감정은 무조건 억제해야 하는 것이 아니며 또 그렇게 해서도 안 된다. 오히려 의지와 감정은 이성에 따라야 한다. 이성의 명령에도 불구하고 정념의 노예가 되어 자기 멋대로 함부로 행동하는 것은 결코 에우다이모니아의 상태가 아니다. 의지의 마비 상태에 놓인 사람들은 이성과 조화를 이루지 못한 탓에 이성에 따라 행위 하지도 않고 또 행위 할 수도 없다. 행복하다는 느낌은 이성의 기능을 발휘한 에우다이모니아의 상태이다.

2. '중용은 행복에 이르는 지름길이다.'

행복의 필요조건을 헤아려라

행복은 단순히 인간 고유의 능력 발휘로는 이루어지지 않는다. 행복해지려면 인간 고유한 기능의 발휘라는 조건뿐만 아니라 다른 조건들이 만족스러워야 한다. 그러나 이 조건들 어느 것도 행복을 보장하기에 충분치 못하다. 그 조건들은 행복에 없어서 안 될 필요조건일 따름이다. 이 필요조건은 다시 내부 조건과 외부 조건으로 나누어진다.

먼저 내부 조건이 만족스러워야 한다. 그러려면 먼저 이성 발휘를 방해하는 근심, 증오, 분노 같은 격정에 휘말리지 않아야 한다. 어떻게든 이성을 마비시키는 지경에 이르지 말아야 한다. 그리고 이러한 지경에 이르지 않기를 단순히 바라는 정도가 아니라 적극 실천해야 한다. 감정의 충들을 겪지 않도록 최대한 안정을 누려야하며, 그런 상태에 이르기 위해 스스로를 성찰해야 한다. 바람직한 미래를 만들어 가기 위해 자신의 과거와 현재를 충분히 헤아려야 한다.

내부 조건이 만족스러워지면 다음으로 외부 조건이 만족스러워야 한다. 그러려면 어느 정도의 부와 재산을 가져야한다. 끼니를 걱정할 정도는 아니어야 한다. 끼니를 굶는 상태에서 행복하리라고는 도저히 상상할 수 없다. 뿐만 아니라 서로 마음이 맞는 친구도 가져야 하고 원만한 가정생활도 해야 한다. 친구들이 없다면 행복이란 애당초 불가능하다. 이 밖에도 자기가 선택한대로 행위 할 수 있는 어느 정도의 개인 자유를 누려야 한다. 그들은 어느 정도 준수한 외모도 갖추어야 한다. 준수한 외모만으로 행복해지는 것은 아니지만, 그렇지 못할 경우 불행해지기도 한다. 외모는 적어도 혐오감을 주지 말아야 한다. 혐오감을 주는 얼굴이라면 아무 장소나 갈 수 없는 제약을 받는 만큼 자유롭지 못하다. 어느 정도 자유롭기 위해서는 좋은 가문에서 태어나야 한다. 사회적 신분 역시 행복을 결정짓지는 않지만 그것 없이는 행복하지 못하다. 고통으로부터 자유도 행복을 보장하지는 않지만 행복의 필요조건이다. 극도의 고통을 겪으면서도 행복해질 수 있다는 어느 스토아주의자의 주장을 아리스토텔레스는 터무니없다고 생각한다.

행복의 필요조건들 중 어떤 것은 타고나는 것인 만큼 바꿀 수 없고 그래서 사람들 누구나가 행복할 수 있다는 건 분명 아니다. 아리스토텔레스는 누구나 행복할 수 있음을 단연코 부정했다. 그래서 노예들이 행복할 수 없다고 아리스토텔레스는 생각했다. 노예들은 그들의 선택에 따라 행위 하는데 필요한 자유를 누리지 못하기 때문이다. 재산에 대한 소유권을 누리던 그리스 노예들은 대체로 부유하게 지냈다. 그럼에도 노예들은 여전히 불행했다. 부유함이 행복을 보장하지는 않는다, 그리스에는 여성도 행복할 수 없었다. 고대 그리스 사회가 귀족주의 사회이면서 남성 쇼비니즘이 위세를 떨치던 시대임을 감안하면 그렇다. 노예와 여성도 분명 그들의 이성을 발휘할 수 있다. 이성은 인간을 다른 동물과 구별 짓는 인간 고유의 능력이긴 하지만 그 누구라도 행복에 이르게 하는 유일한 조건은 결코 아니다.

행복은 중용의 미덕에서 나온다

내부와 외부 조건이 어느 정도는 충족되어야 행복에 대한 논의가 비로소 가능하다. 아리스토텔레스의 행복에 관한 논의는 중용이 핵심이다. 좋은 삶은 두 극단의 중용이다. 여기서 '좋은'이란 사물이 지향하는 목적을 뜻한다. 곧 중용은 행복이라는 목적에 부합한다는 뜻이다.[14] 행복에 이르려면 두 극단의 중용에 서야 한다는 것이다. 예를 들어 나는 나의 능력에 대해 자신 없어 하는 편보다는 자신감을 갖는 편이 더 낫다. 그렇다고 해서 다른 사람들의 비판을 무시할 만큼 자만에 빠지지 말아야 한다. 용기도 중용의 덕으로서 비겁보다는 낫지만 만용과는 다르다. 무모하게 전투에 뛰어들어 만용을 부리는 사람은 함부로 생명을 던져버리는 사람이며, 이러한 사람은 머뭇거리면서 아무 일도 못하는 소심한 사람이 그렇듯이 칭찬받을 만한 사람이 못된다. 관후(寬厚)는 미덕이지만 그 역시 양극단의 중용이다. 한편의 극단은 예를 들어 타인들에게 베푸는 것이 전혀 없는 인색이고 다른 한편의 극단은 무조건 베푸는 사람의 호탕(浩蕩)이다. 항상 번화한 거리로 나와 쉴 새 없이 쾌락을 좇는 사람은 좋은 삶을 산다고 할 수 없지만, 그렇다고 쾌락을 전혀 추구하지 않는 사람이 선한 삶을 사는 것도 아니다. 절제는 필요하지만 그것은 철저한 금욕도 아니요, 끝없는 방탕도 아니다. 욕구의 길들임은 욕구를 아예 없애버림이 아니라 욕구의 조절이다. 절제는 아예 술을 금기시하는 사람의 절제와 전혀 다르다.

너무 지나치지 말아야 하며 너무 또 모자라지도 말아야 한다는 '만사 중용'은 그리스인의 이상이었다. 그렇지만 너무 지나치다는 것과 너무 모자란다는 것은 어느 정도를 말하는지 모호하다. 여기에 어떤 일반 규정이 없다고 아리스토텔레스는 주장한다. 그것은 경우에 따라 다르다는 것이다. 어떤 사람에게는 너무 지나친 것이 다른 사람에게는 적당한 것일 수도 있다. 경계선이 모호하다고는 하지만, 좀 더 분명히 하려면 개개인에 대한 지식이 필요하다는 것이다. 소심한 경향의 사람에게는 자기주장이 지나치게 강한 사람에게 권할 수 없는 어느 정도의 자기 확신이 필요하다.

아리스토텔레스는 이상적 행위자를 '현명하게 사려하는 사람'(prudent man)으로 묘사한다. 현명하게 사려하는 사람의 실천 이성의 덕은 '프로네시스'(pronesis)이다. 그리스어 '프로네시스'가 중세 라틴어 프루덴티아(prudentia)로 바뀌어 영어 프루던스(prudence)에 이르렀다. 영어 프루던스는 대개 '이해관계에 얽힌 얄팍한 계산'을 뜻하지만 대개는 '사려 깊음'을 뜻한다. 사려 깊음의 뜻을 지닌 '프로네시스'는 주어진 상황에서 중용의 일반 원리를 어떻게 적용할지를 아는 유덕함이다. 그것은 여러 원칙을 단순히 정형화하는 지적 능력이 아니다. 그렇다고 무엇을 해야 하는가를 연역하는 능력도 아니다. 그것은 원칙이 구체적 형태로서 나타나게 행동하는 능력이다.15)

바람직한 경지인 '중용'이 두 극단의 산술적 중간에서 찾아질 수 없음을 아리스토텔레스가 강조했음은 조금도 새삼스럽지 않다. 용기는 비겁보다는 만용에 조금 더 가깝다. 관후는 인색보다는 호탕에 조금 더 가깝다. 그러나 적당한 사람에게 적당한 시기에 적당한 정도로 베풀기란 어려우며, 모든 경우를 모두 포괄하는 엄밀한 규정이란 없다. 나는 잘못 판단할 수도 있으므로 경험으로부터 배워야 한다. 덕으로서 중용은 덕 있는 행위를 반복함으로써 그러한 행위에 숙달될 때 비로소 얻어질 수 있는 것으로, 이것은 수영 교본을 읽어 수영을 배우는 것이 아니라 직접 물에 들어가 손발을 움직여봐야 하는 것과 같은 이치이다.

'하루아침의 맑은 날씨로 기후를 말할 수는 없다.'

덕은 결코 타고나지 않는다. 덕은 훈련의 결과이다. 타고난 능력이라면 태어난 후 발휘하면 그만이지만 덕은 그렇지 않다. 덕은 훈련을 한 후 습관을 통해 얻어진다. 한 마리의 제비가 왔다고 해서 봄이 온 것이 아니며 하루아침의 맑은 날씨로 기후를 말할 수는 없다. 정의로운 사람이려면 정의로운 행위를 반복해서 훈련해야 한다. 용감한 사람이려면 용감한 행위를 반복해서 훈련해야 한다.

　어떤 덕은 결코 두 극단의 중용이 아니라 '그 자체 정의상' 극단에 위치한다고 아리스토텔레스는 덧붙였다. "나는 만사에 중용의 길을 택하고자 하는데 거기에는 살인의 횟수도 해당되니 한 달에 세 번 이상은 살인하지 않으려고 한다."는 식으로는 말할 수 없다. 아리스토텔레스에 따르면, 살인, 절도, 배반, 간통 등과 같은 행위는 언제나 나쁜 짓이며 부덕한 사람의 징표이다.

　인간본성상 부덕한 사람이 출현하는 것은 아리스토텔레스에게 전혀 이상한 현상이 아니다. 사람들은 자신이 해야 한다고 믿는 바를 하지 못할 수도 있다. 아리스토텔레스는 몇 가지 사례를 들어 설명한다. 어떤 행위의 원칙을 받아들이면서 사람들은 자기가 어떻게 행위 해야 한다는 것을 알면서도 자신의 앎을 온전히 발휘하지 못하기도 한다. 술에 취했거나, 제 정신이 아닌 경우에 이런 일이 벌어진다. 행위자의 믿음과 실제 행위가 일치하지 않는 허다한 경우를 아리스토텔레스는 '도덕적 나약함'(moral weakness : akrasis)으로 파악한다. "사람들이 언제나 최선만을 행한다면 설명할 것이 없어진다."고 아리스토텔레스는 말한다. 그럼에도 아리스토텔레스는 '실수를 저지를 가능성'을 인간본성의 핵심으로 보지 않고 부차적으로 파악했다. 그래서 아리스토텔레스는 인간본성을 실감나게 묘사하지는 못했다는 비판을 받기도 한다.[16] 뿐만이 아니라 아리스토텔레스가 내세우는 중요

에 관한 주장에 대해 몇 가지 비판적 물음이 필요하다.[17]

중용에 대한 몇 가지 물음

1. 아리스토텔레스의 미덕들이 실제로 두 극단의 사이인가? 소심함은 용기의 결여이기도 하지만, 만용은 매우 용기 있음이 아닐까? 만용은 용기보다 더 낫긴 하지만 지성을 결여한 탓으로 용기와는 다른 차원이 아닌가? 호탕은 너무 지나치게 너그러운 것이 아니라 합리적 판단이 결여된 너그러움이 아닌가?

2. 바람직한 상태란 두 극단의 중용이다. 그렇지만, 실제로 만족스런 중용임을 어떻게 아는가? 내면의 성찰을 통해 찾을 수 있는가? 그리고 내가 찾은 것은 무엇인가? 중용이 사람에 따라 다르다면 제대로 중용에 이르렀음을 나는 어떻게 아는가?

3. 더욱이 덕이 언제나 두 극단의 중용이라면, 특정 종류의 행위가 같은 범주에 속한다는 것을 어떻게 말할 수 있는가?

삶에 무조건 적용해야 할 철칙은 없다

아리스토텔레스의 윤리학은 도덕 규칙의 무조건 적용을 결코 요구하지 않는다. 이 점 주목할 만하다. 삶에 무조건적 적용해야 할 철칙이란 없다. 철칙이 없는 만큼 숙고에 따른 자발적 선택이 필요하다는 것이다. 아리스토텔레스는 사람들이 살고 있는 세계가 행복한 세계는 아니지만 행복해질 수 있는 그런 곳으로 묘사한다. 행복해지려면 인간의 저마다 처한 상황에서 숙고에 따른 자발적 선택이 필요하다. 숙고에 따른 자발적 선택은 이성 능력의 발휘이다. 행복은 이성 능력이 발휘하는 중용의 생활을 통해서 비로소 가능해진다.

아리스토텔레스는 이 세계를 행복해질 수 있는 곳으로 묘사한다. 암암리 행복의 필요조건에 대해 사람들이 일치한다고 전제하는 듯하다. 문제는 이러한 행복의 필요조건마저도 사람들 마다 크게 다르다는 점이다. 가난하고 심지어 끼니를 굶을 때에도 도저히 행복할 수는 없다는 건 누구도 부인할 수 없다. 그렇지만 의지할 친구 없을 때보다는 그런 친구와 함께 지낼 때 행복할 수 있다는 건 사람마다 다르다. 친구 없는 고독을 유난히 즐기는 사람도 적지 않기 때문이다. 이런 부류의 사람에게는 친구가 없다고 해서 전혀 행복하지 않다고는 말할 수 없다.

대부분의 사람은 타인의 존경을 받고 싶어 하지만, 어떤 사람은 스스로가 좋아서 숲속에 은거한다. 그 사람은 타인의 존경에 연연하지 않음을 몸소 보여준다. 어떤 사람은 지식을 추구할 수 없는 처지에 놓여 참을 수 없는 불행을 느끼지만, 어떤 사람은 지식을 추구하는 일을 꿈에도 생각해본 적이 없다. 어떤 사람은 재산과 친구, 가족 심지어 건강과 시력까지도 잃고서 놀라울 정도로 행복해하는 반면, 어떤 사람은 이 중에 어느 하나만 잃고서도 한없이 좌절한다.

행복은 외부환경의 문제라기보다는 오히려 기질상의 문제인 듯하다. 천부적으로 행복한 사람은 질병에 시달리거나 사랑하는 사람을 잃고도 그런 난관을 빨리 극복하고 용기와 끈기를 갖고 살아간다. 그런가 하면 어떤 사람은 많은 재산을 갖고도 불행을 스스로 자초하기도 하며, 아무리 많은 행운을 누리고 많은 성공을 해도 불행한 상태에서 헤어나지 못하기도 한다. 첩첩산중의 역경 속에서도 끄떡없이 살아남을 수 있는 사람이 있는가 하면, 용기와 끈기로 살아가면 아무것도 아닌 일로 좌절하는 사람도 있다.

행복의 비결을 타인에게 충고하는 일은 분별없는 짓이라고 말할 만큼 사람들의 개인차가 심하다. 그렇다면 사람들은 저마다 자기 길을 찾아야 한다. 좋은 의도를 갖고 타인이게 행복에 이르는 길을 충고하는 사람이 있다면 그는 자기가 무엇 때문에 행복하게 되었는지를 말하고 있을 뿐이다. 그러한 충고가 다른 사람들에게는 불행에 이르는 첩경일 수도 있다. 무엇이 행복을 가져다주는가에 대해 할 수 있는 유일한 일반화는 어떤 일반화라도 하지 말아야 한다는 것뿐이다.

행복에 이르는 유일한 길은 없다

행복에 관해 절대적이고 최종적 판단은 없다. 삶에서 만나는 온갖 난감한 문제들을 어떤 객관적이고 보편 법칙으로 해결한다는 것은 무망하다. 행복에 이르는 유일한 길이란 없다. 어떤 하나의 원칙과 규칙으로 삶을 재단하려는 시도는 삶의 우연성 불확실함을 미처 보지 못하는 잘못이다. 어느 하나의 규칙에 삶을 묶어버림은 곧 삶의 실패이다. 어떤 상황에서든 중요한 것은 스스로의 판단이다.

스스로의 판단이란 무엇이 진정으로 자기이익인가에 대한 끊임없는 성찰로 이루어진다. 성찰은 도덕적 예민함이다. 아리스토텔레스가 도덕적 무감각을 경계한 것도 같은 맥락처럼 보인다. 아리스토텔레스가 따르면, 무감각은 부덕이다. 무감각은 도덕적 나약함이며 도덕적 실패이다. 아리스토텔레스에 따르면, "적절한 시기에, 적절한 대상과 관련하여, 적절한 사람에 대해, 적절한 목표와 함께, 적절한 방식으로 대응하는 것이 최선이며, 이것이 바로 탁월성의 특징이다."[18]

아리스토텔레스는 어떤 상황에서든 따라야 할 정해진 철칙이 없음을 강조한다. 그 점에서 아리스토텔레스는 보편 규칙에 대한 맹종을 거부한다. 맹종에 대한 거부는 독립적 삶에 대한 요구이다. 독립적 삶에서 필요한 것은 성찰이다. 성찰은 예민하고 섬세한 판별이다. 성찰은 때로 예술가의 판별에 못지않다. 예술가들은 "우리가 보지 못한 것들을 인지하며, 우리가 상상하지 못했던 가능성을 상상하며, 또 현재는 아니지만 느낄 수도 있는 방식"을 느끼는 능력을 지닌다. 성찰은 예술 취향과 유사하다.[19] 그렇다면 아리스토텔레스의 통찰에 따라 성찰을 주관적 미학 경험과 결부시켜도 무방하다.

현재의 상황을 다른 상황보다도 중요하다고 여기면서 무엇이 진정으로 자기 이익인가를 숙고하는 능력이 성찰이다. 그러한 성찰은 현재 나의 처지를 넘어 서서 내가 앞으로 무엇이어야 하는가, 또 타인과 어떤 관계를 유지해야 하는가를 숙고하여 문제 상황에 어떤 결단을 해야 하는가를 헤아린다.[20] 이러한 헤아림으로 비로소 아리스토텔레스의 중용을 '자아실현'으로 해석하는 길이 열린다.

3. '자아실현'은 어디까지 가능한가?

능력을 현실화하라

아리스토텔레스 중용의 현대판은 '자아실현'이다. '자아실현'이란 사람들 저마다 자기의 실현(self-realization)이다. '실현(realization)'이란 영어로 '알기에 이르다'(be-coming aware)는 관용구이다. 물론 여기서는 그런 뜻이 아니다. 오히려 문자 그대로 '현실화 한다'(making real)는 뜻이다. 자아실현론이란 나의 능력이나 나의 잠재력을 실현하거나 현실화해야 한다는 주장이다. 예를 들어 음악에 비상한 능력을 가진다면 나는 그 능력을 현실화해야 한다. 대부분의 사람들은 그러한 능력을 갖지 못하며, 이 특별한 능력을 발휘하지 현실화하지 않으면 그건 그냥 쓰레기통에 버려지는 값진 선물과도 같다.

문제는 잠재능력을 모조리 실현해야 하는가이다. 실상 이건 불가능하다. 자신조차 모르는 잠재능력을 갖고 있어서 그것들 모두를 계발하려고 할 때 거의 무한대의 시간이 필요하다. 시간만 허락한다면 인간에 주어진 잠재능력을 얼마든지 실현할 수가 있다. 창문에 그림을 그린다든지, 톱밥이 들어간 샌드위치를 만든다든지, 집근처 1마일 이내에 핀 민들레의 수효를 센다든지, 아침마다 10분씩 개가 짖듯이 고함친다든지, 프랑스의 파리를 생각하면서 빨대로 술을 마셔가며 두서없이 낙서를 한다든지 하여 다양한 나의 잠재능력을 실현하면서 시간을 허비할 수 있다.

그러나 이러한 잠재능력의 실현이 도대체 어떤 의미를 지니는지 헤아리기 어렵다. 어떤 잠재능력 실현하려면 다른 잠재능력의 실현을 접어야 한다. 알지도 못하는 잠재능력을 모두 실현시키기에는 인생은 너무 짧다. 과연 어떤 잠재능력을 계발해야 할까 막막하다. 황야를 걸어가는 방랑자도 이렇게 막막하지는 않을 듯하다. 여기서 갖가지 견해가 등장한다.[21]

혼합식의 방법 vs. 집중식의 방법

능력을 현실화하는 방법의 하나는 스모개스보드(smorgasbord)의 혼합식 방법이다. 스모개스보드는 온갖 맛있는 해물을 넣어서 버무려 만드는 북유럽 해물잡탕 요리이다. 이 잡탕 요리 방법에 따르면, 온갖 먹고 싶은 해물을 다 집어넣어 요리해야 한다. 마찬가지로 나는 내가 갖는다고 생각하는 잠재능력을 폭넓게 계발해야 한다. 혼합식의 자아실현은 "하나에 집작 말고 여러 가지 잠재능력을 계발하라." 이다. "운동도 하나만 하지 말고 몇 가지를 하고 (물론 모든 운동을 다하지는 말고), 지나치지 않은 범위 내에서 지적 활동도 하고 사회문제에 관심도 갖도록 하라."이다. 이런 식으로 삶을 즐기면서 모든 사람들이 자기와 같이 살아야 한다고 믿는 사람들은 많다. 그러나 이런 부류의 사람은 만능재주꾼일 수는 있어도 전문가일 수는 없다. 그래서 많은 사람들은 이러한 삶에 만족하지 않는다. 이것은 여러 건축술을 조금씩 섞어서 건물을 설계하는 것과 흡사하다.

이와 달리 집중식(dominant)은 나의 가장 탁월한 재능이나 가장 관심을 가는 일 하나에만 집중하여 그것을 전심전력을 기울여 최대한 계발하는 방법이다. 많은 사람들은 집중식에 더 호감을 가진다. 만일 아인슈타인이 어린 시절에 수학과 물리학에만 집착하지 말고 운동도 하고 건축술도 익히고, 매 길들이는 비법도 배우고 그밖에 잡다한 일을 하면서 관심의 폭을 넓히라는 충고를 들었다면, 그는 물리학에 대한 호기심을 채우지 못하고 다른 일에 종사하는 불행을 겪었을지도 모른다. 어느 한 영역에만 관심을 집중함으로써 그는 다른 영역에는 '아랑곳하지 않는' 사람이었다. 그렇지만 결국 그는 더 행복해졌다. 그리고 인류는 그의 천재성의 덕택에 더 잘 살게 되었다.

다음은 잡탕식과 혼합식 어느 하나를 선택하지 않는 방식이다. 최대한의 행복을 성취하려면 이 두 방식을 모두 결합해서 최대한 욕구를 충족시키라는 이론이다. 물론 행복과 욕구충족은 서로 같은 개념이 아니다. 왜냐하면 욕구의 전부 아니면 그 대부분을 충족시킬 수 있어도 여전히 나는 행복하지 않을 수도 있기 때문이다. 반대로 어떤 경우 나의 욕구 대부분이 충족되지 못해도 오히려 더 행복해지기도 한다. 나는 지금 집필 중인 이 책을 완성시키려는 욕구를 가진다. 이 욕구가 충족되는 순간 나는 행복질수도 있지만 이 책이 기대만큼 호평을 얻지 못한 실망감으로 오히려 불행해질 수도 있다. 물론 반대로 집필 중인 이 책을 완성시키지 못하더라도 언젠가는 완성하겠다는 욕구 충족에 대한 기대감으로 오히려 더 행복할지도 모른다.

여기서 등장하는 중요한 구별은 욕구들 사이의 구별이다. 욕구 중에는 충족됨으로써 다른 욕구의 충족에 기여하거나 다른 욕구의 충족과 조화를 이루는 경향을 갖는 욕구가 있는 반면, 욕구 충족에 대체로 다른 욕구 충족의 걸림돌이거나 다른 욕구 충족을 방해하는 욕구가 있다. 알콜중독과 약물중독은 많은 사람들의 욕구를 충족시키지만, 다른 욕구를 좌절시키는 경우가 빈번하다. 예를 들어 주기적으로 헤로인을 복용하는 사람은 재정적 안정, 화목한 가정생활, 안정된 직업, 친구와 이웃으로부터 받는 존경과 찬사, 지속적인 건강생활 등을 누리기 어렵다. 어떤 욕구의 충족은 다른 욕구의 충족에 걸림돌이다. 다른 욕구의 충족을 방해한다. 따라서 이러한 욕구를 무한량 충족시키면 다른 욕구는 충족될 수 없으며, 따라서 조금이라도 다른 욕구를 충족시키려면 문제의 그 욕구를 절제해야 한다.

한편 운동과 영양식으로 건강을 유지하려함은 다른 욕구 충족과 조화를 이룬다. 왜냐하면 건강을 유지하면서 고통을 느끼지 않을 때 사람들은 생산적인 일을 할 수 있기 때문이다. 마찬가지로 어떤 외국어를 열심히 익히는 과정은 다른 외국어 습득과 조화를 이룬다. 한 외국어에 몰입하는 과정은 아마도 다른 외국어의 마스터를 더욱 용이하게 만들기 때문이다.

내가 두 잠재능력을 똑같이 실현하려는 욕구를 가진다고 해보라. 하나는 매일 한 시간씩 운동하려는 욕구이고 다른 하나는 매일 밤 자기가 사는 도시의 건물에 붉은 색을 칠하고 다니고 싶어 하는 욕구이다. 첫째 능력의 실현은 둘째 능력의 실현보다는 다른 능력의 실현과 조화를 이루기 쉽다. 다른 예로 핸섬 가이 A는 지금 사귀는 여인 B만큼이나 은밀한 관계를 여인 C와도 맺고 싶어 한다고 해보라. 여인 C는 A가 열심히 연구할 수 있도록 배려하는 반면, 질투심이 많은 여인 B는 늘 A에게 자기와 같이 지내지 않는다고 투정을 부린다. 이런 경우 A는 여인 C와 더 잘 지낼 수 있다. 여인 C와 지내는 것은 다른 욕구의 실현과 조화를 이루는 반면, 여인 B와의 애정은 다른 욕구의 실현을 방해한다. 일반적으로 욕구 충족의 극대화를 목표로 삼는 경우, 나는 다른 욕구의 충족을 방해하는 욕구를 충족시키기보다는, 다른 욕구와 조화를 이루는 욕구를 충족시킴으로써 보다 좋은 삶을 영위할 수 있다.

  자아실현의 이상은 욕구들이 서로 조화를 이루며 최대한 정합성을 유지할 때 비로소 이루어진다. 이때 만능재주꾼처럼 잡탕식이든 아인슈타인처럼 집중식이든 아니면 이 두 가지 절충식이든지 상관없다. 물론 최대한의 자아실현에 도달하기란 그렇게 쉽지 않다. 내가 좋아하는 것을 해야 하는가 아니면 잘할 수 있는 것을 해야 하는가의 문제가 생기기 때문이다. 잘할 수 있는 일을 선택해서 명예와 명예를 한 몸에 받으면서 안락한 삶을 누리기도 한다. 그러나 좋아하는 일을 해서 강렬한 욕구를 충족시키기는 하지만 끼니를 걱정하면서 기타를 걸머지고 밤거리를 헤매고 다니는 날이 적지 않을지도 모른다. 이처럼 어떤 능력의 계발이 나에게 최대로 만족스런 삶을 가져다줄 것이냐를 가려내기란 좀처럼 쉽지 않다. 좋아하는 일에 대한 능력과 잘 하는 일에 대한 능력 계발은 서로의 계발을 방해하기도 한다. 때에 따라 생계를 위해 수학을 하고 취미로는 음악을 하는 잡탕식을 선택하는 것이 현명해보이기도 한다.

자아실현의 걸림돌은 사회적 자아실현이다

최대한의 자아실현에는 실천상의 문제와 함께 이념상의 문제가 생긴다. 첫째 지금까지 우리는 헤로인 중독자조차도 그의 중독 상태로 실현을 방해받는 다른 욕구를 가진다고 전제해왔다. 그러나 다른 욕구가 없다면 어떠한가? 어떤 중독자의 삶이 헤로인 중독 욕구에만 집중되어 다른 능력의 실현에 전혀 관심이 없다면 어떠한가? 그 개인의 욕구가 무척 제한적이어서 다른 욕구를 방해하지도 않는 만큼 그는 헤로인에 대한 강렬한 욕구를 계속 충족시킬 수는 없는가? 그렇지 않다는 결론을 내리려면, 중독자가 실제로 갖고 있는 욕구 말고 그가 가질 수 있다거나 가질지도 모르는 잠재 욕구를 대해 언급해야 한다. 현재 헤로인의 복용 이외에 어떠한 관심도 없지만, 그는 아직 실현되지 않은 채로 남아 있는 지적 계발, 사회적 계발 등 여러 가지 유형의 계발에 대한 잠재력을 가질지도 모른다. 그는 DNA의 연구에 획기적인 업적을 내놓은 유기화학의 전문가로서 혹은 세일즈맨으로서 어떤 능력을 계발할 수도 있다. 대개의 사람들은 중독 상태에 비하면 유기화학 전문가나 세일즈맨은 훨씬 가치 있다고 평가한다. 그렇지만 여기서 어떤 직업이 가치 있다는 평가는 다분히 사회적 차원의 문제이다. 사회적 차원의 평가는 무엇이 사람을 행복하게 만들어 주는 것이냐라든가 가치 있는 것이 만족을 가져다줄 수 있느냐 등에 관한 판단으로 결정할 문제가 아니다.

일단 사람이 어떤 욕구를 갖고 있지는 않지만 그 욕구를 가질 가능성이 있다는 가정에서 출발하면, 나는 왜 그가 이러한 욕구를 가져야 하는가 하는 당위에 관한 물음에 직면한다. 물론 그 같은 욕구를 가질 때 그는 조화롭게 통합될 수 있는 더 큰 범위의 욕구체계를 갖춘다. 그러나 어떤 한 욕구에 사로잡힐 경우 굳이 조화로운 체계를 갖추어야 하는 까닭은 무엇인가? 우리가 어떤 종류의 삶을 사는 사람을 비난하거나 공감하는 경우, 그것은 그가 '그 자신을 실현'하지 못하기 때문이거나 그가 '사회적으로 유익한' 삶을 영위하지 못하기 때문인지도 모른다. 그렇지만 어떤 개인의 욕구를 최대한으로 실현하는 삶이 곧 타인에게 유익해지는 삶은 아니다.

잠재적 욕구의 문제와는 별도로 자아실현의 한계라는 둘째 문제가 있다. 나의 관심이 온통 금고털이에 모아진다고 가정해보라. 나는 이 일에 다른 어떤 일보다 관심을 갖고 있으며 또 그 일을 다른 어떤 일보다 잘할 수 있기에, 아무 문제도 없다고 가정해보라. 금고 터는 능력은 내가 계발하고 싶어 하는 잠재능력이고, 그것 말고는 관심 있는 일이라고는 도통 없는 까닭에 그런 능력을 계발하고자 한다. 굳게 닫힌 금고와 창고를 열어 보려고 은행과 부잣집을 침범하는 것이 내가 누리는 삶의 즐거움이다. 돈은 그리 중요하지 않으며 오로지 열어보겠다는 의욕만이 중요하다. 금고 털이로 마침내 성공을 거두어 나는 근사한 집을 샀고, 고급 사교 클럽의 회원으로 가입했으며, 여름철마다 해외여행을 다닌다. 노동시간도 짧아서, 생계를 위해 하루에 여덟 시간 동안 쓰레기를 치우다가 저녁에 집에 돌아와 곯아떨어지는 직업에 비해 교양을 계발할 수 있는 시간적 여유가 많아진다. 금고털이범의 삶은 고달픈 샐러리맨의 삶보다 훨씬 만족스럽고 또 나의 잠재력을 한층 더 많이 실현시켜준다. 어쨌든 정직하게 살 때에 비해 훨씬 더 많은 잠재력이 실현되었으며, 또 충족된 나의 욕구들은 서로 조화를 유지한다.

자아실현에 관한 한 금고털이범의 삶을 실패한 인생이라고만 몰아붙이기 어렵다. 나의 자아실현을 금고털이로만 생각한다면, 그것은 공교롭게도 이른바 '반사회적 행동'이라는 결과를 낳는다. 금고털이범으로서 나의 자아를 실현함으로써 나는 귀금속상, 예금주, 보험회사 등과 같은 타인에게 해를 끼친다. 나의 자아를 실현함으로써 나는 그들의 자아실현을 방해하는 행위를 하는 셈이다. 만일 나의 관심사항이 개인의 자아실현이라면, 타인의 자아실현은 고려되지 않는 사항이다.

여기서 자아실현은 소속 공동체의 이념에 부합해 사회적 자아실현으로 넘어가기 쉽다. 금고털이범으로서 활약하는 것은 결코 사회적 자아실현이 아니다. 그렇지만 금고털이범은 사회 구성원에게 만족스럽지 못하지만 개인적으로는 매우 만족스럽다. 금고털이범은 금고를 털리는 사람에게는 해를 주지만, 금고를 터는 사람으로서 만족스럽다. 비로소 자아실현은 사회적 실현과는 서로 충돌한다. 자아실현이 사회적 자아실현이기도 하다는 믿음은 두 개념의 상충 가능성을 도외시한 결과이다.

독립만세를 외치다 고문으로 죽어간 유관순 열사를 생각해보라. 유관순 열사의 신념이 사회 전체에 지대한 가치를 지니며 그 신념의 실현을 위한 희생은 남은 조선인의 독립심을 고취시켰다. 그러나 그녀의 빛나는 행동이 남은 조선인의 잠재력 실현에 일조 했어도 그 행위로서 그녀의 자아실현은 수포로 돌아갔다. 예를 들어 독립만세 운동으로 조선이 마침내 독립할 수 있었다고 해도, 그녀는 안타깝게도 그녀의 자아실현을 포기해야만 했다. 그녀는 이미 자아실현을 이룰 수 있는 자아를 상실했기 때문이다. 살해 당함으로써 자아실현의 수단을 완전히 상실하고야 말았다. 그녀의 희생은 다른 사람들이 볼 때에는 가치 있지만, 그것은 결코 자아실현으로 불릴 수 없다. 죽음은 자아실현을 완전히 봉쇄한다.

개인적 만족의 목표인 자아실현은 개인에게 결코 만족스럽지 못한 '사회적 자아실현'으로 바뀌기 쉽다. 문제는 죽음이다. 생명 상실로서 죽음은 아무것도 충족시킬 수 없다. 자아실현은 자아소멸과는 도저히 양립하지 못한다. 자아소멸은 어떤 종류의 '사회적 자아실현'과 양립할 수 있어도 본래의 자아실현과는 도저히 양립하지 못한다. 나의 생명 상실은 나에게 아무것도 충족시킬 수 없다. 그럼에도 '자아실현'을 사회와 결부시켜 '사회적 자아실현'을 내세우려함은 개인의 희생을 통해 반사 이익을 챙기려는 자들의 음모이다.

국가가 개인보다 먼저이고 또 우월하기에 개인은 국가의 요구에 먼저 부응해야 하고 그로 말미암아 자아를 실현할 수 있다는 것은 국가주의 주장이다. 그러나 국가주의의 주장은 공허하기만 하다. 그러한 주장은 타인의 희생을 통해 자기 이익을 얻으려고 하는 음모를 감추는 어떤 개인의 주장일 따름이다. 그런 개인은 타인을 희생시켜 자기 이익을 교묘하게 누리는 데 탁월하고도 비상한 능력을 지닌 사람이다. 그렇지만 본래 인간 행위로 불리는 움직임은 행위 주체로서 행위자를 빼 놓고는 이루어질 수 없다. 자아실현도 행위자의 살아가고자 하는 궁극 목적에서 이루어지는 인간 활동이다. 행위자의 살아 있음은 자기 이익의 기본이며 으뜸이다. 행위자의 살아 있음을 전제로 사회 활동은 비로소 가능해진다. 자아 소멸로 '사회적 자아실현'은 가능하더라도 '자아실현'은 불가능하다는 점을 '자기 이익'에 사려 깊은 사람이라면 놓치지 말고 헤아려야 한다.

2. 절제의 삶: 에피쿠로스학파

행복은 외부 조건과 무관하다

행복은 외부 조건과 긴밀하다. 그래서 행복을 논의하려면 외부 조건이 어느 정도 충족되어야 한다는 주장이 나온다. 그렇지만 외부 조건의 충족이 행복과는 전혀 무관하다는 주장이 대두한다. 에피쿠로스학파는 행복이 외부 조건과 무관하다고 주장한다. 에피쿠로스학파는 행복이 내면의 평정이라고 주장한다.

에피쿠로스학파의 연원은 소크라테스이다. 소크라테스는 혼란스러운 세상에서 성찰하지 않는 삶은 의미 없다고 외치다 죽임을 당하였다. 그의 제자 플라톤은 이 세상을 비판하기 보다는 오히려 이 세계의 질서를 탐구하였다. 그렇지만 소크라테스의 다른 제자들은 플라톤과 달리 이 세상에 대해 기꺼이 방관적 비판자로 남고자 하였다. 그들은 소크라테스적 이념을 토대로 새로운 가치를 내세웠다.

　방관적 비판자에게 지고의 가치는 독립과 자족이다. 독립과 자족은 간섭과 종속을 배제한다. 간섭과 종속을 배제하려면 무엇보다도 변화하는 주변 여건에 마음의 상처를 입지 말아야 한다. 마음의 상처를 입지 않으려면 스스로 철저하게 주변 여건에 연연하지 않고 거리를 두고 살아야 한다.

　논리학자인 안티스테네스(Antisthenes)는 부유함, 명예, 욕구 충족은 결코 좋은 것이 아니라고 주장한다. 덕이란 욕구가 없는 상태이며 그런 상태만으로도 행복하다. '덕 있는 사람'이란 무얼 바라지 않는 사람이라는 뜻이다. 그런 사람은 무얼 잃어버릴까 결코 두려하지 않는다. 심지어 노예로 전락하더라도 아무 상처를 입지 않고 견디어 낸다. 안티스테네스에 따르면, 정치나 종교는 미혹의 근원일 따름이다. 덕 있는 사람의 거처는 '국가'가 아니라 '우주'이다. 덕 있는 사람에게 신이란 어떤 특정 지역에서 흠모하는 신이 아니라 보편적 선이다. 신에 대한 의무는 오로지 덕의 실천이다.

　통나무 속에 살던 디오게네스(Diogenes)의 일화는 너무 유명하다. 알렉산도로스(Alexandorus)가 디오게네스를 몸소 찾아와 "당신에게 내가 무얼 해주기를 바라시오?"라는 물었다. 그의 대답은 "햇빛이나 가리지 않도록 물러서기를 바랍니다."였다. 자족과 독립이 지고의 덕을 몸소 보여준 사례이다. 짐승처럼 단순한 삶이 디오게네스의 소망이었다. 그는 스스로를 '개'라고 불렀기에 '견유학파'의 명칭을 얻었다. '경멸 한다'는 뜻의 영어 퀴니씨즘(Cynicism)은 "모든 전통 가치들을 꿰뚫어 보라."는 견유학파의 또 다른 이름이다.

퀴레네 학파(Cyreanics)의 아리스티푸스(Aristippus)는 덕을 추구하는 것은 곧 행복을 추구하는 것과 같다는 전제에서 출발한다. 그는 행복과 쾌락을 동일시하면서 쾌락이 지나치면 고통이 생기며, 욕구 충족을 위해서는 욕구를 제한해야 한다고 주장한다. 퀴레네학파에서 가장 널리 알려진 인물은 헤게시아스(Hegesias)이다. 그는 아리스티푸스의 주장 뒷부분을 강조하여 인생 목적이 쾌락의 상태가 아니라 오히려 고통 없는 상태라고 주장한다. 그는 쾌락의 절제만 고통 없는 상태에 이르는 현실 조건이라고 믿었다. 마침내 고통 없는 상태란 죽임이라고 설파한 헤게시아스의 알렉산드리아 강연은 자살을 유행시킬 만큼 청중을 깊이 감동시켜 당시 프톨레마이오스 2세는 그의 강연을 영구히 금지시켰다고 전해진다.

장기적 쾌락 vs. 단기적 쾌락

쾌락주의는 모든 사람들이 쾌락을 추구한다는 주장이다. 이것만큼 매력적인 주장은 없다. 그런 만큼 물리치기 어렵다. 쾌락을 추구하는데 그치지 않고 사람들은 자기가 얻을 쾌락을 극대화하려고 한다. 쾌락을 극대화하려고 한다는 뜻은 거꾸로 자신들이 겪을지도 모를 고통·좌절·걱정·지루함 등 의식의 불유쾌한 상태를 피하려고 한다는 뜻이기도 하다. 그러면 어느 정도의 기간을 염두에 두고 쾌락을 추구해야 할까? 일반적으로 진정한 이기주의자들은 쾌락과 불쾌에 대한 계산이 제대로 이루어지려면 오늘이나 내일 혹은 다음 주에 그치지 않는다. 진정한 이기주의자는 장기적 기간, 엄밀히 말하면 인생 전체의 기간을 고려해야 한다고 굳게 믿는다.

인생 전체를 생각하면서 실천하는 진정한 이기주의는 이른바 '순간 이기주의(egoism of the present moment)'와는 전적으로 다르다. 순간 이기주의란, 언제라도 지금 순간 가장 많은 쾌락, 또는 가장 적은 불쾌를 주는 행위를 해야 한다는 믿음이다. 순간 이기주의자는 매순간마다 마치 미래가 없기나 한 듯 행위 하는 사람이다. 유아나 어린아이는 당연히 순간 이기주의자들이다. 그러나 미래를 상정하고 미래의 보다 큰 쾌락을 위해 현재 누릴 수 있는 쾌락을 포기하는 능력을 점차 갖추어 가는 것이 성인이 되어가고 있음의 증표이다. 갓난아이에게는 다른 누군가가 음식을 먹여주고 잠자리를 보살펴주지만, 성인은 스스로 살아가야 한다. 스스로 살아가기 위해서 성인은 지금 당장 좋은 것만 얻으려고 하지 말아야 한다. 현재 어느 한 순간만을 생각하면서 행동하면 살아남기 힘들다. 설령 살아남더라도 오래 살지 못할 뿐만 아니라 만족스러운 삶을 살지 못한다. 그럼에도 지금 당장이 중요하다고 생각하고 살아가는 사람들이 허다하다.

장기적 미래를 생각하지 않고 살아가는 사람들이 적지 않다. 그들은 잔뜩 술을 마시고서 그 다음 날 숙취로 고생한다. 숙취로 말미암은 고통이 술 마실 때 즐거움의 몇 배임에도 계속 그렇게 반복한다. 그런 사람들은 빚에 쪼들리면서도 술값을 아끼지 않고 술을 계속 마신다. 그런 사람들은 앞으로 1주일 혹은 1개월을 어떻게 지내겠다는 생각도 없이 충동적으로 행동한다. 물론 시간적 간격은 다양하다. 1년 후를 생각하는 사람이 있는가 하면 10년 후를 생각하는 사람도 있고, 40년 만기의 생명보험을 지금 가입하는 사람들도 있다. 사람마다 차이는 있지만 당장을 넘어 일생에 걸쳐 쾌락을 극대화하기 위해 인생전체를 생각하지 않을 수 없다. 10년 동안 즐거운 생활을 하고 죽을 때까지 고통스럽게 지내는 것은 어리석기 그지없다. 10년이 지나 지금 누리는 즐거움을 결코 누릴 수 없다는 것을 알아차린다면 지금 당장의 즐거움 때문에 하고 있는 일을 즉각 멈추어야 한다.

물론 나는 앞으로 얼마나 살지를 정확히 알지 못한다. 그러나 스무 살이라면 몇 십 년은 더 살 확률이 높은 만큼 삶의 계획을 세우는 것이 현명하다. 그러나 별로 오래 살지 못할 이유가 있다고 하면, 예를 들어 의사가 앞으로 3개월밖에 살지 못한다고 진단하는 경우, 나에게 장래란 아무 의미도 없으며, 따라서 앞으로 3개월 동안의 계획을 세워 그 제한된 시간 동안 최대한의 즐거움을 누리는 것만이 진정 의미 있다. "내일이란 없다. 먹고, 마시고, 즐겨라!"는 쾌락주의와 관련하여 자주 등장하는 과격한 말이다. 내가 내일 죽으리라는 것이 사실이고, 또 그런 사실을 알고 있다고 하면, 술을 마시고 싶어도 참아야 한다는 것은 아무 의미도 없다. 물론 내일 죽으리라는 것이 사실이더라도 당장 먹고 마시는 행위가 나에게 최대의 즐거움을 가져다준다는 보장은 없다.

삶의 목표를 전체 쾌락의 극대화로 삼는다면 가능하면 즐거운 삶을 오랫동안 누려야한다. 그러나 일생을 통해 쾌락을 도모하려면 나는 지금 당장 어떤 쾌락을 포기해야 한다. 평안하고 보람찬 삶을 향유하려면 직업을 가져야 하고, 그렇게 하려면 직업을 가질 자격을 구비해야 하며, 자격을 구비하려면 직업학교라도 다녀야하고, 직업학교를 다니려면 매일 친구들과 어울려 술 마시고 놀고 싶어도 참아야 한다. 예를 들어 질병과 노후를 염려하는 경우, 비용이 들고 또 지금 당장 즐거움을 가져다주지 않더라도 보험에 가입하는 일이 현명한 처사인지도 모른다. 사업을 시작하면서 어려움을 겪더라도 미래의 즐거운 삶을 기대하면서 현재의 고달픈 순간을 인내해야 한다. 미래의 더 많은 즐거움을 누리기 위해 지금 당장의 즐거움을 포기할 수 있어야 한다.

언제나 이익과 손실의 대차대조표를 작성해야 한다. 지금 당장의 즐거움만을 생각하고 앞으로 생길 불행을 외면하면서 한 가지 일에 올인 하는 것은 결코 현명하지 못하다. 마찬가지로 더 이상 쾌락이 생기지 않을 일흔다섯 살의 나이에 이를 때까지 온갖 희생을 감수하면서 일하는 것 역시 현명치 못하다. 어느 경우도 우리가 누릴 수 있는 최대의 즐거움을 가져오지 못한다. 첫 번째 경우 우리는 지금 당장 쾌락을 얻지만 몇 년 후의 고통을 감수해야 하고, 두 번째 경우 지금 고통을 감수해도 그것을 보상해 줄 쾌락을 나중에 전혀 얻지 못한다. 어느 한 쪽에만 치우치면 현명하게 즐거움을 추구할 때에 비해 많은 즐거움을 누리지 못한다.

첫 번째 극단의 경우를 예로 들어보자. 오래된 나쁜 습관을 버리지 못하면 결코 취직할 수 없는 노동자의 경우이다. 그는 작업 시간 중 빈둥거리지 않고 열심히 일을 하는 태도를 익혀야 할 사람이다. 그럼에도 그는 여전히 작업 시간에 빈둥거리는 나쁜 습관을 버리지 못한다. 그 오랜 습관을 버리지 않으면 취직을 해도 해고되는 것은 시간문제다. 그는 지금까지 워낙 많은 해고를 당해왔던 터라 마침내 아예 취직하지 않기로 한다. 그는 차라리 직장 없이 곤궁하지만 근근이 사는 편을 담담히 받아들이기로 한다. 열심히 일해서 지금보다 더 잘살 수 있지만 그렇게 사는 게 그에게는 마냥 불편하기만 하다. 그는 먼 장래를 염두에 두고 인생 전체를 생각하지 않는다. 그는 미래에 얻을 수 있는 이득을 아예 포기하고 만다.

두 번째 극단의 사례는, 일생 하루도 빠짐없이 16시간의 일해서 벌어 놓은 돈으로 성년퇴직 후에 안락한 삶을 보낼 수 있는 회사원의 경우이다. 물론 그녀가 하루에 16시간 일하면서 온통 즐거움만을 누린다면, 그것은 다른 일을 하면서 얻는 즐거움처럼 더 이상 고통이나 희생이라고는 할 수 없다. 그렇지만 그녀가 자신의 목표를 달성했고 자기가 쓸 만큼의 돈을 벌었다고 가정해보라. 그런 경우 그녀는 더 이상 고생을 하지 않고도 다른 사람들에게 일을 맡겨가면서 편하게 휴식을 취할 수 있다. 물론 이 경우 일하는 쪽보다는 편하게 휴식을 취하는 편을 그녀가 더 즐긴다는 전제가 깔린다. 그러나 이러한 전제가 언제나 맞는 것은 아니다. 그녀는 편하게 휴식을 취하기보다는 마치 가난에서 벗어나려는 듯이 그리고 아직도 생활비가 충분하지 못한 듯이 밤늦게까지 일에 열중한다. 미래를 위해 현재를 희생하는 것은 때로는 현명한 처사이다. 그러나 사정이 그렇지 않음에도 그녀는 일에만 열중한다.

위 두 극단의 경우들은 장기적으로 쾌락을 극대화할 수 없다는 점에서 잘못이다. 최선의 선택은 미래의 쾌락을 염두에 두면서 현재 진행 중인 일에서 가능하면 많은 쾌락을 얻는 길이다. 훗날 안정된 생활을 위해 지금 열심히 일해야 하고 또 하는 일을 즐길 수만 있다면 일과 즐거움이라는 두 마리의 토끼를 모두 잡는 셈이다. 돌발적 사건으로 말미암아 더 이상 바라볼 미래가 없다 해도 내가 현재 하고 있는 일에서 즐거움은 계속 얻어질 것이다. 이 경우 미래에 대한 준비는 더 이상 희생이 아니며, 그러한 준비를 통해 보다 앞으로 평안하고 즐거운 삶을 살 거라는 희망과 함께 미래를 맞이할 것이다.

고급한 쾌락 vs. 저급한 쾌락

에피쿠로스학파의 주장은 이기주의에 쾌락주의가 덧붙여진 주장이다. 그러나 장기적 쾌락의 계산을 강조하는 것이 에피쿠로스학파의 가장 두드러진 특징은 아니다. 에피쿠로스학파가 아니더라도 장기적 쾌락을 염두에 두어야 한다고 주장한다. 오히려 장기적 쾌락을 어떻게 얻을 수 있느냐는 물음에서 에피쿠로스학파 고유한 특징이 나온다.

에피쿠로스학파에 대한 역사적 서술은 이 학파의 창시자인 에피쿠로스(B.C. 342-270)의 주장과는 상당히 판이하다. '에피큐어(epicure)'와 '에피큐리언(Epicurean)'이라는 단어에서 오늘날 대부분의 사람들이 연상하는 것은 식도락가나 감각적 쾌락에만 탐닉하는 풍기 문란한 사람, 아니면 딜레탕트나 천박하기 그지없는 퇴폐적 방랑자들이다. 이것은 초서(Geoffrey Chaucer)의 『캔터베리 이야기』(The Canterbury Tales)에서 지주를 '에피쿠로스의 아들'이라고 묘사할 때 나오는 이미지들이며, 이 이미지가 오늘날까지 남아 있어서 요식업자들은 '에피쿠로스 레스토랑'이라는 음식점을 개업할 정도이다. 그러나 에피쿠로스의 추종자들은 이와는 정반대의 주장을 했다.

에피쿠로스학파는 감각적 쾌락을 탐닉하는 삶을 비난했고, 장기적인 쾌락은 육체적 욕구를 엄격히 자제하여 마음을 갈고 닦음으로써 극대화할 수 있다고 믿었다. 그들은 쉽사리 얻어지고 순간적으로 강렬함을 안겨주는 쾌락은 종국에는 고통과 좌절을 초래하는 '쾌락주의의 덫(hedonistic booby traps)'이라고 확신했다. 에피쿠로스의 추종자들은 이러한 덫을 어떻게 피할 수 있는지에 깊은 관심을 갖고서 순간적이고 강렬한 쾌락을 체계적으로 억제하는 금욕주의를 목표로 삼았다. 음식에서 나오는 쾌락과 관련하여, 역사적으로 에피쿠로스학파는 통속적으로 미식을 욕구하는 에피큐리언(Epicurean)의 개념과 정반대이다. 에피쿠로스는 다음과 같은 글을 남겼다.

빵과 물만으로도 배고픈 입에 최고의 쾌락을 줄 수 있듯이, 욕구의 시달림에서 벗어나면 간단한 음식이라도 값비싼 음식 못지않게 쾌락을 가져다준다. 따라서 간단하고도 값싼 식사를 습관화하는 것만으로도 건강을 유지할 수 있고 위축되지 않는 삶을 영위할 수 있으며, 그럼으로써 매일 비싼 음식을 먹지 않아도 되고 따라서 돈을 절약하고 금전문제로 골치를 썩지 않아도 되는 유리한 입장에 놓인다. 22)

귀한 음식이나 비싼 음식에 일단 맛을 들이면, 그 후 쾌락을 얻는 길이 아니라, 채워지지도 않고 또 채워질 수도 없는 욕구만이 남는 길로 접어들고 만다. 귀하고 비싼 음식을 먹으면 먹을수록 더 먹고 싶어진다. 웬만한 음식은 거들떠보지도 않는 나의 미각은, 더 귀하고 더 비싼 음식을 갈구한다. 수 십 만원에 이르는 와인을 마셔 본 뒤 그 황홀한 맛을 잊지 못해 또다시 그 같은 와인을 마시고 싶어 하는 지경에 다다른다. 결국 그 와인을 마셔보지 못했던 것만 못하게 된다. 더 비싼 음식을 갈구하는 욕구에 탐닉함으로써 마침내 나는 파산 지경에 이를지도 모를 일이다. 일단 맛을 본 음식을 더는 먹지 못해서 겪는 고통은 그런 음식을 먹으면서 향유했던 쾌락보다 훨씬 더 크다.

섹스의 쾌락에 대해서도 에피쿠로스는 유사한 충고를 한다. 그는 섹스의 쾌락이 그 자체로 악은 아니라고 생각했지만, 매우 쉽사리 사라져버림으로써 쾌락보다는 오히려 고통을 더 많이 가져다주기에 '걸려들 만한' 가치가 없다고 주장했다.

자연은 우리를 함정에 빠뜨린다. 먹음, 마심, 섹스에서 오는 쾌락처럼 우리가 가장 많이 원하는 쾌락은 결국에는 우리를 가장 비참하게 만들 가능성이 있다. 먹음, 마심, 섹스는 우리에게 상당한 수준의 순간적 쾌락을 제공하고, 또 우리는 강렬하고 즉발적인 쾌락을 기대하는 터라, 미래의 장기적 결과를 미처 생각하지 못하는 수가 빈번하다. 그래서 만일 우리가 섹스에 탐닉하면 곧바로 비참해진다. 언제나 우리가 누릴 수 있는 것 이상의 만족을 욕구하여 이러한 쾌락을 가져다줄 원천을 더욱더 많이 욕구하기에 이르러, 결국 쾌락보다는 심한 좌절을 겪고야 만다. 우리의 취향은 너무 고급화되어 그 어떤 것으로도 만족을 얻기 어려우며, 따라서 이루기 어려운 것을 이루고자 광분하기 시작한다. 우리는 그 같은 운명의 길로 들어서지 말아야 한다. 이 말은 절대 섹스를 하지 말라는 뜻이 아니라 그것 없이 지낼 때 비참해진다든지 아니면 그것에 계속 탐닉하여 권태를 느낄 정도가 되어서는 안 된다는 뜻이다.

우리가 타인들과 감정적 관계를 맺음으로써 장기적 쾌락의 확률과 불행으로부터 벗어날 확률은 점점 더 낮아진다는 것이 에피쿠로스의 주장이다. 감정상 친밀한 관계를 맺는 두 사람이 서로에 대해 자주 겪는 싫증, 질투, 갈등, 분쟁 등은 서로를 불행하게 만든다. 정말로 장기적 안목에서 쾌락을 극대화하는 가장 현명한 선택은 애당초 어떤 친밀한 관계도 맺지 않는 선택인지도 모른다. 격리된 삶을 누릴수록 번거로운 생활을 할 때 도저히 누릴 수 없는 안정과 평화는 찾아든다. 격리된 삶은 자칫 우리가 걸려들기 쉬운 격정적 인간관계보다 훨씬 큰 만족을 가져다준다. 에피쿠로스 선생의 다음 말씀은 주의를 기울일만하다.

쾌락이 목적이자 목표라고 말할 때 우리가 마치 방탕한 자의 쾌락이나 감각적 쾌락을 말하고 있는 것처럼 오해하는 사람이 있는데 이 것은 무지나 편견, 고의적인 왜곡으로 말미암은 것으로 우리가 뜻하는 바란 결코 그런 것이 아니다. 우리가 뜻하는 쾌락은 육체적으로 고통이 없는 상태와 정신적으로 근심이 없는 상태이다. 즐거운 삶은 하루도 쉬지 않고 술잔치를 벌여 흥청대는 것이 아니요, 섹스에서 오는 것도 아니며 생선을 곁들인 호사스런 식사에서 오는 것도 아니다. 그것은 모든 선택과 회피의 근거를 면밀히 탐구하고, 영혼의 혼란 상태에서 빚어진 믿음을 제거하는 냉철한 이성에서 비롯된다.23)

먹음, 마심, 섹스의 쾌락이 '저급한 쾌락'으로 분류되는 까닭은, 결국에는 즐거움보다는 근심과 불행을 가져오기 때문이다. 그래서 에피쿠로스는 '고급한' 쾌락을 권유한다. 고급한 쾌락이란 고상한 쾌락이다. 고상한 쾌락이란 미적 쾌락과 지적 쾌락이다. 훌륭한 예술작품의 감상에는 어느 정도의 훈련과 계발이 필요하지만 일단 그러한 과정을 거치면, 세월이 지나도 계속해서 만족을 얻을 수 있으며 따라서 근심과 불행을 겪지 않는다. 우리는 훌륭한 예술작품에 대해 한동안 무관심할 수도 있지만 다시 그것에 관심을 가지면서 또 다시 만족을 느끼게 된다. 지식을 획득하는데 에도 처음에는 시간과 노력이 필요하지만 일단 이러한 장애를 극복하면 고통이 따르지 않는 쾌락이 지속된다. 즐거움은 시간의 흐름에 따라 점점 많아지고, 이러한 경험은 다른 사람들과 교제할 때와는 달리 그 누구에 의해서도 손상되지 않는다.

예술과 학문은 저절로 나오는 즐거움이 아니라 공을 들여서 획득한 즐거움이다. 문지를수록 빛이 나는 동천처럼, 많이 알고 많이 이해할수록 지식에 대한 즐거움은 더욱 빛이 난다. 따라서 이러한 '고급한' 쾌락은 추구할 만한 가치를 지닌다. 그럼에도 우리의 본성은 '저급한' 쾌락을 추구한다. 저급한 쾌락은 특별한 계발이나 훈련 없이도 얻을 수 있는 것이고 애당초 그 자체만으로 매혹적이지만 결국 덫이요 환상이다. 에피쿠로스가 권유하는 쾌락은 저급한 쾌락이 아닌 고급한 쾌락에 속한다. 에피쿠로스가 무엇보다 높이 평가하는 가치는 내면의 안정과 평화, 즉 근심과 걱정 그리고 갈등이 없는 마음의 평정(ataraxia)이다. 실상 에피쿠로스의 목표는 고급한 쾌락의 적극적 추구보다 고통과 근심을 극소화이다. 그는 내면의 안정과 평화를 저해하는 고통과 근심을 회피하라고 권유했다.

사람들이 두려워하고 무서워하는 것 중에 으뜸은 죽음이다. 그러나 에피쿠로스에 따르면, 죽음의 두려움이 가장 불합리하다.

> 죽음은 우리에게 아무 의미도 없다. 선과 악은 감정을 수반하지만 죽음은 감정의 소멸이다. 따라서 죽음을 제대로 이해하기만 하면, 우리는 영원한 삶을 추구함으로써가 아니라, 영원한 삶에 대한 열망을 던져버림으로써 죽음에 대한 운명을 기꺼이 받아들인다. 죽음이 찾아온다고 해서 두려울 것이 없음을 충분히 이해한 사람에게 죽음이란 더 이상 두려움의 대상이 아니기 때문이다. 따라서 죽음이 고통을 주기 때문이 아니라 고통을 줄 거라고 예상하기 때문에 두렵다고 말하는 사람이야말로 어리석기 그지없다. 죽음이 도래한다고 해서 하등

두려워할 것이 없음에도 터무니없는 상상을 통해 고통을 야기할 뿐이다.[24)]

고급한 쾌락과 저급한 쾌락을 어떻게 나누는가?

　에피쿠로스학파의 쾌락주의에 대해 몇 가지 비판적 성찰이 필요하다. 특히 고급한 쾌락/저급한 쾌락의 구별은 비판의 표적이다. '저급한' 쾌락은 에피쿠로스가 생각한 것처럼 과연 자가당착일까? 대부분 사람들은 주저함이 없이 그렇지 않다고 말한다. 예를 들어 사랑의 기쁨은 분명히 위험을 수반한다. 사랑하는 사람을 잃을지도 모른다는 두려움과 실연의 고통과 슬픔의 위험, 그리고 애정이 식어 관계가 상호증오의 비극으로 치닫는 위험 등을 내포한다. 그럼에도 사랑을 체험한 사람들 대부분이 사랑을 여전히 해볼 만한 모험으로 여긴다. 시인 테니슨(Alfred Lord Tennyson)은 "사랑을 하지 않는 편보다는 사랑을 하다 실연을 당하는 편이 차라리 더 낫다네!"라고 읊지 않던가? 뿐만 아니라 사람들이 언제나 실연을 당하는 것은 아니다. 많은 사람들이 결혼을 해서 잘살고 있다. 물론 결혼이 이상적인 것은 아니다. 그렇지만 결혼 당사자들의 일반적인 증언에 따르면, 외롭게 혼자 사는 편보다는 더불어 같이 살아가는 인생이 더 즐겁다.

　같은 논지가 쾌락의 다른 원천에도 적용된다. 먹고 마시는 일에 대한 탐닉은 에피쿠로스가 생각한 것만큼 위험하지 않다. 그럼에도 그는 이러한 탐닉이 가져오는 불쾌한 결과를 회피하는 데 너무 골몰한 나머지 극단의 금욕주의를 옹호하기도 한다. 그가 권유한 간단한 식사는 지나치게 단조로워서 피해야 할 식사이기도 하다. 호사스럽거나 건강에 좋지 않은 음식의 유혹에 빠져들지 않으면서 절제하는 것이 에피쿠로스가 권유하는 금욕에 비해 한결 현명하다. 절제를 해야 하지만 자연스런 욕구를 완전히 부정하고 난 후에 금욕의 안정을 누리기보다는 차라리 자연스런 욕구를 존중하면서 안정을 누리고 고통을 느끼지 않을 수 있다면, 차라리 그 편을 따르려는 사람이 적지 않다. 에피쿠로스는 욕구에 탐닉할 때 생길 위험을 인지하면 욕구에 결코 탐닉하지 않을 거라고 확신했다. 그러나 장기적 안목을 가진 이기주의자에 따르면 위험을 각오하면서 조심스럽게 일을 진행시키는 편이 더 낫다고 한다. 위험은 그 자체로 즐길만한 것이어서 도박꾼은 어떤 결과가 나오리라는 것을 충분히 알면서도 그와 같은 모험을 즐긴다.

에피쿠로스에 따르면, "저급한 쾌락은 다른 것에 비해 일시적이다." 그러나 과연 그러한지 의심스럽다. 싱싱한 스테이크를 먹는 즐거움은 브람스의 음악 작품을 감상할 때의 즐거움에 비해 일시적이다. 우리가 먹는 이 스테이크를 다시 먹을 수 없음에 비해 똑같은 브람스 음악 작품을 다시 들을 수 있다는 점에서 그렇다. 그렇지만 내일이라도 오늘 먹는 스테이크를 다시 먹을 수 있다면 어떤 차이가 있는가? 두 개의 스테이크가 모두 맛있고 처음 스테이크나 나중의 스테이크가 크기도 같다면 무엇이 문제인가? 어쨌든 '저급한' 쾌락에 대해 우리가 보다 빨리 싫증을 느낀다는 것은 사실이 아니다. 많은 사람들이 예술과 학문으로부터 계속 즐거움을 누리다가도 갑자기 싫증을 느낄 수 있음에 반해 음식과 섹스에 대해서는 결코 싫증을 느끼지 않을 것처럼 보인다. 우리가 매일 맛있는 음식을 먹거나 애호하는 음악을 듣는다면 과연 어느 편에 빨리 싫증을 내겠는가? 음악애호가라도 맛있는 음식을 먹을 때 얻는 반복적 쾌락이 같은 예술작품을 감상할 때의 쾌락보다 오래 지속한다는 것을 인정하는 경우가 많다.

더욱이 '고급한' 쾌락은 반드시 저급한 쾌락이 먼저 충족되어야 얻어질 수 있다. 몇 끼 굶은 상태에서는 아무리 매력적인 미적 만족이나 지적 만족이라도 충족되기 어렵다. 물론 배가 고플 때 더 많은 감동을 주고 심지어 그런 순간에 창작되는 예술작품도 있지만, 배고픔에 허덕이면서 학문을 한다는 것은 몹시 힘든 일이다. 뿐만 아니라 '고급한' 쾌락은 개발하는 데 많은 시간이 필요하다. 그것을 개발하려면 상당한 수준의 노력. 정력, 비용, 시작할 때의 정신적 갈등을 포함하여 대개 몇 년 동안의 준비기간이 필요하다. 그러나 어떤 사람은 몇 년 동안의 준비에도 훌륭한 예술작품을 감상하는 능력을 계발하지 못한다. '저급한' 쾌락이 위험부담을 내포하지만 오히려 '고급한' 쾌락이 아무나 획득하지 못하는 깊은 맛을 갖고 있기 때문에 더 많은 위험부담을 내포할 가능성이 있다.

'저급한' 쾌락에의 끊임없는 탐닉으로 좌절하고 불행해지리라는 것은 일리 있는 말씀이다. 그러나 어떤 일이든지 끊임없이 탐닉하면 마찬가지 결과가 나온다. 어차피 '저급한' 쾌락에 절도 있게 탐닉하는 것은 상당한 만족을 가져다주고 그때의 만족은 '고급한' 쾌락에서 비롯되는 것보다 훨씬 크다. 무엇을 즐거운 것으로 여기는지에 대해 사람들마다 크게 다르기 때문에 일반화하기란 곤란하다. 그러나 '저급한' 쾌락이 '고급한' 쾌락보다 인생을 좀 더 부드럽게 심지어는 즐겁게 만든다고 설득력 있게 논의하는 사람도 있다. 19세기 영국의 걸출한 역사학자 렉키는 인생에서 직접 '고급한' 쾌락을 얻은 사람인데도 다음과 같이 쓰고 있다.

어떤 화가나 소설가든지 완전한 행복의 이상을 묘사하고자 할 때 깊은 학식을 가진 사람에게서는 그러한 이상을 찾지 못 한다……. 일반적으로 우리가 즐거움을 누리는 데에는 정신 조건에 비해 신체 조건이 더 많은 영향을 미친다. 대다수 사람들의 행복은 신체조건에서 비롯되는 건강과 기질로부터 훨씬 많은 영향을 받는다. 다시 말해 신체적 즐거움은 어떤 정신적 원인이나 도덕적 원인보다도 행복을 더 많이 산출한다고 생각되는 것이 보통이며, 그래서 치명적인 신체적 고통은 어떤 정신적 좌절보다 훨씬 더 많이 우리 본성의 에너지를 마비시킨다. 소크라테스에서 밀에 이르기까지의 도덕철학자들보다는 마취제를 최초로 발명한 미국인이 아마도 인류의 진정한 행복을 위해 훨씬 더 많은 일을 했는지 모른다.[25]

문제는 에피쿠로스학파가 적극적으로 즐거움을 추구하기보다는 고통과 근심의 제거에 더 많은 관심을 기울인다는 점이다. 에피쿠로스학파는 안정과 평화의 상태, 즉 무엇에 대한 적극적인 즐거움보다는 번뇌의 부재를 쾌락과 일치시키려는 듯하다. 적어도 에피쿠로스학파는 무엇을 추구하기보다는 무엇을 회피하는 쪽으로, 무엇을 나서서 하기보다는 무엇을 억제하는 쪽으로 많은 논의를 했다. 그러나 평화와 안정의 상태란 그것을 누리지 못하는 사람에게는 높이 평가되겠지만, 그것을 이미 누리고 있는 사람들에게는 소극적 생활보다는 적극적 생활이 필요하다. 길가에 앉아서 다른 사람들이 분주히 움직이고 있는 모습을 그대로 묵묵히 지켜보기 보는 편보다는 다른 사람들처럼 자기도 바쁘게 활동함으로써 더 많은 행복을 얻을지 모른다.

그러나 에피쿠로스학파에 따르면, 세상에 나서는 것은 결코 가치 있는 일이 아니다. 사회 질서로부터 철저하게 독립하고 자립하는 삶만이 에피쿠로스학파에게 가치 있다. 행복은 결코 '나'의 밖에서 오지 않는다. 외부의 무엇이든 근본적으로 '나'에게 행복의 원천이 아니다. 행복이 '나'의 밖에서 오지 않는 만큼 '나' 밖의 그 무엇에 대해 의지하지 말아야 하고 기대하지 말아야 한다. 무언가에 의지하고 기대하면서 산다는 것만으로도 자존감은 상처를 입는다.

'나' 밖의 무엇에 대한 기대는 헛된 욕구이다. 그 헛된 욕구가 결코 충족되지 않음을 깨닫고 스스로 그런 욕구를 갖지 않도록 노력해야 한다. 그런 욕구를 완전히 접을 수는 없다면 가능한 그런 욕구를 최대한 줄여 나가야 한다. 에피쿠로스학파에 따르면, 바람직한 삶이란 기존의 국가 법률에 대한 순종, 도덕 규칙에 대한 맹종, 종교적 관습에 대한 복종이 결코 아니다. 진정한 자기 이익은 독립과 자립에서 얻어지는 삶의 평정과 평안이다. 스스로 얻는 자기 이익은 스스로 대한 성찰의 결실이어야 한다. 스스로 성찰하는 '나' 는 당장 현재의 '나' 가 아니다. '나' 는 과거에서 미래로 이어지는 과정에 놓인 '나'이다. 나는 과거의 나에 비추어 미래의 바람직한 나를 만들어가는 과정이다. 나의 욕구가 지금의 욕구에 한정지어질 수 없는 까닭은 나의 욕구가 과거와 현재 미래에 걸쳐진 욕구이기 때문이다. 그런 만큼 현재의 욕구는 절제해야 할 욕구이며 욕구의 절제에 '나'의 성찰은 불가결한 요소이다.

3. 체념의 삶: 스토아주의

체념만이 살 길이다

절제의 미덕은 독립과 자존의 삶을 가능하게 한다. 그러나 절제의 미덕만으로는 여전히 불충분하다. 스토아주의자 만큼 철저하게 독립과 자존을 추구한 사람은 없다. 스토아주의자는 독립과 자존을 조금이라도 해칠지도 모를 외부 조건에 조금의 관심도 보이지 않는다. 전심전력을 기울여 조금의 관심이라도 보이지 않으려고 한다. 스토아주의자는 국가와 사회로부터 벗어나려고 한다. 나아가 그는 일체의 인간관계에서 벗어나려고 한다.

독립과 자립의 삶은 무엇보다도 먼저 자신을 특별한 존재로 결코 여기지 않는다. 그러한 생각은 한편에서 섬김과 봉사를 다른 한편에서는 복종과 순종의 삶을 살게 한다. 체념 이기주의에 따르면, 독립과 자존의 마음가짐이 사람다움을 유지하는 대단히 중요한 요소로서, 그런 마음가짐은 곧 체념에서 비롯한다. 자기를 특별한 사람으로 여기면서 섬김과 봉사를 받을 수 있다고 생각하면 결코 인간답지 못하다.

사람들 저마다 삶은 존귀하다. 어느 누구도 특별하지 않다. 특별한 사람이 있다는 생각은 애당초 잘못이다. 서로의 삶에 대해 경의를 표해야 한다. 아무리 평범한 삶처럼 보여도 삶은 모두 위대하다. 한 때 높은 지위에 있었다고 해서 혹은 일생 자서전을 쓸 만큼 대단한 업적을 이루었다고 해서 스스로를 특별하다고 여기는 것은 어리석다. 스스로를 특별하다고 여기는 것은 자기만이 잘났다고 주장이다. 그러한 주장은 자기를 다른 사람의 존경 봉사 섬김을 받는 사람으로 만들려는 헛된 욕망에서 나온다. 욕망을 품는다는 것은 곧 체념하지 않았다는 뜻이다. 그것은 체념하지 않은 삶이다. 다른 사람과 비교해서 스스로가 비참한 지경에 이르렀다고 생각하는 것은 남보다 자기가 더 나은 삶을 살려고 하는 헛된 욕망에서 나온다. 다른 사람과 비교하여 스스로의 삶에 대해 불만, 불평, 비난, 비판, 변명, 푸념하는 것은 잘못이다. 체념하지 않음으로서 자기 삶의 존귀함을 스스로가 져버린다. 그것은 독립과 자립을 포기하려는 처사이다. 체념 이기주의는 체념하지 않는 일체의 삶을 거부한다.

스토아주의(stoicism)는 그리스 철학자 제논(Zeno : B. C. 36~264)에 이르러 학설로 만들어졌다. 이 학설은 그리스를 거쳐 로마로 퍼져 로마에서 수 세기 동안 유행하였다. 금욕주의에 막대한 영향을 미쳐 스토아주의는 곧 금욕주의를 뜻하기도 한다. 기독교 저술가 바울은 훗날 기독교로 개종했지만 본래 스토아주의였다. 목욕을 하지 않아 몸에 바글거리는 이를 '몸의 진주'라고 부른 것은 다분히 스토아주의적 취향의 발로였다.

스토아주의는 체념을 지향하면서도 체념을 지향하지 않는 듯해야 한다. 철저한 체념이라면 일체의 외부의 조건에 무관심해야 하며 또 연연하지 말아야 한다. 스토아주의는 일체의 외부 조건에서 벗어나라는 인간 해방 윤리이다. 그렇지만 스토아주의자가 제아무리 세속의 일에 무관심하더라도 정치적 역할을 수행해야 하는 것이 그의 운명이라고 여기면 그 역할에 충실해야 한다.

욕구하지 않으면 좌절도 없다

스토아주의는 에피쿠로스학파와 너무 비슷하다. 그래서 이 둘을 엄격하게 구별하기는 어렵다. 그렇지만 어떤 유형의 행동을 권유하는 이유를 놓고 보면 이 두 윤리는 사뭇 다르다.

원하는 것을 얼마나 갖고 있느냐로 행복을 말하는 경우가 많다. 원하는 모든 것을 갖고 있다면 우리는 완전히 행복하고, 원하는 것의 반을 갖고 있다면 50%만 행복하다는 식으로 말이다. 그러나 대부분의 사람은 "많이 가지면 가질수록 더 많이 원한다." 부동산을 많이 갖고 있는 사람이 더 많은 부동산을 갖기를 원한다. 이미 명예를 얻은 사람이 더욱더 유명해지기를 바란다. 욕구란 언제나 그것을 충족시킬 수 있는 능력보다 빨리 증대하는 듯하다. 그런 만큼 욕구를 아무리 많이 충족시켜도 불행하게 마련이다.

　스토아주의에 따르면 욕구 충족은 행복에 이르는 길이 결코 아니다. 스토아주의에 따르면, 충족될 수 없는 욕구를 계속 줄여나가야 한다. 욕구하지 않으면 좌절하지도 않는다. 욕구를 완전히 소멸시킬 수만 있다면, 가진 것이 없어도 불행하지 않다. 건강을 해칠 정도의 더위와 추위에서 보호받을 수 있으며, 매일 뽀송뽀송한 이불에서 잘 수 있으며, 누추하지 않은 옷을 입을 수 있고, 영양이 골고루 섞인 맛있는 식사를 하는 인생은 대단한 행운이다. 거기에다 자신이 좋아하는 독서를 하면서, 친구들과 등산을 하고, 사랑도 하고 실연의 아픔도 겪으면서, 자유롭게 여행을 할 수 있다면 그것이야 말로 인생의 대성공이다. 그렇지만 체념의 삶을 살아간다면, 설령 이러한 행운을 거머쥐지 못했더라도 또 대성공을 거두지 못했다하더라도 도대체 문제될 게 없다. 인생이란 본래 실패의 연속이기 때문이다. 누구나 자기 뜻대로 삶을 살 수는 없음을 깨달아야 한다.

　스토아주의는 에피쿠로스학파가 권유했던 것처럼 먼저 소박하고 절제하는 생활을 권유한다. 우리의 영양은 소박하고도 값싼 음식만으로 충분히 섭취될 수 있으며, 과잉으로 영양을 섭취할 것까지는 없다. 우리의 욕구를 되도록 최소한으로 줄이라는 것이다. 삶에 필요한 것은 간단한 음식과 물뿐이며 그 이외의 것은 무엇이나 불필요하다. 명예, 재산, 타인의 아부, 심지어 사랑이나 애정, 존경 등 외부의 대상에 결코 좌우되지 말아야 한다. 이 모든 것들은 모두 헛된 망상에 기인하는 만큼 신뢰하지 말아야 한다.

　사랑을 하다가도 사랑하는 사람으로부터 배신을 당할 수도 있고, 질병이나 죽음이 사랑하는 사람을 앗아가기도 한다. 위대한 이념을 추구하지만 방해자들로 좌절을 겪고 젊은 날의 희망과 꿈은 한 줌의 재가 되고 만다. 무언가에 대한 희망과 꿈은 끝없는 실망과 좌절을 초래할 따름이다 스무 살의 꿈은 쉰의 나이에 흔적도 없이 사라진다. 인생이란 시간의 흐름으로 생겼다가 사라짐의 연속이다. 이 연속을 멈추게 하거나 바꾸려고 하지 말아야 한다. 젊음을 유지하려고 한다든지 젊음이 늙음과 다르다고 생각하는 것은 연속을 멈추게 하거나 바꾸려는 억지이다. 노인은 생겨남과 사라짐의 세월의 연속선상에 존재하는 인간일 따름이다. 청춘은 노년과 공존하며 또한 노년은 청춘과 함께 한다. 사람은 생겼다가 사라질 뿐이거늘, 체념의 삶을 사는 한 즐거워할 것도 한탄할 것이 없다.

　"헛되고도 헛되도다. 모든 것이 헛되도다."라고 9세기의 스토아주의자는 읊는다. 우리가 명예에 의지하면 그것은 조만간 우리를 실망시킬 것이며, 그것을 누리고자 아무리 애를 써도 애쓴 만큼의 대가를 주지 않는 덧없는 것이다. 돈과 재물에 의지해도 우리는 결코 행복해질 수 없으며 전쟁이나 재앙으로 말미암아 그것들을 잃는 날 상실감으로 인해 차라리 아무것도 없었을 때보다 더 많은 고통을 겪어야 한다. 명예나 타인의 애정에 의지하는 경우, 명예는 언제 사라질지 모르고 타인에 대해 애정을 쏟는 우리의 감정은 조만간 변하고야 만다. 체념하지 않음으로써 무언가를 기대하고 희망한다. 기대와 희망에 넘치는 이들은, 인간으로 살아가면서 사후에 무엇을 남겨 놓아야 한다는 식으로 자기 욕망을 채우기 위해 분주하고 발버둥질 친다. 사람들의 헛된 오기와 패기는 그래서 생긴다. 체념하지 않는다면 아무 일도 하지 않고 아무 말도 없이 조용히 죽어가야 한다. 그렇게 죽어가는 것은 심지어 아름답기까지 하다. 돌아설 때가 언제인지를 알고 떠나는 이의 모습은 얼마나 아름답더냐고 묻지 않던가?

의지의 통제는 행복의 굳게 잠긴 문을 여는 열쇠이다

우리가 의지하고 기대할 것은 오로지 의지의 통제뿐이다. 그러나 정념과 감정으로 말미암아 수시로 좌절을 겪는다. 좌절을 겪지 않으려면 정념과 감정을 완전히 극복하여 의지의 통제아래 두어야 한다. 의지의 통제는 행복의 굳게 잠긴 문을 여는 열쇠이다. 의지의 통제만 이루어지면 행복에 이르는 온갖 장애를 제거하고 심지어 쇠약, 질병, 노예상태까지도 극복한다. 어떤 불행이든 아무 문제도 아니며 이것을 견디어내는 의지만이 문제다. 이 세상만사를 마음대로 통제할 수는 없어도 세상만사에 대응하는 방식은 얼마든지 통제 가능하다. 선악이란 이 세상에 존재하지 않는다. 선악이란 이 세상만사에 대한 우리의 대응방식이며, 우리가 어떻게 대응할 것이냐는 우리의 통제에 달린 문제이다.

정념에 사로잡히지 않음을 뜻하는 그리스어 아파테이아(apatheia)는 무감각을 뜻하는 영어 'apathy'의 어원이다. 그러나 이것은 스토아주의자가 아파테이아를 말할 때 뜻하는 내용은 아니다. 스토아주의자들에게 아파테이아란 어떤 운명의 장난에도 좌우되지 않음으로써 운명에 따른 감정의 손상을 막아낼 수 있게 만드는 의지의 강건함이다. 아파테이아를 성취하려면 저절로 생기는 일체의 욕구로부터 삶을 단절시켜 무한한 무소유에 이르러야 한다. 욕구란 자연의 음모이다. 세상만사에 대해 욕구하는 것이 전혀 없다면 우리는 가진 것이 전혀 없어도 감정을 조금도 상하지 않게 된다. 의지는 자연적 욕구를 통제할 수 있고, 따라서 어떤 일이 일어나도 우리 내면의 안정을 방해하지 않을 것이다.

체념의 지극한 경지

중국 뤼신(魯迅)의 소설 『아큐정전』은 이른바 '정신승리법'으로 유명하다. 주인공 아큐는 날품팔이로 툭하면 마을 사람들로부터 두들겨 맞는다. 그 때마다 그는 "기껏해야 자식 놈들로부터 맞은 셈 치자."고 그들을 비웃으며 자위한다. 그렇게 생각해야 마치 자기가 승리한 듯한 우월감을 느낄 수 있기 때문이다. 아큐의 그런 생각을 눈치 챈 마을 사람들은 자기들이 때리는 건 사람이 아니라 짐승이라고 확인시켜 준다. 그러면 아큐는 한술 더 떠 자기는 벌레니 괜찮다고 말한다. 그렇게 얻어맞은 후 아큐는 자기 뺨을 힘껏 후려친다. 때린 것은 자신이며, 얻어맞은 것은 또 다른 자신이라고 생각하면서 희열마저 느낀다. 이렇듯 자기 위안의 한 가지 방법이 정신승리법이다.

아파테이아는 '정신승리법'과 흡사하다. 아파테이아는 고통에 대해 무감각의 상태를 유지하려는 강력한 의지의 노력이다.

에픽테투스(Epictetus : A.D. 50~135)는 노예였지만 아파테이아의 높은 경지에 이른 유명한 금욕주의 철학자였다. 그가 고통을 얼마나 잘 참아 내는가를 보고 싶었던 주인은 그의 팔을 힘주어 비틀었다. 비틀림을 당하면서도 에픽테투스는 "그렇게 하면 팔이 곧 부러지고 말겁니다"라고 태연히 말했다. 주인은 얼마나 아프겠냐며 더욱 세게 비틀었다. 마침내 팔이 부러졌다. 그래도 에픽테투스는 아무 일 없었다는 듯이, "보십시오! 팔이 부러졌습니다"라고 말했다. 페이소스가 느껴지는 대목이다.

'정신승리법'이나 '아파테이아' 모두 슬프고 괴로운 현실을 심리적 위안으로 처리하려는 마음가짐이다. 한마디로 노예들의 체념이다. 사실 체념은 외부세계로부터의 얻는 마음의 상처를 견디기 힘들어 아예 외부세계를 외면하려는 태도이다. 외면으로는 모자라 왜곡까지 하는 자기기만이기도 하다. 앞으로 계속 깊은 상처를 겪을지 모르는 불안감이 엄습하기에 현실을 아예 각색하여 도피하려고 한다. 현실을 직시하고 그에 도전하기보다는 일찍감치 세상만사에 대한 관심을 끊고 내면 깊숙이 숨어든다.

어떤 신분의 사람이든 즉 부자이든 빈자이든, 건강하든 건강하지 않든, 왕자가 되든 노예이든 그런 것들은 전혀 문제가 되지 않는다. 사실상 불행은 아파테이아를 계발할 절호의 기회일 수 있는 반면, 행복한 삶은 그것을 계발하지 못하게 하며, 따라서 불행이 닥칠 때 훨씬 더 많은 상처를 준다. 금욕에 관해 저술을 남긴 두 명의 유명한 스토아주의자 에픽테투스는 노예였지만 아우렐리우스(Marcus Aurelius : A.D. 121~180)는 황제였다. 모든 인간들이 자연이 부과하는 욕구에 시달리고 있다는 점에서 동포요 동료요, 형제이다. 모든 인간들이 똑같이 이러한 욕구를 극복할 때에 비로소 개인적인 해방을 성취할 수 있는 까닭에 일체의 사회적 계급과 신분의 차이는 아무 소용도 없다.

노예도 아파테이아를 계발하여 과감하게 모든 욕구를 소멸시켜 버리면 황제처럼 자유로워진다. 자유란 우리가 갖고 싶은 것을 갖는 것이므로 의지의 직접적인 통제 하에 있는 것만을 갖고 싶어하면 우리의 지위가 어떠하든 우리의 자유는 보장된다. 아파테이아 없는 왕은 그것을 갖는 노예에 비해 더 불행하다. 이러한 사상은 노예에게 위안일 수 있지만, 다른 한편에서 보면 노예제도와 같은 사회제도에 대한 개혁에 어떠한 자극도 전혀 주지 못한다. 왜냐하면 노예제도란 스토아주의에 따르면 아무 소용도 없는 외부의 조건에 불과하기 때문이다. 노예 에픽테투스는 다음 말은 체념의 지극한 경지에서 나오는 말로서 기억해둘만 하다.

세상만사가 당신의 뜻대로 되기를 바라지 말고, 그것이 당신의 뜻인 양 당신의 의지를 통제하라. 그래야만 당신은 평화를 얻을 수 있다. 사람의 마음을 어지럽히는 것은 외부의 사건이 아니라 그것에 대한 사람들의 판단이다. 예를 들어 죽음은 두려운 것이 절대로 아니다. 그렇지 않다면 소크라테스라도 죽음을 두려워했을 것이다. 두려워할 것이 없는데도 두려워하는 것은 두렵다고 판단하기 때문이다. 그래서 곤경에 처하거나 좌절한다거나 고통에 시달릴 때도 우리는 다른 사람을 비난해서는 안 되며 우리 자신, 다시 말해 우리의 판단을 비난해야 한다. 다른 사람을 우리 자신의 불행의 원인으로 생각한다는 것은 교육이 필요하다는 징표이다. 자기 자신이나 타인을 비난하지 않는 것이야말로 완전한 교육을 받았음을 보여준다.

세상만사가 당신의 뜻대로 되기를 바라지 말고, 그것이 당신의 뜻인 양 당신의 의지를 통제하라. 그래야만 당신은 평화를 얻을 것이다. 질병은 신체상의 불구이긴 하지만 의지가 동의한 것이 아니라면 의지상의 불구는 아니다. 일어나는 사건마다 곰곰이 생각해보면 사건은 다른 어떤 것을 불구로 만들어 놓긴 했어도 당신을 불구로 만들지 않는다는 것을 깨달을 수 있다.

어떤 일이 닥쳐도 "나는 그것을 잃어버렸다"라고 말하지 말고 "나는 그것을 돌려주었다"라고 말하라. 당신 자식이 죽었다고? 그것을 다시 돌려주었다고 말하라. 당신의 아내가 죽었다고? 그녀를 다시 돌려주었다고 말하라. 당산의 재산을 몽땅 날렸다고? 그것을 다시 돌려준 것이 아니겠는가? 그것을 당신에게 주었던 자가 다시 돌려달라고 했는데 무슨 문제란 말인가? 그가 그것을 주었을 때 당신은 그것을 잘 간수해야 한다. 하지만 애당초 그것은 당신 것이 아니었다. 잠시 여관에 묵었다가 가는 사람처럼 그것을 쓰다가 돌려주면 그만이다.

자식과 아내와 친구가 영원히 살아있기를 바라는 것은 어리석은 일이다. 왜냐하면 그것은 당신의 의지가 통제할 수 없는 것을 원하고 있음을 의미하기 때문이다. 마찬가지로 당신의 노예가 당신을 실망시키지 않기를 바란다면, 역시 당신은 어리석은 것이다. 왜냐하면 악이, 악이 아닌 다른 어떤 것이 되기를 원하는 것이기 때문이다. 그러나 의지의 노력을 통해 실망하지 않고자 한다면 당신은 그렇게 할 수 있다.

당신 자신을 당신이 통제할 수 있는 상태로 유지하라. 얻을 것은 얻고 버릴 것은 버림으로써 자신이 원하는 것이나 원하지 않은 것에 대해 권위를 행사할 수 있는 사람만이 그 자신에 대해서 군주가 된다. 그렇게 되면 자유롭기를 원하는 사람은 아무것이나 원하지 않으며, 무엇을 원한다고 해도 다른 사람에 의해 좌우될 것은 피하고자 할 것이다. 그렇지 않으면 그는 노예가 될 수밖에 없다.

연회가 벌어지는 곳에서 행위 하듯이 행위 해야 한다는 것을 다시 상기하라. 음식이 돌려지고 당신 차례가 올 때 머뭇거려서는 안 된다. 또 음식이 빨리 안온다고 해서 안달해서도 안 된다. 당신 차례를 기다려야 한다. 그런 식으로 자식, 아내, 신분, 재산 등과 관례를 맺다 보면, 어느 날 당신은 그들을 잡고 늘어지는 것이 아니라 그들을 무시하게 된다. 그렇게 되면 당신은 신들의 연회에 참석한 것이 될 뿐만 아니라 그들의 규칙을 따른 것이다.

자식을 잃거나 재산을 잃고서 슬픔의 눈물을 흘리는 사람을 보면서 그를 슬프게 하는 것은 바로 외부의 재앙이라는 생각에서 벗어나야 한다는 것임을 명심하라. "그를 슬프게 만든 것은 외부의 사건이 아니라 그 사건에 대한 그의 판단이다. 왜냐하면 그 사건이 다른 사람에게는 슬픔을 가져다주지 않기 때문이다." 따라서 말로나마 그를 동정하는 데 주저하지 말고 되도록 그와 함께 슬픔을 나누어라. 그렇다고 슬픔이 당신의 내면에서 우러나오는 슬픔이어서는 안 된다는 것을 명심하라.

당신은 연극배우임을 명심하라. 그리고 극작가가 그런 배역을 선택했음을 명심하라. 그가 단역을 주면 단역을 맡아야 하고 긴 대사를 외우게 하면 그렇게 해야 한다. 그가 가난한 사람의 역할을 주면 당신은 온 힘을 다해 그 역을 맡아야 하고, 당신이 절름발이나 군주 혹은 필부의 역할을 해야 한다고 해도 역시 마찬가지이다. 당신이 해야 할 일이란 당신에게 주어진 성격을 잘 소화하여 훌륭한 연기를 하는 것이다. 배역의 선택은 다른 사람의 몫이다[26]

초기 스토아주의자는 아파테이아를 높이 평가하여 삶의 목적 자체라고 결론 내렸다. 그렇지만 다른 한편의 스토아주의자는 행복이 목적이고 아파테이아는 행복을 얻기 위한 단 하나의 수단이라고 생각했다. 어느 편이든 스토아주의에 따르면, 외부세계의 여러 불리한 조건이 대부분의 욕구를 좌절시키는 시대에 유행하기 쉽다. 로마제국이 쇠퇴의 길을 걷기 시작하면서 외부세계가 하루가 다르게 변화하였고, 그에 따라 많은 사람들이 행복을 외부세계로부터 얻을 수 있다고 믿기보다는 자기 자신의 내면에서 찾고자 했던 것은 지극히 자연스럽다. 스토아주의는 외부세계가 더 이상 행복을 주지 못할 때에만 실행될 수 있는 종류의 견해이고, 따라서 차선의 방어책으로 사람들은 허사라고 해도 전적으로 자신들의 내면에서 행복을 찾으려고 한다.

그렇지만 스토아주의가 유행하지 않을 수 없게끔 외부의 조건이 언제나 욕구의 충족을 방해한다고는 단정 짓기 어렵다. 어떤 사람은 유명해지기도 하고 성공하기도 한다. 문제는 다른 사람들로부터 부러움을 받던 것들이 어느 순간 한줌의 재로 사라진다는 것이다. 애써 추구하던 목표도 달성되는 순간 무의미해지고 만다. 그런 만큼 행복은 일체의 것들과 감정적으로 절연함으로써 얻어질 수 있으며, 그리한 때에만 평화는 깃든다.

무조건 체념은 욕구를 가진 인간에게 무리다

　스토아주의에 대한 칭송 못지않게 비판 또한 풍성하다. 그 비판은 주로 스토아주의가 행복을 너무 쉽게 포기해버린다는 내용이다. 행복이 아예 포기한 채 불행을 피하라는 소극적 지침에 그치고 만다는 것이 비판의 주요 내용이다. 스토아주의의 전체 개념은 조금도 긍정적이지 못하고 지극히 부정적이라는 것이 그 내용이다. 스토아주의는 이 세상에서 우리 얻을 수 있는 것은 마음의 행복이고 그것은 우리가 통제할 수 없는 것에 의해 좌우되지 않을 때에만 가능하다고 말한다. 어떤 상황에서는 스토아주의의 이러한 주장은 올바른 말처럼 들린다.

　그러나 우리가 통제할 수 있는 것에 좌우되어야 한다는 개념은 지극히 극단적이다. 그것은 끊임없이 욕구에 젖어 있는 인간의 본성에 위배된다. 물론 스토아주의자도 자기가 내세우는 견해가 이루어지기 어려운 내용이며 또 자연스럽지 못한 내용인 만큼 인간본성에 어긋난다고 인정한다. 그럼에도 스토아주의자는 그런 내용이 지속적 행복을 얻고자 하는 우리의 염원이라고 주장한다. 스토아주의자는 자기가 주장하는 상태에 도달한 사람이 그렇게 많지 않다는 사실을 인정하지만, 그러한 사실이 곧 대부분의 사람들이 왜 불행한가에 대한 이유이기도 하다고 주장한다.

　스토아주의자가 어느 정도까지 이렇게 주장할 수 있을까? 고문을 당하면서 행복한 사람이 있을까? 스토아주의의 아파테이아만을 상정하면 답변은 그렇다, 이다. 고문은 그 자체로 나쁘지 않고 고문에 대한 반응이 나쁘다. 그러나 아파테이아를 어느 누구에게나 똑같이 요구할 수 있는가? 실제로 그것이 가능한가? 스토아주의자는 이 세상과의 감정적 절연을 욕구한다는 자체 때문에 비판받기도 한다. 욕망이란, 경우에 따라 충족되기도 하므로 어쩌면 욕망을 갖고 살아가는 삶이 욕망을 전적으로 자제하는 삶에 비해 더 만족스러울지도 모른다. 자식을 모두 질병으로 잃어버린 부모라도 자식을 키워본 적이 없는 편보다는 자식을 가져본 편이 더 낫다고 말할 것이며, 그래서 그들은 같은 일이 또다시 일어날 수도 있다는 것을 뻔히 알면서도 자식을 낳아 키울 것이다. 자기들에게 행복을 가져다주던 것들이 어느 순간 사라질 수 있음을 안다 해도 외부세계에서 얻는 행복이 그들의 진실한 행복이라면, 도대체 어떤 근거에서 이들이 잘못 생각한다고 할 수 있는가?

어쨌든 이 세계는 스토아주의자의 주장만큼이나 욕구충족에 대해 언제나 적대적이 아니다. 이 내용은 경험적으로 파악할 수 있는 내용이어서 사실이기도 하고 거짓이기도 하다. 어떤 시대 어떤 사회에 사느냐는 중요한 문제이긴 하지만 그보다 더 중요한 것은 개인의 타고난 기질이다. 외부세계로부터 아무것도 얻지 못할 때 사람들은 '스토아주의자'가 되어 내면으로 주의를 돌리는 경향을 갖는다. 그러나 그렇다고 해서 모든 사람들이 외부세계를 행복의 보물창고로 생각하지 말아야 하는가? 실제로 외부세계가 욕구를 거의 대부분 혹은 그 일부를 충족시켜 주는 경우에도 그렇게 생각하지 말아야 하는가?

무조건 체념은 과장된 슬픔이며 과장된 괴로움이다

　세상의 온갖 슬프고 괴로운 일들은 쉽사리 체념에 이르게 한다. 얼마나 슬프고 괴로우면 이런 극단에 이를까? 과연 이 세상에서는 결코 한 점의 즐겁고 기쁜 일을 겪을 수 없을까? 정말 그럴 수 없다면 체념은 극단적이긴 하지만 진실하다. 그러나 때로 즐겁고 기쁘지 아니한가? 세상에 자기를 즐겁게 할 그 무엇이 단하나라도 있다면 무조건적 체념이란 분명 자기기만이다. 그것은 과장된 슬픔이며 위장된 괴로움이다. 체념에 앞서 먼저 이 세상이 자기를 정말로 슬프고 괴롭게 만들었는지, 아니면 자기 스스로 슬픔과 괴로움에 빠져들었는지를 진지하게 헤아려야 한다. 어느 현학자의 말처럼, "안이한 무감동으로 스토아주의자들은 뽐낸다. 그들의 미덕은 견고하다. 그것은 서릿발처럼 굳다. 모든 것을 접어서 가슴에 묻어 버린다. 그러나 마음의 힘은 쉬지 않고 약동한다. 폭풍 같은 기세로 영혼을 움직인다. 모든 것을 파괴하지만 모든 것을 그대로 둔다." [27]

　같은 맥락에서 철학자 러셀(Russell)은 다음과 같은 우화를 들려준다.[28] 옛날에 두 대의 소시지 기계가 있었다. 이 기계들은 돼지고기를 원료로 하여 맛있는 소시지를 만들 수 있도록 정교하게 만들어졌다. 이 중 한 대는 돼지에 대한 적극적 관심과 함께 엄청난 양의 맛있는 소시지를 생산했다. 하지만 또 다른 기계는 "그깟 돼지가 도대체 나에게 뭐람! 나는 돼지보다 좀 더 나은 걸 상대해야 되는 거 아냐"라고 불만스러워하였다. 이 기계는 돼지에 대한 관심을 끊고 돼지를 상대해야 하는 자기의 불우한 처지만을 생각하였다. 마침내 자기에게 들어오는 원료인 돼지를 거부하였고 그 후 이 기계는 작동을 멈추게 되었다. 외부 세계보다는 자기 자신에 대해 골몰하다가 결국 이 기계는 폐기되었다.

인간의 마음이란 마치 외부에서 공급되는 원료를 놀라울 만큼 잘 혼합할 수 있는 신비한 기계와도 같다. 외부에 대해 열정은커녕 어떤 관심도 보이지 않으면서 오로지 자신의 불우한 처지에 대해서만 골몰한 사람은 살아남기 힘들다. 그는 외부로부터 어떤 원료도 공급받지 않음으로써 결국에는 할 일을 잃고 만다. 반면 외부에 대해 적극적 관심과 열정을 보이는 사람은 이 세상의 온갖 흥미로운 일을 체험할 기회를 한껏 누린다. 그러니 지금 당장 세상을 하직할 사람이 아니라면, 무조건적 체념은 이르다. 먼저 자신을 둘러싼 외부를 돌아보며 진지한 관심과 뜨거운 열정을 가져 본 후에라도 체념은 늦지 않다. 그래서 스토아주의자들이 정서 불안자, 정신 장애인, 사회 부적응자, 비정상인들이라는 비판을 받기도 한다. 어떤 학자는 다음과 같이 말한다.

스토아주의자는 겉으로 보기에는 강건하고 대담하고 냉정한 사람처럼 보이지만 사실은 마음의 상처를 견딜 수 없어서 일찌감치 성취할 수 있는 욕망과 희망만을 품음으로써 좌절에 대한 보험을 들고 있는 정서적 약골이다. 그는 대담하게 도박과 곤경을 헤치고 나가는 모험을 두려워한다. 엄청난 실의를 안겨줄 죽음의 고통이 두려워 그는 삶의 활기찬 즐거움을 누리기보다는 비극적 종말의 가능성을 염두에 두면서 절망적인 삶을 선택한다. 병리학적 관점과 치료적인 관점에서 보면 스토아주의와 같은 철학은 악을 선으로 바꿀 수 있고 '행복'을 정복하는 굴종을 요구할 수 있지만, 사실은 무의식적 패배감에 사로잡혀 있다. 이러한 철학은 특히 남들과 잘 어울리지 못해서 은둔 생활을 하는 사람들에게 불행이라는 그들의 실질적인 문제를 제대로 이해하지 못하게 한다. 자기의 좌절이 어디에서 기인하는가를 찾아서 그것을 교정해야 할 만큼 자신이 불행하다는 것을 인정하는 편이 훨씬 도움이 되는데도 그들은 그러한 좌절을 체념, 갈기, 그리고 내면의 평화라는 손쉬운 거짓 행복으로 처리해버린다.29)

이 인용문의 필자는 다분히 감정에 치우쳐 스토아주의를 비판한다. 또 비판의 핵심이 무엇인지도 불분명하다. 사람들의 태도가 첨예하게 대립할 때, 저마다 다른 사람의 태도를 비정상적이나 병적이라고 부른다. 그러나 상대방을 어떻게 부르느냐 하는 것으로 문제가 해결될 수 있는가? '정상적'이라는 말은 통계상 정상적이라는 뜻이기도 하다. 정상적이라는 것은 일반적이라는 뜻이기 때문이다. 사람들이 두 개의 눈, 두 개의 귀를 갖는 것은 정상적이다. 그러나 '정상적'이라는 말은 다른 의미로 어떤 규범이나 기준과 부합하거나 그것을 충족시킨다는 뜻이다. 이러한 의미에서 대부분의 사람들이 어떤 규범이나 기준을 충족시키고 있느냐 그렇지 못하느냐는 문제가 아니다. 시력 2.0은 정상 시력이지만 대부분의 사람들은 그렇지 못하다. 그럼에도 불구하고 그 기준은 해군을 비롯한 각급 기관에서 사람들을 채용할 때 채택하는 기준이다. 비정상을 연구하는 심리학도 수적인 다수가 곧 정상이라는 전제를 결코 채택하지 않는다. 그 까닭은 대부분의 사람들이 어떤 형태로든 정신 질환자들이거나 부적응자들일 수도 있기 때문이다.[30]

어떤 사람들(혹은 그들의 견해나 행위)이 '비정상'으로 불리는 경우가 종종 있다. 이때 '비정상'은 일반적인 사람들 대부분이 좋아하는 것을 좋아하지 않는다든지 일반적인 사람들이 행위 하는 방식으로 행위 하지 않는다는 뜻이다. 그렇다면 다음의 반박도 얼마든지 가능하다.

도대체 다수결이란 이상하지 않은가? 본래 천재는 비정상적이다. 왜냐하면 대부분의 사람들은 천재가 아니기 때문이다. 그렇다고 해서 천재가 나쁜 사람이라든지 바람직하지 않은 인물이라고는 할 수 없지 않은가? 또 우리가 어떤 규칙에 따라 살고자하는 사람의 견해나 약점을 비판하려면, 우리는 왜 그런 규칙에 따라 살고 있으며 다른 모든 사람들도 그 규칙에 따라 살아야 하는지를 물어야 한다. 아버지가 자식에게 지키라고 하는 행동 규칙은 자식이 따르기를 원치 않는 종류의 규칙일 수도 있고 또 자식의 교육에 전혀 도움이 되지 않는 것일 수도 있다.

체념은 간섭받지 않으려는 자존의 지극한 경지이다

'주어진 환경에 대한 부적응'을 '비정상'이라고 간단히 처리하기란 어렵다. 교육에서 말하는 순응은 우둔함이나 무감각인지도 모른다. 주어진 환경에 적응하느니 그것을 아예 무시한다든지 혹은 그것을 변경하든지 아니면 그대로 내버려둘 수도 있다. 베토벤과 고흐는 사회 규범을 거의 따르지 않고 살았던 위대한 인물이었다. 그들은 순탄치 못한 삶을 살았고 거칠기 그지없었으며 특이하다 못해 괴상하고 광기에 찬 행동을 서슴지 않았다. 그렇지만 그들이 있었기에 인류의 눈과 귀는 더 없는 호사를 누려왔다. 그들은 마땅히 사회에 순응해서 살았어야만 했다고 단정 짓기 어렵다.

스토아주의자들이 '비정상'이라는 비판은 그렇게 중요하지 않다. 그런 만큼 스토아주의자들이 마음의 상처를 견디어낼 수 없는 '정서적 약골' 이라는 마지막 비판도 별로 중요하지 않다. 그들을 약골이라고 부르는 것은 단순한 서술이라기보다는 주관적 평가이다. 아파테이아의 계발에 필요한 고급한 단계의 자기훈련을 하면서 '운명의 돌팔매와 화살' 에 무관심해질 수 있다면 그들은 결코 약골로 묘사할 수 없는 지극한 경지에 이른 사람이다.

또 스토아주의가 외부의 불행에 대해 체념 한다고 해서, 체념만으로 스토아주의를 비판하는 것은 적절하지 못하다. 과연 '내면의 평화' 가 '거짓 행복' 인가? 그것은 대부분의 사람들이 도달하지 못하는 지극히 높은 경지가 아닌가? 현실 세계에 대해 스토아주의자는 너무 지나치게 무관심한 태도를 보이는 것은 사실이지만, 스토아주의에 대한 비판은 '내면의 평화' 에 대한 비난 일색이다. 분명히 스토아주의의 과정만이 내면의 평화에 도달하는 길은 아니다. 그렇지만 스토아주의의 과정이 성공을 거두어 그런 과정을 거치지 않았을 때에 비해 더 행복하다면 이기주의적 근거에서 스토아주의를 비난하기란 어렵다. 아파테이아에 도달하여 자기가 원하는 것은 무엇이나 갖게 되었다고 진심으로 말할 수 있는 사람이 있다면, 그는 비판받아야 하는 사람이 아니라 오히려 그렇게 하지 못한 자의 부러움을 받아야 할 사람이 아닐까?

스토아주의에 따르면, 체념은 타인에 의지하지 않는 독립의 삶을 살아가려고 하는 사람의 미덕이다. 독립적 삶을 살아가는 못하는 처지라면 적어도 그렇게 살아가려고 하는 사람의 미덕이다. 그것은 남이 주는 것, 남이 해주는 것에 대한 기대를 버리려고 하는 태도이다. 통상 사람들은 타인이 자기에게 무언가를 해주겠지 하는 막연한 기대를 하기 쉽다. 자기도 남을 도울 수 있으면 그렇게 하리라고 생각하듯이 남도 자기를 도울 수 있을 때는 그렇게 할 거라는 기대를 한다. 그러나 남의 도움을 기대하면서 살아가는 삶은 종속의 삶이다. 그것은 당당한 인간이기를 포기하는 처사이다. 도대체 떳떳한 삶을 살지 못하는 인간은 결코 성숙하지 못하다.

스스로 독립하는 삶을 사는 사람은 자기만이 올바르다고 주장하지 않는다. 스스로 독립하는 삶을 사는 사람은 본래 인간이 그 누구나 최후까지 불완전하다는 것을 깨닫는 사람이다. 불완전한 게 오히려 자연스럽기 때문이다. 자기가 완전하다고 생각하는 사람은 결코 인간다워 보이지 않는다. 완전하지 못한 채로 인생을 마치는 것이야 말로 인간답다. 인간은 우스꽝스럽기 그지없는 일을 하는 그런 존재이다. 망설이거나 어리석은 일을 하지 않는 사람은 결코 사람이 아니다. 인생에 정설은 없다. 인간 삶의 어떤 부분이 어떻게 되어갈지를 도대체 알 수 없다. 무엇을 기대해야 할지 아무도 알 수 없다. 생각대로 되지 못한 일생에 절망하고, 인간이 만든 온갖 부실한 제도에 절망하고, 인간 지혜의 한계에 절망하면서 살아가는 삶이 진정한 삶이다. 체념의 삶을 살지 못하는 사람은 결코 진정한 삶을 살지 못한다.

스토아주의에 따르면 아무리 외롭고 고달픈 삶이더라도 체념의 삶과 바꿀 수 없다. 수명이란 그리스어 '헤리키아'(herikia)로, 그것은 도저히 바꾸기 불가능하다. 수명을 그대로 받아들이고 살아가는 것이 진정한 삶이다. 나이가 들어 노년이 되어 특수하게 고립된 상황이라는 느낌이 들어도 꿋꿋한 자세를 유지해야 한다. 모든 인간이 본래 고독하다. 사람은 누구나 외로움을 혼자 겪어야 한다. 늙음과 외로움은 우리가 바라던 바는 아니다. 그러나 우리가 바라지 않는 바를 모두 뛰어 넘으려면 그것에서 도망쳐서는 해결되지 않는다. 인생이 단순히 시간의 흐름임을 깨닫고 그 무엇인가를 기대하지 말고 무엇인가를 남겨야 한다고 버둥거리지 말아야 한다.

스토아주의의 본령은 체념이다. 체념은 외부 조건이 바뀌기를 바라지 않는다. 국가, 도덕, 종교를 통해 행복해지려고 기대를 하지 않으며, 주변의 사람들이 자기를 행복하게 해준다고 믿지 않는다. 체념을 터득한 사람의 삶은 고독한 만큼 의연한 삶이기도 하다. 의연한 삶은 간섭받지 않는 자존의 삶이다. 스토아주의자는 세상으로부터 완전히 고립하는 삶에서 자기 이익을 생각할 만큼 '비정상'이지만 그래도 외부의 어떤 조건에도 종속되거나 굴복하지 않는 삶을 살아간다.

4. 자연의 삶

'자연(naure)을 따르라.'는 자기 이익을 추구하는 이기주의의 또 다른 지침이다. '자연을 따르라.'는 "자연스러워야 한다.", "자연스러운 행위를 하라.", "자연을 당신의 지침으로 삼으라." 등을 뜻한다. 그렇지만 영어 'nature'는 '자연'을 뜻하기도 하지만 '천성'이나 '본성'의 뜻이기도 한 만큼 "자연을 따르라."는 "본성에 따르라."는 뜻이기도 하다. 그러나 어떤 해석이든 어떤 구체적 행동방침을 이끌어내기는 어려울 만큼 불분명하다. 다음은 "자연을 따르라."에 대한 몇 가지 해석이다.[31]

'자연의 법칙을 지켜라'

Ⅰ. "자연을 따르라"는 먼저 "자연의 법칙을 지켜라."는 뜻

이다. 그렇지만 '자연 법칙'은 지켜라, 지키지 마라 등의 명령으로 지켜지거나 어겨질 그런 성질의 법칙이 결코 아니다. 어느 누구에게도 중력 법칙을 따르라 혹은 따르지 마라 요구할 수 없다. 고층 빌딩에서 뛰어내리는 사람이 아래로 떨어지는 건 불가피하다. 그런 만큼 자연 법칙을 지킨다는 것은 누군가의 선택 사항이 결코 아니다. 자연 법칙은 자연 질서에 대한 일반적 서술일 뿐이다. 자연 법칙은 의회에서 제정한 법률과 같은 규범이 아니다. 마찬가지로 규범은 자연의 운행이 어떻게 이루어져야 하는가에 관한 규정이 아니다. 사람의 일거수일투족은 자연의 어떤 법칙의 한 사례라고 말하는 편이 훨씬 정확하다. 음식물의 소화흡수 과정은 어떤 생화학적 법칙의 한 사례이다.

 '자연 법칙을 지켜라'를 자연 법칙을 준수하라는 뜻으로 받아들이는 것은 사람이 도저히 할 수 없는 일을 하라는 요구이다. 도저히 할 수 있는 일을 하라는 요구는 무의미하다. 그래서 "자연 법칙을 지켜라."는 다른 뜻으로 해석해야 한다. 그것은 자연 법칙을 적용할 때 어떤 결과가 나오는가를 충분히 헤아리라는 충고이다. 자연 법칙을 감안하여 어떤 행동을 함으로써 손해를 입기도 하고 이익을 얻을 수 있는 만큼, '자연 법칙을 따르라'는 행동에 주의하라는 충고이다. 삶과 죽음에서 '자연 법칙을 지켜라'는 무의미한 충고이다. 그렇지만 건강을 유지하기 위해 어떤 운동과 어떤 식품이 몸에 유익한가를 헤아려 행동하는 것은 자연 법칙에 따르는 것이다. 세 병의 소주를 마시면 취한다는 것은 생리적으로 너무도 분명한 사실이다. 그럼에도 세 병의 술을 마신다는 것은 어떤 결과가 나오리라는 것을 충분히 알면서도 고의적으로 한 행동이다. 그것은 마치 자연 법칙을 어길 수 있기나 한 듯이 이루어진 행동이다. 이런 무모한 행동을 삼가기를 바라면서 "자연 법칙을 지켜라."는 표현은 지극히 적절하다.

'자연으로 돌아가라'

2. '자연스럽게 행위 하라'는 말은 '자연으로 돌아가라'는 말과 같은 의미이기도 하다. 낭만주의 시대의 철학자들은 곧잘 원시 상태의 자연으로 돌아가고 싶어 하는 염원을 피력하곤 하였다. 예를 들어 프랑스 철학자 루소(Rousseau)에 따르면, '고상한 야만'의 상태는 인류의 염원이며 이상이다. 오늘날 우리의 삶처럼 버스, 지하철, 고속도로, 도시의 소음과 먼지에 찌들대로 찌든 삶에서 분연히 일어나 자연으로 돌아가라고 외치는 것은 '자연스럽다.' 자연으로 돌아가라는 외침은 인적 드문 곳이 살면서 대규모의 상점이나 나이트클럽과 같은 도시 분위기의 삶을 희구하는 시골 사람보다는 도시에 사는 사람에게 더욱 호소력을 지닌다. 그러나 우리의 삶 전체가 도시가 아니면 자연이라는 양극단의 하나로 포섭되기 어렵다. 대부분 사람들은 어느 한 극단에 치우치지 많고 시골에 살면서 도시적 분위기를 함께 누리는 편이 바람직하다고 생각한다. 또 '자연 그대로의 삶'을 소리 높여 외치면서도 약품, 전기, 상수도, 교통수단 등이 없는 삶을 상상하지 못하는 만큼 그런 삶을 살려고 하지 않는다.

"자연으로 돌아간다."는 이상을 함께 추구하려면 과연 어떻게 행위 해야 하는가는 중요한 물음이다. 매주 일요일 오후마다 숲속으로 피크닉을 떠나는 것만으로 충분하지 않다. 자연으로 돌아가라고 외치는 사람과 다르게 비판자는 원시와 야만에 대한 이상이 불합리한 결론에 이르는 논증과정을 예의 주시한다.

"얼마나 멀리 떨어진 숲속으로 가서 휴식을 위한 향연을 열어야 하는가? 우리는 얼마나 야만적이어야 하는가? 허리만을 걸치는 간편한 복장으로 인디언처럼 숲속을 기어 다녀야 하는가? 아니면 좀 더 원시인처럼 행동하기 위해 짖어대고 으르렁대고 쨱쨱거려야 한단 말인가? 그러나 왜 이 정도에서 그쳐야 하는가? 왜 일향성을 갖는 생물학적 성질에 따라 디오게네스처럼 햇볕에 몸을 완전히 드러내지 않는가? 이것도 번거로운 일이라면 중력에 따라 움직이는 돌멩이처럼 왜 우리 자신을 포기하지 않는가?"[32]

자연으로 돌아가기를 외치는 사람은 환경오염 문제를 제기하기도 한다. 그래서 환경 문제로 지구가 위기를 맞이하리라고 경고하는 사람들이 적지 않다. 앨 고어(El Gore)가 인용해서 유명해진 다음의 글은 오늘날 환경 관련 저술에서 식상할 정도로 자주 등장한다. 그 내용은 땅을 팔라는 백인의 요구에 대한 인디언 추장 시애틀의 반박이다.

당신은 하늘이나 땅을 사고 팔 수 있다고 생각하는가? 우리에게는 너무 이상하다. 나의 종족에게 이 지상의 모든 사물은 신성하다. 햇

살이 빛나는 솔잎과 모래 가득한 해변, 어두운 숲 속의 안개, 풀밭, 윙윙거리는 곤충들, 이 모든 것이 내 종족의 기억과 경험 속에서는 신성하다. 우리의 아이들에게 가르치는 것처럼 당신들의 아이를 가르쳐보지 않겠는가? 대지는 어머니라고 말이다. 대지가 겪는 재앙은 대지의 자식들도 피할 수 없다. 우리 모두를 엮어주는 피륙처럼 세상 모든 것은 따로 존재하지 않는다.

그러나 유감스럽게도 인디언 추장님이 이렇게 말씀하셨다는 기록은 어디에도 나오지 않는다. 이 건 꾸며낸 이야기일 따름이다. 우습게도 이 인용문은 미국의 시나리오 작가 페리(Ted Perry)가 1971년 ABC TV의 드라마 대본의 썼던 한 부분으로 밝혀졌다.[33] 실제로 남아있는 기록은 땅을 넘겨준 추장의 호의를 칭송하는 내용을 담은 30년 후의 기록뿐이다. 아이러니하게도 추장은 땅을 팔았다. 땅을 팔았기에 추장은 칭송받을 수 있었다. 추장이 땅을 팔았다면, 추장이 인간과 자연의 합일을 외쳤다는 것도 당연히 진실이 아니다. 그럼에도 인간과 자연의 합일이 가능하리라고 굳게 믿는 낭만적 사상가들은 툭하면 인디언 추장님의 말씀과 함께 '자연으로 돌아가라!'를 외친다. 문제는 이러한 외침이 줄곧 자연과 원시의 구분을 모호하게 만든다는 사실이다. 기껏 '자연'을 맑은 냇물이 흐르는 아늑한 숲 정도로 생각한다면 이제라도 생각을 고쳐먹어야 한다.

'자연스런 행위를 하라'

3. "자연을 추구하라."는 "자연스런 행위를 하라."이기도 하다. 여기서 '자연스런'은 '인위적'과 대비를 이룬다. 인위적 물건이란 인간이 가공한 물건이다. 자연스러운 것과 인위적인 것이 서로 대비된다고 해서 인간이 가공한 물건들을 멀리해야 하는 것은 아니다. 그림, 도시, 하수도, 발전소, 보청기, 의약품 등은 모두 인위적이다. 자연스러워져야 한다고 해서 인위적 물품을 생산해서는 안 된다든지 새로운 발명품을 개발하지 말아야 한다든지, 질병을 치료하지 말아야 하는 것은 아니다.

욕구와 필요를 충족시킬 새로운 물건의 개발하여 사용하는 일은 인위적이기는 하지만 자연스럽기도 하다. 화학적 요소들이 자연 속에서 발견되는 것이긴 하지만 그것을 자연 속에서 발견했을 때의 상태 그대로 사용해야 하는 것은 아니다. 자연스러워져야 한다는 것이 천연 그대로의 상태를 유지해야 한다는 뜻은 아니다. 환자를 치료할 때 의학 연구결과를 사용하지 말고 오로지 약초만 사용해야 할 이유는 없다. 어떤 질병을 잘 치료할 수 있는 약초를 발견하는 일도 그 자체로 자연스런 의학 연구이다. 약초를 가공하지 말고 자연 그대로 사용하는 편이 더 낫다는 것은 하나의 의견일 따름이다. '자연' 비타민과 가공이 이루어진 종합비타민을 놓고서 어느 게 더 나은지에 관한 논쟁이 아직도 끝나지 않았다. 그렇지만 수천 명의 생명을 구한 페니실린, 마취제, 수술 등 이루 헤아릴 수 없는 의학상의 진보를 깡그리 무시하는 일은 도저히 상상하기 어렵다.

'자연애호가'는 자연 속에서 찾아지지 않았기 때문에 인공

물품을 거부하려고 한다. 그렇지만 의학 연구실에서 의약품을 만드는 것은 자연에서 발견한 것들이 자연 그대로 아무 효력이 없거나 효력이 충분치 못하기 때문이다. 사람 모두 좋은 시력을 갖고 있다면 안경은 필요가 없다. 그러나 시력이 안 좋은 사람의 결핍을 충족시키고자 인공제품인 안경을 고안했음이 분명하다. 필요해서 안경을 끼는 사람 대부분은 안경이 자연적인 것이든 인공적인 것이든 별로 상관하지 않는다. 안경이 필요한 사람에게는 안경 없이 지내는 삶은 끔찍하기만 하다.

'자연을 따르라' 는 자연의 과정을 인간이 이용하는 방식이기도 하다. 그러나 '자연'은 어떤 종류의 일을 하는가를 생각해보아야 한다. 무엇보다도 자연의 엄청난 재앙을 떠올려야 한다. 우리가 자연을 의인화하기를 바라지 않는다면, 인간의 의지와는 무관하게 이 세상에서는 어떤 종류의 사건과 과정이 발생하는가? 자연은 곡식을 자라게 하는 습기와 온기와 끌 영양소를 제공하지만, 다른 한편으로 가뭄, 홍수, 기근, 지진, 화산폭발, 동결, 혹서들과 같은 무수한 재앙을 안겨준다. 이 모든 것은 수백만의 생물체를 죽이기도 한다. 밀(Mill)이 말하는 자연의 재앙은 수사적으로도 음미해볼만 하다.

냉정하게 볼 때 사람들이 다른 사람에게 했다면 투옥되나 사형당했을 일들을 자연은 서슴지 않는다. 인간에게 가장 범법적인 일로 알려진 살인행위를 자연은 살아있는 생명체에 대해 언젠가 한 번은 한다. 그것도 그냥 죽이는 것이 아니라 대부분의 경우 우리가 가장 위대하다고 배운 괴물들이 그들 종족에 대해 의도적으로 피해를 가하듯이 오랫동안 고문을 가하다가 죽여 버린다. 자연은 인간을 찔러죽이기도 하고, 바퀴에 깔릴 때처럼 갈기갈기 찢어죽이기도 하고, 맹수의 밥으로 죽게 하기도 하고, 태워 죽이기도 하고, 초기 기독교의 순교자들처럼 돌로 으깨죽이기도 하 고, 굶어죽이기도 하고, 얼려죽이기도 하고, 맹독에 감염되어 급살 시키기도 하고 서서히 죽이기도 하며, 뿐만 아니라 나비스(Nabis)나 도미턴(Domitan)의 교묘한 잔악함조차 도저히 미치지 못할 만큼 무시무시하게 죽이는 수백 가지의 방법을 가진다. 자연은 자비와 정의를 무시한 채 이런 일들을 서슴지 않고 한다. 자연의 화살은 천하기 그지없는 사람이나 악하기 그지없는 사람도 아닌 훌륭하기 이를 데 없는 사람을 겨냥한다. 지극히 고결하고 가치 있는 일에만 전념하는 사람들에게 자연의 화살은 날아간다. 때에 따라 그 화살은 고결한 행위가 낳은 결과이기도 하다. 이 화살은 그런 인물들에게 처벌로 생각되기도 한다. 자연은 인류 전체의 복지, 어쩌면 미래 세대의 희망과 관련한 인물들의 생명을 가차 없이 처벌하기도 한다. 자연은 이들의 죽음이 그들 자신에게도 좋은 일일 수 있고 그들에 의해 악영향을 받을 앞으로의 세대에게도 축복이라는 식으로 일말의 가책도 느끼지 양심의 가책도 느끼지 않고 이런 인물들을 처치해버린다

　자연이 생명을 취급하는 방식은 대체로 이러하다. 자연이 죽이려는 의도를 가지고 있지는 않았지만 누가 봐도 무분별하다고 판단할 수 있을 만큼 자연은 고통을 가한다.. ... 단 한 번의 허리케인이 가을 수확의 희망을 무참히 밟는다. 메뚜기와 홍수는 어느 지역 하나를 황폐화시킨다. 식용뿌리의 미미한 화학적 변화는 수백만의 사람을 굶어죽게 한다. 바다의 해일은 산적 떼처럼 부자의 많은 재산과 빈자의

보잘것없는 재물을 노획하면서, 인간을 헐벗게 하고 쓰라린 상처를 입히며 죽여 버리기도 하는 비인간적인 처사를 자행한다.

단적으로 가장 악독한 사람이 생명이나 재산을 노획하기 위해 할 수 있는 일을 자연은 대대적으로 자행한다. 자연적인 메탄가스의 폭발은 인간이 만든 대포만큼이나 파괴적이다. 자연의 여러 가지 질병들은 보르기아스(Borgias)를 독살하려는 한 컵의 독약을 훨씬 능가한다. 자연의 운행을 따르는 것으로 간주되는 '섭리'와 그것의 결과도 모두 예외 없이 자연적 운행의 다른 한 면이다. 무정부의 상태, 테러의 횡행을 허리케인과 페스트에 의한 부정, 파멸, 그리고 죽음과 비교해보면 아무것도 아니다.[34]

인간의 삶 속에서 가치 있는 일은 '자연을 따르는 것'이 아니라 '자연을 넘어서 그것을 개발'하는 것이라고 밀은 설파한다. 우리가 자연을 개발하여 건강하고 행복하게 살고자 한다면 적어도 고통을 겪지 않고서 살고자 한다면, 자연을 행위모델로 삼기보다는 그것을 개발해야 한다는 것이다. 대부분의 사람들은 멸종이 코앞에 닥치지 않으면 어떠한 노력도 기울이지 않을 만큼 '천부적으로' 게으르다. 어떤 문명 속에서 계속 살아가려면 끊임없이 일하면서 '비자연적'인 노동 습관을 계발해야 한다. 인간적 삶을 확보하고자 한다면 우리는 '자연처럼 함부로 사람을 죽여서는' 안 된다. 분명한 것은 자연이 함부로 사람을 죽이기 때문에 우리도 함부로 사람을 죽여야 하는 것은 아니다. 자연은 우리가 어떻게 행위 해야 하는가에 관해 어떤 방향도 제시하고

4. 자연의 삶 |123|

있지 않다. 자연의 운행 방식과 어떻게 행위 해야 하는가는 별개이다.

문제는 자연의 재앙으로 말미암은 극악함 속에서 어떻게 생존하느냐이다. 이 무지막지한 자연과 도대체 어떻게 합일을 이룰 수 있는가? 자연 그대로를 외친다는 것은 자연에 대한 헛된 환상에 사로잡힌 게 아닐까? 정녕 인디언들이 자연과 하나가 되고자 했으며 불가사의할 정도로 자연과 깊이 감응했을까? 그렇다고 믿는 사람들은 영화의 한 장면을 진실로 믿는 사람들과 얼마나 다른가? 생존을 말살하려는 끔찍한 재앙의 원천으로서 자연과 합일이라니, 그건 파멸을 재촉하는 일 아닌가? 자연과 하나이고자 하는 고상한 열망을 떨쳐버리기란 결코 쉽지 않다. 자연이 본디 극악무도하기가 이를 데 없다는 이 불편한 진실이 어떻게 가려지고 감춰질 수 있을까?

'본성을 추구하라.'

4. "자연을 추구하라."는 "본성을 추구하라."는 뜻으로 자주 쓰인다. 본성이란 그것을 가진 존재의 고유 경향이다. 그 고유 경향은 개성이기도 하다. 어떤 사람의 개성은 어떤 행위를 반복해서 하는가, 그리고 무엇을 가장 좋아하는가에 관찰을 통해 드러난다. 그러나 어떤 본성을 갖든지 "그의 본성을 추구하라."고 권유하기는 어렵다. 권총으로 살인하거나 은행을 터는 것이 어떤 개인의 가장 두드러진 경향이라면, 그의 본성에 따라 이러한 짓을 그가 해야 한다고 단정하기 어렵다. 본성이라면 무조건 좋다고 전제할

수 없고, 따라서 본성을 무조건 추구해야 하는 것은 아니다.

"자연을 추구하라."가 본성을 무조건 추구하라는 요구가 아니라면 그것은 "본능에 충실 하라."로 바뀌기 쉽다. "자연을 추구하라."는 "짐승처럼 살아라. 사자는 자기의 본능을 따르면서 먹이를 구하려고 살상을 예사로 한다. 인간도 짐승처럼 '자연적'으로 행위 해야 한다."로 해석가능하다. 사자와 퓨마는 살아있는 동물을 잡아먹으면서 삶을 영위하며 다른 육식동물들도 마찬가지이다. 그러나 사슴과 양은 채식으로 삶을 영위한다. 모든 초식동물은 같다. "본능을 따르라."고 한다면, 잡식성 인간이 어느 편을 따라야 하는지는 불분명하다. 후천적으로 습득된 행위모델을 버리고 본능에만 충실해야 하는지, 그렇다면 왜 그런지 그 이유가 분명치 않다. '자연적 본능'에 초점을 맞춘다고 해서 지식을 추구하려는 지적 호기심을 배제하기 어렵다. 짐승은 예외 없이 저마다 자기의 생존을 위해서 활동한다. 짐승은 다른 짐승의 고통과 죽음에 대해 무관심한 경향을 갖는다. 그럼에도 짐승들은 종종 자기의 삶을 위해서가 아니라 자기 종족의 구성원의 삶을 위해서 행동하기도 한다. 예를 들어 하이에나는 사자에게 자기가 잡아먹히는 한이 있더라도 사자의 접근을 알리려고 자기의 생명을 희생시킨다.[35]

자기 본능에 따라 움직이는 동물들의 행동 방식도 무척 다양하다. 그렇다면 인간의 행동 방식은 무엇이어야 하는가의 문제가 생긴다. 인간이 왜 '그들의 본능을 따르면서' 살아야 하는가도 문제이다. 생물은 저마다 고유한 방식으로 생존한다. 어떤 종족은 신체적 힘에 의존하여 살아가는가 하면 어떤 종족은 수효의 절대적 우세 속에서 살아간다. 인류가 다른 동물들과 힘을 겨루어서 생존해야 했다면, 인류는 들소와 겨루어서 자신들이 형편없다는 것을 오래 전 깨달았어야 했다. 호모 사피엔스가 지구를 정복하고 실질적으로 동물의 왕국을 지배할 수 있었던 것은 단지 신체적 힘 때문은 아니었다. 이 과정 중 상당수의 종족은 멸종했다. 인류는 그들의 고유한 능력인 지성을 발휘함으로써 자연을 정복해왔다. 인류는 다른 종족보다 훨씬 위력적 지능을 발휘함으로써 생존을 위한 투쟁에서 성공해 왔다. 자연적 본능을 갖고서 이처럼 오랫동안 버틸 수는 없었다. 강아지 새끼나 고양이 새끼는 몇 달만 지나면 스스로 생존할 수 있도록 '프로그램화'되어 있지만, 유아나 어린아이는 그렇지 않다. 다른 동물들과 달리 인간은 생존과 번영을 위해 무엇을 해야 하는가에 대해 숙고해야 한다.

인간에게 생존의 기본 수단은 이성이다. 인간은 다른 동물들처럼 단순한 지각에 의존해 살 수 없다. 배고픔의 감각은 인간에게 음식이 필요하다는 것을 말해주겠지만(여기에는 그러한 감각을 '배고픔'과 일치시킬 줄 알아야 한다는 조건이 따른다), 그러한 감각이 음식을 얻는 방법과 어떤 음식이 영양을 가지는지 아님 해로운 것인지 말해주는 것은 아니다. 인간은 사유 과정을 거치지 않고서 그의 가장 단순한 욕구조차 충족시킬 수 없다. 필요한 음식을 어떻게 재배하고 사냥할 수 있는 무기를 어떻게 만드느냐를 알아내기 위해서는 사유의 과정이 필요하다. 그의 지각(감각)은 피난처가 필요할 때 피난처를 찾아갈 수 있게 하지만, 아주 소박한 안식처를 만들기 위해서는 사유의 과정이 필요하다. 불을 지피는 방법, 옷감을 직조하는 방법, 바퀴를 만드는 방법, 비행기를 만드는 방법, 충수를 제거하는 방법, 진공방전관이나 전등을 만드는 방법, 성냥을 만드는 방법 등을 지각과 '본능'은 알려주지 않았지만 인간의 삶은 이러한 지식에 의거한다―그리고 인간의 의식적 자발적 작용인 마음의 과정만이 그것을 제공할 수 있다.36)

인간이 생존하는 방식으로 맹수들이 생존하고자 할 때 맹수들은 인간 고유 능력을 결여함으로써 생존하지 못한다. 인간이 맹수가 생존하는 방식과 똑같이 생존하고자 한다면 인간 역시 생존할 수 없을 것이다. 여기서 인간은 동물처럼 지적 능력을 발휘하지 않고서 생존할 수 없도록 행동방식의 프로그램화가 이루어졌으리라는 가설이 성립한다.

'자기 이익을 추구하라.'

지적 능력을 발휘해야 살아남도록 행동방식의 프로그램화가 이루어졌으리라는 가설과 함께 등장하는 주요가설은 말리노프스키(Bronislaw Malinowski)의 가설이다. 이 말리노브스키는 자기 이익 추구의 행동방식으로 프로그램화가 이루어졌으리라는 가설로 인간본성을 설명한다. 그는 미개인 부족사회의 연구를 통해 자연 속에서 인간본성이 어떻게 드러나는가를 밝히려고 한다.

특히 미개인에 관한 말리노프스키의 가설은 개인은 자기 이익을 추구함으로써 권리와 의무를 지닌다는 것이었다. 미개인의 부족 사회에 권리와 책임을 도입하는 가설은 그 당시 인류학계에 충격이었다. 그 가설에 따르면, 개인이 공동체의 명령, 전통, 여론, 법규에 얽매어 노예처럼 수동적으로 완전히 복종하지 않는다. "미개인은 사회의 속박을 당연하게 받아들여 깨뜨릴 생각은 전혀 하지 못한다는 것은 전적으로 잘못"이라고 주장한다. 속박을 당연하게 받아들인다는 것이 인간본성에 부합하지 않는다. 문명인이든 야만인이든 불쾌하고 부담스럽고 잔인한 규제와 금기들을 강제 없이 자발적으로 이행하지 않는다는 것이다. 말리노프스키는 인간 활동이 맹종 복종 순종으로 이루어지지 않음을 밝힌다.[37]

말리노프스키는 관습에 대한 맹종은 신화라고 단호하게 주장한다. 지금까지 인류학이 간과해 온 중요한 사항은 통상 상황에서 미개인은 자기 공동체의 규칙을 무조건 준수하지 않으며 규칙을 지키지 않을 수 있을 때에는 그렇게 한다는 사실이다. 멜라네시아 공동체가 거주하는 트로브리앤 군도의 주민들이 이러한 사실을 실증한다고 말리노프스키는 주장한다. 주민들의 생활은 피상적으로 관찰하면 제멋대로에 무질서한 무정부상태, 체계의 완전한 부재를 떠올리게 한다. 그렇지만 차분하고 세심하게 관찰해보면 원주민들에게 고기잡이에 관한 일정한 기술체계와 복잡한 경제제도가 있을 뿐만 아니라 그들 사이는 상호 의무 관계와 함께 각자의 권리가 엄격하고 분명하다. 작업팀의 우두머리인 동시에 고기잡이 주술사이기도 한 카누의 주인은 우선 배가 낡아 못쓰게 되면 새로운 배를 건조하는 데 드는 비용을 부담해야 하며 나머지 선원들의 조력을 받아 배를 잘 정비된 상태로 유지해야 한다. 그렇게 그들은 상호 의무를 지는 관계에 놓여 각자 맡은 위치에 빠짐없어야 하며, 마을 전체가 고기잡이에 나설 때면 각 카누는 여기에 참여해야 하는 의무를 진다.

고기잡이가 이루어진 후 잡은 물고기의 소량을 마을 사람들을 위해 남겨두고 채소를 재배하는 내지의 마을 사람들이 기다리는 곳으로 옮겨간다. 여기서 두 마을 공동체 사이에 상시적으로 자리 잡은 상호 봉사와 상호 의무 체계를 발견한다. 상호 의무는 지금까지 어느 한 편이 자기 의무를 게을리 한 적이 없어서 서로에게 불이익을 주지 않았기 때문에 이루어진다. 각 공동체가 의무와 함께 권리를 주장할 수 있는 것은 상호 호혜였다. 이 두 공동체는 채소와 물고기의 교환을 비롯하여 다른 여러 교역에서도 서로에게 혜택을 주는 관계로 나아간다. 피상적 관찰자에게는 이들 행위를 관통하는 자기 이익이라는 주의 깊은 계산이 잘 눈에 띄지 않는다.

자기 이익에 기초하는 상호 관계의 의무는 이익을 상실할 위험이 없을 때에는 언제든지 회피할 수 있는 그런 것이다. 의무 이행을 자세히 살펴보면 거기에는 항상 장애, 불만, 비난이 상존한다. 파트너에 대해 완전히 만족하는 경우는 거의 없다. 그럼에도 대체로 파트너 관계가 유지되고 대체로 각자의 의무를 이행하려고 노력하는 것은, 자기 이익에 대한 관심 때문이다. 파트너도 마찬가지이다. 자기 이익에 초점을 맞추어 사회 체제를 이해할 때 모든 규율에 대한 맹종은 인류학이 만들어낸 '허수아비'이다.[38] 사회 규칙들은 확실히 구속력을 지니기는 하지만 절대적 명령, 엄격하고 완전하게 복종되는 종교적 명령과 같지 않다. 사회 규칙들은 그 이행의 만족스런 정도에 따르는 유연성을 지닌다.

남편이 죽은 지 삼일 째 거행되는 최초의 분배 의례에서 그녀는 남편의 친족들로부터 자기 눈물에 대한 대가로 의례적 보수와 실질적인 보상을 받는다. 또 나중에 행해지는 수차례의 제례에서도 그 후의 복상에 대한 보수를 더 받는다. 나아가 원주민들에게 복상이란 남편과 아내 사이에 그리고 남편과 가족과 아내 가족 사이에 평생 이어지는 긴 호혜의 연쇄 고리에 지나지 않음을 명심해야 한다. 언뜻 보이는 불필요한 행위에도 자기 이익에 대한 동기가 깔려 있음을 간고해서는 안 된다. 의무 이행을 게을리 하면 인간으로서 감내할 수 없는 처지에 놓이고 그것만큼의 불이익은 없기 때문이다. 경제 거래에서 규칙을 지속적으로 어기는 사람은 곧 사회적으로 바깥으로 내팽개쳐진다. 게으름 괴퍅함 일탈적 성격을 가진 원주민들 몇 명이 자신의 지위에 따르는 의무 이행을 게을리 해서 따돌림의 대상이 되고 말았다.[39]

명예를 아는 시민이라면 자기 의무를 이행해야 한다. 그리고 이러한 복종은 본능이라든가 집단 감정의 결과가 결코 아니다. 복종은 신비로운 요인에 기인하지 않는다. 복종은 사람마다 저마다 수행해야 할 저마다의 역할이 있는 체계의 정교한 작동에 기인한다. 주술적 종교적 의례도 마찬가지이다. 관습에 대한 순종은 그에 따른 보상으로 말미암은 것이다. 예를 들어 해마다 망자의 혼이 마을을 방분한다고 믿으면서 사람들은 죽은 친척의 혼령에게 음식을 제공함으로써 죽은 자의 혼을 달래고 그의 식욕을 만족시키는 동시에 죽은 자에 대한 산 자의 애틋한 감정을 표현한다. 그러나 여기에서 사회적 의무는 성립한다. 음식을 제단에 올리고 일정 시간이 지나 혼령이 물러난 후에 남겨진 음식은 살아 있는 친지 혹은 친척들에게 나누어진다. 제사에 참여한 사람들은 음식을 나누어 받음으로써 보상을 받은 셈이다. 원주민들이 이러한 프로그램화를 이해하거나 추상화하여 이론으로 표현하지는 못한다. 그렇지만 그들의 삶이 이렇게 프로그램화되었다는 사실은 충분히 드러난다.

제3자의 관점에서 원시인들의 삶은 자기 이익에 기초한 프로그램화였다. 이런 이론에 따르면 개인을 친족의 구성으로만 간주하는 주장은 오류이다. 가장 가까운 집단 내에서도 자기 이익을 추구하는 성향은 너무 뚜렷하기 때문이다. 원시인들이 지키는 규칙은 어떤 초자연적 체계에 따라 만들어진 신비한 성격을 지니지 않는다. 규칙은 자기 이익에 따른 구속일 따름이다. 어떤 인간도 자기 본능을 거스르는 행동을 본능적으로 하지 않으며, 교묘히 회피하고 싶은 또는 의도적으로 거부하고 싶은 규칙에 무의식적으로 순종하지 않는다. 어떤 인간도 자신의 욕망과 성정에 반하는 행위를 자발적으로 행위 하지 않는다. 물론 규칙을 지킨다고 해서 곧바로 자기 이익을 얻을 수 있는 것은 아니다. 그렇지만 규칙을 지키는 것은 규칙을 지키지 않음으로서 감수해야 하는 불유쾌한 결과를 피할 수 있게 한다. 불유쾌한 결과를 피함으로써 간접적으로 자기 이익을 얻는 조건이 성립한다는 것이 곧 규칙을

지키는 까닭이다.[40]

자연은 재앙인가, 축복인가?

　자연에 대한 해석은 언제나 두 갈래이다. 하나는 자연을 인간이 살아남기 어려운 재앙의 진원지로 묘사하고, 다른 하나는 자연을 인간 생명의 젖줄로 묘사한다. 첫째 해석에 따르면 인간 삶의 조건은 척박하기 그지없고, 둘째 해석에 따르면 인간 삶의 조건은 풍요로운 낙원이다. 열악한 조건에서 인간은 살아남으려면 자연과 투쟁해야 하고, 평화로운 조건에서 인간은 자연과 조화를 이루어야 한다. 어느 해석에 따르느냐에 인간의 본성에 대한 해석도 사뭇 달라지며, 인간본성이 서로 다른 해석으로 말미암아 인간 사회에 대한 묘사도 엄청난 차이를 보인다. 어떤 해석은 인간관계를 잔인한 경쟁관계로 묘사하는가 하면, 어떤 해석은 인간관계를 상호 협력관계로 묘사한다.

5. 이기주의의 폭과 깊이: 이기주의 철학

1. '삶은 고독하고 야만스럽고
                    추악하며 가난하고 짧다'

자연 상태는 죽음에 대한 공포를 불러일으킨다

"삶은 고독하고 야만스러우며 추악하며 가난하고 짧다." 는 자연의 삶에 대한 홉스의 묘사이다. 스페인의 무적함대가 영국을 공격하겠다는 선전포고로 전쟁의 공포 분위기에서 홉스는 태어났다. 공포는 홉스 사상의 주제였다. 홉스는 자기 어머니가 자기와 공포라는 쌍둥이를 나았다고 술회할 정도였다. 공포 분위기의 그 무렵은 한편으로는 시장 경제의 태동기이기도 했다. 왕권을 정점으로 사람들이 상하 권력 관계를 묶이면서도 다른 한편으로 자유 시장 경제 속에서 인간관계가 맺던 때가 그 시기였다. 공포와 함께 바야흐로 경쟁에 바탕을 두는 새로운 질서 속에서 어떻게 살아야 하느냐에 물음에 새로운 대답을 모색하던 때였다.

홉스는 자기 보존만큼 중요한 자기 이익은 없다고 설파했다. 홉스는 이기주의를 내세운 근대 최초의 철학자이다. 매킨타이어는 홉스의 이기주의 철학의 원천을 세 가지로 해석한다. [41] 첫째 정치적 경험에 대한 해석이다. 그는 엘리자베스 1세와 제임스 1세의 통치, 시민전쟁, 크롬웰의 지배, 왕정복고를 생애동안 모두 겪은 사상가였다. 그는 자기 이익과 자기 이익간의 갈등에 대한 경험을 시민전쟁을 통해 얻었다.

둘째 갈릴레오의 설명방식에 충실하다. 갈릴레오에게 설명이란 복잡한 전체를 그 개개로 분해하고 그 개개를 전체로 합성하는 방식이다. 그러므로 복잡한 사회생활을 설명하기 위해 그것을 구성요소로 나누어 개별인간으로 분해하고 그 다음 그 개인들이 어떻게 결합하여 사회를 구성하는가를 밝힌다. 그러려면 개인은 사회생활 이전의 개인이며, 사회생활을 하는 개인의 특성을 결여한다.

셋째는 심리학이다. 그의 심리학에 따르면 사람들은 타인들에게 끊임없이 거침없이 힘을 행사하려는 충동을 느끼며 그로 말미암아 사람들은 경쟁적이고 공격적이다.

이 세상은 서로가 경쟁하고 갈등하고 적대하는 곳이다

자연 상태와 사회생활은 극명한 대비를 이룬다. 자연 상태란 아무런 제약 없이 인간본성 그대로 살아가는 상태이다. 자연 상태는 어떻게 살아야 하는가에 대해 진지한 성찰의 여지가 없는 상태이다. 자연 상태는 무정부 상태이며 통치 권력이 없는 상태이다. 자연 상태에서 이루어지는 삶은 결코 평탄하지 못하다. 자연 상태의 개인은 서로 경쟁하며 투쟁한다. "인간은 태어나면서 자연스럽게 자신이 갈망하는 모든 것을 얻으려고 경쟁한다. 그리고 할 수만 있다면 온 세상이 자신을 두려워하고 자신에게 복종하도록 만들려고 한다."42) "끊임없이 뒤처진다는 것은 비참한 일이며 끊임없이 다른 사람을 앞지르는 것은 커다란 행복이다. 그리고 그러한 과정을 멈추게 하는 것은 죽음이다"43) '영원토록 끊임없이 권력을 좇는 용솟음치는 힘'44)을 억지하는 것은 죽음과 죽음에 대한 두려움뿐이다.

서로가 경쟁하고 갈등하고 적대하는 곳은 답답하고 어둡다. 이 열악한 상태에서 생존하려는 욕구가 생긴다. 그렇지만 욕구를 충족시키기에 자원은 매우 부족하여 그걸 서로 차지하려는 경쟁은 더욱 가혹하고 잔인하다. 이 상황이 더욱 가혹한 것은 단순히 자원의 부족 때문만은 아니다. 기본 욕구의 충족에도 공격본능을 억누르지 못하는 사람들이 많기 때문이다. 이 억제하지 못하는 공격본능은 "인류역사의 모든 페이지에, 우리가 알고 있는 모든 시대에, 모든 곳에서 나타난다."45) 다음은 러시아 소설가 솔제니

친(Solzenitsyn)이 묘사한 포로수용소의 한 장면이다.

이 수용소의 지저분한 배급소는 널빤지 지붕이어서 시베리아의 혹독한 겨울에는 어울리지 않았다. 배급받은 빵과 죽을 들고서 수용소까지는 약 1.5 km를 걸어야 했다. 늙고 병든 사람들에게는 이건 위험하고도 힘든 일이었다. 그들은 배급받은 빵을 옷 속에 쑤셔 넣고 얼어붙은 손으로는 지저분한 양철 배급 판을 움켜졌다. 그 때 갑자기 무시무시한 속도로 두 세 명의 어린 아이들이 옆에서 공격한다. 어린 아이들은 노인을 땅에 패대기친 후 몸을 샅샅이 뒤진다. 그리고는 바람처럼 도망친다. 노인이 배급받은 땅은 빼앗겼고, 죽은 바닥에 쏟아졌고, 양철판은 바닥에 뒹굴렀으며, 노인은 무릎을 세워 일어나려고 안간 힘을 썼다.... 상대가 약할수록 악동들은 잔인했다. 그들은 드러내놓고 힘 못 쓰는 노인의 손에서 배급받은 빵을 낚아채 갔다. "배가 고파 죽겠다 "고 노인이 빵을 돌려달라고 울면서 애원했다.
"어차피 곧 죽을 텐데 빵을 먹는다고 안 죽습니까?"
그렇게 말하면서 악동들은 사람들이 늘 북적거리는 배급소에 나타나 춥고 병든 노약자들을 공격해서 땅에 눕혀놓고 손발과 머리를 뭉개면서 주머니를 뒤져서 빵과 돈을 빼앗아간다.[46]

강제 수용소는 중노동에 시달리며 혹독한 추위와 빈약한 식량 배급을 견디어야하고 약탈까지 더해지는 곳이다. 자연 상태는 마치 강제 수용소의 상태와 같다. 목숨 보존만이 절실한 그지없이 열악한 상황이다. 어떤 활동이든지 죽음을 피하고자 하는 욕구에서 이루어지는 상황이다. 남을 지배하려는 욕구도 결국 자기의 목숨 보존에서 연유한다. 죽음을 피하고 목숨을 보존하려는 욕구에서 모든 운동이 이루어진다. 자연의 물체가 운동하는 힘으로서 갈릴레이의 '코나투스'(conatus)[47] 개념을 원용하여 홉스는 인간의 몸 안에서 일어나는 운동을 가리켜 '의도'라고 번역한다. 이 의도는 심리 운동으로서 어떤 대상을 향할 때 '욕구'(appetite), '욕망'(desire)이며 어떤 대상에서 멀어지려고 할 때 '혐오'(aversion)이다. "외부 대상에 대한 감각은 신체 기관에 의해 만들어진 반작용 또는 저항의 결과이다. 따라서 감각은 밖으로 밀어내려는 신체기관의 노력(endeavour)이다."[48]

'인간은 인간에 대해 늑대이다'

자연 상태에서 자기 보존을 위해 인간은 전심전력을 기울인다. 자기 보존 동기로 살아가는 자연 상태는 사람들이 서로 끊임없이 경쟁하고 지배하는 '만인에 대한 만인의 투쟁 상태'이다. '인간은 인간에 대해 늑대'가 되고 마는 상태이다. 그 누구도 믿을 수 없다. 왕과 신하, 남편과 아내, 자식과 부모 어떤 관계도 결코 신뢰 관계가 아니다. "무장을 하고 다니면서 그는 가까운 신하에 대해 어떤 생각을 하는 걸까? 문을 걸어 잠그고 자면서 그는 자기 이웃에 대해 어떤 생각을 하는 걸까? 금고를 잠그면서 그는 자기 자식들과 하인들에 대해서 어떤 생각을 하는 걸까?"[49] 투쟁 상태에서 덕목은 오로지 힘과 속임수이다. 투쟁 상태에서는 웃음마저도 비정한 생리현상에 지나지 않는다. 개인들은 언제나 먹느냐 먹히느냐의 긴장 상태에서 지낸다. 그런 상태에서 어느 누가 실수나 약점을 보이는 순간 상대방에게는 순식간이지만 긴장이 풀리는 현상이 생기며 그런 현상이 곧 웃음이다. 웃음이 비웃음이고 마는 상황은 자기 보존이 쉽지 않은 상황이기도 하다.

홉스가 산책을 하고 있을 때 몹시 누추한 거지 노인이 구걸하였다. 그 철학자는 연민과 동정으로 한참 그 거지를 바라보다가 적지 않은 돈을 주었다. 마침 그 모습을 본 성직자가 홉스에게 물었다 "신의 뜻이 아니었던들 그렇게 할 수 있었을까요?"라고. 홉스는 확신에 찬 답변을 했다고 한다. "물론이지요. 그 노인의 불쌍한 처지를 생각하니 제가 못 견디게 괴로웠답니다. 그런데 이 노인에게 자선을 베풀고 나니 그의 고통을 덜어주기도 했겠지만 진정 제 마음이 편해졌군요.50)

어떤 행위이든지 그것은 자기 이익에 따른 행위이다. 그런 만큼 타인과 나에게 해악을 끼치는 행위에 대한 제약이 필요하다, 자기 보존과 사회의 안정을 위한 제약이 필요해진다. 자기 보존의 고유한 목표를 추구하는 자유를 누리면서 다른 한편으로 타인의 그러한 자유와 양립 가능한 방법을 성찰한다. 그러한 성찰을 통해 질서와 안정을 누리려고 마침내 도덕적 제약을 요청하기에 이른다. 도덕적 제약에 대한 요청을 향해 운명적 걸음을 옮기려는 강렬한 유혹을 물리치지 못한다. 그 유혹에 빠진 결과가 홉스의 사회계약론이다. 홉스는 자기 보존이 어려운 상황을 가설적 상황을 자연 상태로 묘사하고 이와 대비해 통치 권력의 정당화가 이루어지는 사회계약의 상태를 제시한다.

2. 자연인가? vs. 사회인가?

국가는 평화 상태를 유지해야 한다

　국가는 사람들의 안전을 보장한다. 평화는 다른 모든 사람들의 재화 획득에 필요하며, 평화를 보장하려면, 강력한 국가가 세워져 사람들이 서로를 해치지 못하도록 하면서 외부 침략을 막아줄 수 있어야 한다. 사람들은 자신들의 강력한 권력기구를 만들려고 '계약'하기를 결단한다. 권력자가 자기들의 생명 보호의 대가로, 권력자는 신민들이 자기에게 복종하기를 요구한다. 그들은 자발적으로 자연 상태에서 자기들이 소유하던 권리를 포기하고 그 권리를 법과 질서의 평화 상태와 교환한다. 권력자에게 권력은 국가의 평화 상태를 유지하기 위한 것이고, 평화 상태의 유지는 신민의 생명을 보호하기 위한 것이다. 언론 자유로 신민들 사이에 불화가 일어나고 그 불화로 신민들의 목숨이 위태로워진다면 언론 자유를 주권자는 탄압한다.

　어떤 의견과 어떤 이론이 평화를 위배하고 기여하는가에 관한 판단은 주권자에 따른다. 그리하여 결국 언제 연설해야 하는가, 얼마나 오래 연설할 수 있는가, 누가 연설할 수 있는가는 주권자에 따른다. 그리고 어떤 책이든지, 그것을 출판하기에 앞서 그 속에 담긴 이론을 누가 검열할 것인지에 관한 판단도 주권자에 따른다. 사람이 무엇을 즐겨야 할지, 그리고 도대체 무엇이 타당한 것인지를 알게 해주는 규칙을 제정하는 전권은 주권자에 따른다. 재판권도 주권자에 따른다. 말하자면 법과 관련하여 혹은 사실과 관련하여 발생할 수도 있는 모든 논쟁을 듣고 판결할 수 있는 권한이 주권자에 따른다. 논쟁에 대한 판결이 내려지지 않는 한, 다른 사람의 침해에 대해 어떤 사람의 권익보호가 불가능해지기 때문이다. 주권자에게는 부와 명예를 내릴 권한도 주어진다. 주권자는 이전에 자신이 만든 법에 따라 모든 신민에게 신체상 혹은 금전상의 처벌을 내리면서 불명예를 안겨줄 수 있는 권한을 가진다. 만약 그 이전에 만들어 놓은 법이 없을 경우 국가에 이바지하도록 사람을 권장하느냐 아니면 국가에 해악을 끼치는 일을 하지 못하도록 사람들을 억제하느냐는 주권자의 판단에 따른다.[51]

홉스는 종교에 대해서도 깊은 회의를 품었다. 그럼에도 홉스는 국교를 정하는 권력과 이교도를 처단할 권력을 주권자에게 부여한다. 국교가 표방하는 교리가 진리이어서는 결코 아니다. 신민들을 복종하게 만들어 평화와 질서를 가져올 수 있다면 진리 여부는 문제가 아니기 때문이다. 물론 주권자가 철저하게 독재자이어야 하는 것은 아니다. 계약을 하고자 하는 본래의 목적은 생명과 신체를 보호하는 것이므로 주권자는 생명의 양도를 명령하지는 못한다. 생명을 포기하라는 명령은 계약의 본래 목적에 어긋나기 때문이다.

사람의 신체를 보호해주지 않는 계약은 무효이다. 따라서 주권자가 어느 누구에게 자살하라든지 자해하라든지 병신이 되라든지 등을 명령한다면 설령 정당하게 명령하는 것이라고 해도 그것은 무효이다. 자기를 해치려는 사람에게 저항하지 말라고 명령한다면 그것은 무효이다. 그 사람은 불복종할 자유를 누린다. 어떤 사람이 자신이 저지른 범죄에 관해 주권자나 국가 당국에 의해 심문당할 때 그는 범죄를 고백해야만 하는 것은 아니다. 왜냐하면 그 누구도 계약에 의해 그 스스로를 기소해야 하는 것은 아니기 때문이다. 따라서 복종하지 않겠다는 우리의 의사가 주권을 제정하는 목적을 무산시키는 경우를 빼고는 거부의 자유는 성립한다. 그리고 국가가 방어를 위해 무기를 사용할 수 있는 사람의 도움이 필요하면 즉시 누구나 무기를 사용해야 하는 의무가 생긴다. 그들에게 국가를 보존하겠다는 목적이나 용기가 없다면 국가의 제도는 공허해지기 때문이다. 죄가 있든 없든 다른 사람을 보호하려는 국가의 무력에 저항할 자유를 누리지 못한다. 이러한 자유는 우리를 보호하는 수단을 주권자로부터 빼앗는 것에 해당하며 결국 정부의 본질을 파괴하기 때문이다.[52]

그러나 주권자가 생명 보호의 역할을 수행하지 않는다면 모든 계약은 무의미해지고 공허해진다. 어느 누구도 자기들을 보호해 줄 수 없을 때 그 스스로를 보호하고자 하는 권리를 포기할 수 없기 때문이다. 사회 계약은 자기 보존의 목적에서 이루어진다. 그것은 자기 보존이라는 가장 기본적 자기 이익을 추구하려는 목적이다.

자연 상태는 이론적 가설이다

자연 상태와 사회생활은 확연히 다르다. 자연 상태에서 삶은 지극히 독립적이고 자립적이지만 목숨 보존이 지극히 어려워지는 상태이다. 반면 사회생활은 국가에 대한 순종과 맹종의 삶을 살면서 자기 보존을 보장받는 삶이다. 홉스에 따르면 자연 상태와 자기 보존은 서로 서로 양립하기 어렵다. 자기 보존을 위해서는 국가가 필요하고, 국가의 명령에 복종할 때 독립과 자립을 포기해야 한다. 그러나 문제는 홉스가 제시하는 자연 상태가 과연 역사적 사실인가 하는 점이다. 그러나 자연 상태는 결코 역사적 사실이 아니다. 자연 상태는 개념에 불과한 이론적 가설이다. 자연 상태는 잔인한 경쟁과 갈등 속에서 살아남기 위해 사회생활이 불가피하다는 논의의 정당성을 확보하려고 만들어낸 개념 장치이다. 실제로 인간이 본성상 자기만의 이익을 추구하는 탐욕스러운 존재인가의 여부는 여전히 미지수이다.

  홉스의 사회 계약의 상태는 특히 가부장적 체제에 바탕을 둔 가설이다. 가부장적 질서는 엄한 아버지가 자식에게 순종을 요구하는 체제이다. 전통적 가족 제도에서 아버지는 가족을 부양하고 보호한다. 아버지는 자식들에게 무엇이 올바르고 그른지를 가르치고 그 가르침에 순종을 요구한다. 순종하지 않을 경우 자식들은 벌을 받는다. 벌은 고통이고 고통은 자기 이익의 부정이다. 고통을 겪지 않으려면 무조건 복종해야 한다. 당장의 고통을 피하기 위해 순응이 최선의 방책이다. 명령을 요구하는 측도 명령 복종을 수월하게 하기 위해서 벌을 더욱 더 강화하는 쪽을 선택하려고 한다. 사람들은 자기를 멋대로 하게 놔두면 자기 마음대로 하는 경향이 강해진다. 그러나 명령 불복종에 대한 처벌을 강화하면 사람들은 자기를 멋대로 하다가 손해를 겪기보다 자기를 억제하는 방법을 터득해 손해를 겪지 않으려고 한다. 순종과 복종을 먼저 배우는 것은 그런 까닭이다.

'보상과 징벌' 체제로서 가부장체제는 무엇이 진정으로 '자기 이익'인가에 대한 성찰을 원천 봉쇄한다. 홉스의 이론에서 사회생활은 오로지 상하 명령 복종의 인간관계에서 이루어진다. 한편이 명령하고 다른 편은 복종하는 일방적 관계에서 '나'의 성찰은 이루어지기 어렵다. 성찰은 상호 공감과 상호 존중의 좌우 수평 평등관계에서 성립하기 때문이다.

홉스는 신의 명령을 국가의 명령으로 대체하다

홉스 이론은 명령 복종 체계로서 자연법을 토대로 삼는다. 그러나 실상 자연법은 기독교 신학이 그 연원이다. 그런 만큼 홉스는 신학에 나오는 명령을 국가의 명령으로 대체할 뿐이다. 기독교의 구약경전에 따르면 신은 선악을 알게 해주는 나무의 과일을 먹은 죄로 아담과 이브를 징벌했다. 에덴동산에서 추방당해서 그들 후손은 영생을 상실하며 죽음과 고난을 영원히 감수해야 했다. 과일 한 점을 입에 먹은 죄로는 너무 심하다. 그렇지만 중요한 것은 불복종이다.[53] 가부장적 체제의 배경은 세상이 본디 위험한 곳이고 인생살이는 어렵다는 철학이다. 본래 이런 철학은 반항과 저항을 죄악시한다. 신의 명령의 세속적 형태가 국가 명령인 만큼 홉스에게 바람직한 인간은 언제나 순종하고 복종하는 인간이다.

국가의 법에 대한 철저한 복종을 끌어내려면 신의 명령을 대신하는 자연법 이론처럼 마땅한 것은 없다. 그렇지만 철저한 복종의 요구가 커지면 반감도 또한 커진다. 일찍이 울프는 국가의 '권력'과 개인의 '자율'의 분석하면서 두 가지 개념이 서로 양립할 수 없다고 주장하였다. 그에 따르면, '권력'은 명령할 수 있는 권리이며, '자율'은 스스로에 대한 명령이다.54) 울프에 따르면, "국가의 본질적 특징은 권력, 곧 통치할 권리이다. 그렇지만 인간의 일차적 의무는 자율성, 곧 통치 받는 데 대한 거부이다. 그렇다면 자율성과 국가 권력의 충돌을 해결해줄 방법은 없는 듯이 보인다." 따라서 울프는 "자율성이라는 덕목과 모순되지 않는 유일한 정치 강령은 무정부주의"55)라고 결론지었다.

울프에 따르면, 복종이란 내가 마땅히 해야 하는 것이기에 하는 그런 것이 결코 아니다. 복종이란 무조건 해야 한다고 나에게 떨어진 명령이기에 하는 그런 것이다.56) 국가에 대한 복종과 개인의 자율은 서로 양립하기 어렵다. 그런 만큼 개인의 관점에서 복종을 요구하는 권력 체계로서 국가는 해체되어야 마땅하다. 여기에서 홉스의 지지자라면 권위주의적 국가를 포기하면 그 대가로 무정부상태의 혼란을 겪을 것이라고 주장할지도 모른다. 그러나 권위주의적 국가를 포기한다고 해서 곧 무정부상태의 혼란을 겪게 된다는 결론은 나오지 않는다. 홉스 이후 등장하는 이기주의 철학은 상하 명령 복종 체계가 유일한 대안이 아님을 보여준다. 점차 사회는 잔인한 경쟁이 벌어지는 살벌한 각축장이 아니라 상호 협동이 가능해지는 무대로 바뀐다.

3. 서로 이익을 도모하다

이기심은 탐욕스러움이 아니다

18세기 이기주의를 이론으로서 다루는 철학자들이 등장한다. 그들에게 이기심은 단순히 탐욕스러움이 아니었다. 그들은 이기심을 삶의 원동력으로 삼았다. 이타심의 권장이 봉건주의 신학의 잔재였음을 깨달아가면서, 도덕 행위의 바탕이 이기심이냐 이타심이냐는 진지한 논쟁이 벌어졌다. 이기심이 먼저라는 논의의 최전선에서 맨더빌(Mandeville)이 활약했다.

맨더빌은 샤프츠베리(Anthony Ashley, the Earl Shaftsbury)가 내세운 두 개의 핵심 명제를 공격했다. 하나는 "인간은 자연스럽게 이타적으로 행위 하는 경향을 지닌다."였고, 다른 하나는 "사회에 이익을 주는 것은 다름 아닌 이타주의와 자비(benevolence)이다."였다. 이러한 명제에 대해 정면으로 맨더빌은, "행위 원천은 실상 은밀하면서도 개인적인(private and egoistical) 자기 이익이다"라고 주장했다. 그래서 맨더빌에 따르면, 사회 공공선은 개인이 오직 자기 이익에만 관심을 가질 때 나온다. 향락과 사치를 추구하기에 경제 사업이 활발해지며, 경제 사업이 활발해져서 전체 사회가 다행스럽게도 더욱 풍요로워진다.

문제는 사람들이 이타적으로 행위 하는 덕스러움을 뽐내기나 한다면 사회생활에서 진보란 도저히 이루기 어렵다는 점이다. 개인이 발휘하는 이타적 유덕함을 공공선으로 내세우는 까닭은 그런 유덕함을 발휘하는 듯 다른 사람에게 보여서 자기 입지를 강화하는 은밀한 이기심을 은폐할 수 있기 때문이다. 맨더빌에 따르면, 도덕 판단은 도대체 자기 이익 그 너머에 이르지 못한다. 자기 이익을 추구하려고 함은 지극히 당연한 감정으로 피할 수 없다. 도덕 행위는 자기 이익을 추구하려는 감정에 바탕을 둘 때 자비는 도대체 어떤 감정이냐고 맨더빌은 묻는다. 맨더빌 이래 도덕 판단의 근거가 감정이냐 이성이냐의 문제와 함께 도덕 판단이 과연 자기 이익을 드러내느냐는 문제가 드디어 전면에 나타났다. 맨더빌의 영향을 받은 허치슨은 다음과 같이 주장한다.

> 오로지 자기 사랑에서 나온, 그래서 자비심의 증거를 찾을 수는 없지만 타인에게 상처를 주지도 않는 행위들은 미덕도 아니며, 그것을 보는 이에게 사랑도 증오도 일으키지 않는다. 우리의 이성은 실제로 어떤 경계를 발견할 수도 있으며, 그 경계 안에서 우리는 전체의 선과 조화를 이루는 자기 사랑에 입각해서 행위 할 수 있다. 이 경계 내에서 각자의 선을 위해 수행되는 모든 행위는 전체의 선을 위해 절대적으로 필요한 것이기도 하다. 자기 사랑의 결핍은 전체적으로 치명적인 위험이다.[57]

허치슨에 따르면 자기 이익은 타인에게 해를 끼치지 않는 한 공공의 이익에 '절대적으로 필요한' 요소이며, 그것이 없으면 사회가 '전체적으로 치명적인 위험'에 빠진다. 그렇지만 오로지 자기 이익만 추구하는 '자연 상태'에서 인간 저마다의 삶은 비참해지기 쉽다. 문제의 자연 상태를 극복할 수 있었던 것은 사회 제도였다. 무엇보다도 사유재산 제도의 등장으로 말미암아 사람은 서로 경쟁하고 갈등하기보다도 서로 협력하기에 이르렀다.

협동 체제는 개개인의 근면과 노동을 더욱 강하게 자극했다. 협동을 통한 노동은 개개인이 고립적으로 수행하는 노동보다 훨씬 빠르게 숲을 개간하고 습지의 물을 빼고 거주할 집을 제공하고 축사의 울타리를 제공하였다. 자연 상태의 이기적인 개인들은 서로의 협동으로 마침내 사회 전체의 부를 증진시키기에 이른다. 개인이 자신의 이익을 얻으려고 헌신할 때, 그것은 개인은 물론 전체의 부를 증진한다. 개인이 자기 이익을 추구할 때 비로소 공공의 이익이 생길 수 있기 때문에 개인의 자기 이익 추구야 말로 사회를 유지하기 위한 근본 요소이다. 그렇지만 허치슨에 따르면 자기 이익을 추구하는 자기 사랑은 결코 미덕이 아니다. 그것만으로는 어떤 가치도 지니지 않는다.[58]

공공 이익은 실상 자기 이익에 바탕을 둔다는 것이 허치슨의 핵심 논지였다. 그럼에도 허치슨이 강조한 것은 줄곧 공공 이익이었고 개인의 자기 이익이 아니었다. 자비가 이기심보다 먼저였다. 도대체 자비를 이기심보다 먼저 내세운 까닭은 무엇인가? 허치슨은 이러한 물음에 대답하지 않았다. 그는 자비가 미덕의 총체로서 다루어져야 한다고 단정할 뿐이다. 이기심이 자비보다는 먼저이어야 하지 않느냐는 맨더빌의 물음을 심각하게 받아들이지 않았다.

샤프츠베리와 허치슨은 모두가 유덕한 행위를 자비에 따른 행위로 만들기에 여념이 없었다. 그들에게는 어떤 행위를 누가 왜 하는지의 문제는 중요하지 않았다. 누가 왜 유덕한 행위를 하는가에 애당초 관심이 없었다. 그들 모두는 행위자 관점이 아니라 행위에 대해 논평자 관점에서 논의를 전개하기 때문이었다. 그들은 어떻게 행위가 이루어지는가, 도대체 행위의 동기가 무엇인가에 대한 설명에 애당초 관심이 없었다.59)

'자기 사랑과 자비는 서로 충돌하지 않는다.'

허치슨과 버틀러(Joseph Butler)는 서로 다르다. 버틀러는 개인의 행위 동기에 초점을 맞춘다. 버틀러는 행위의 동기에 욕망과 감정을 포함시킨다. 사람의 욕망과 감정은 다양하며 자비는 그러한 감정 중의 하나이다. 따라서 버틀러는 자비가 미덕의 총체라는 허치슨의 주장이 잘못이라고 반박한다. 뿐만 아니라 나의 행동이 올바르냐에 관한 판단하려면, 그 행동이 과연 전체 인류가 누릴 미래의 행복을 증진시키느냐에 달렸다는 허치슨의 주장도 버틀러는 반박했다. 허치슨의 주장에 따라 처벌과 제재가 이루어지려면 최대 다수의 행복을 증진시키는지를 예측할 수 있는 대단한 예지를 먼저 갖추어야 한다. 그렇지만 그런 예지를 갖추기란 불가능하다. 그 누구도 어떤 결과가 미래로 이어져 현재 행위를 정당화할 수 있는지 확신할 수 없다.

허치슨의 주장에 대한 반론을 토대로 버틀러는 행위의 도덕 특성이 그 결과에 좌우되지도 않으며 또 그래서도 안 된다고 주장한다. 버틀러는 맨더빌과 허치슨의 잘못이 무엇이었는지 분석한다. 그들이 저지른 잘못은 자비와 자기 사랑(self-love)이 서로 맞선다고 가정하는 잘못이었다.

자기 사랑은 자기 행복에 대한 욕구이다. 자기 행복에 대한 욕구와 함께 인간은 본성상 타인에게 자비로워지려는 욕구도 지닌다. 타인에게 자비로워지려는 욕구도 욕구인 만큼 그 욕구를 충족시킴으로 행복해질 수 있다. 자비와 도저히 어울릴 수 없는 욕망에만 탐닉하면 실제로 불행해지며 자기 사랑도 부정하기에 이른다. 그럼에도 "편견과 파멸로 이끌어가며 또 진정한 이익을 직접 거스르면서 자기 사랑이라는 가장 큰 요구에도 어긋나는" 그런 정념과 감정에 스스로를 굴복시킨다. 이러한 편견과 파멸을 피하려면 합리적 성찰을 해야 한다는 것이 버틀러의 주장이다. 스스로를 인도하는 데 필요한 건 '쿨한' '이성적' 자기 사랑이다.60)

버틀러의 주장은 이렇다. "어느 누구에게라도 성찰 혹은 양심이라는 우선 원리가 있으며, 이 원리를 통해서 겉으로 드러난 행위들뿐만 아니라 마음의 여러 내면 원리들을 서로 구별한다." 그래서 의무와 이익 사이에는 어떤 갈등도 없다. 우리가 해야만 하는 행위를 함으로써 또 하지 말아야 하는 행위를 하지 않음으로써 비로소 나의 행복을 보장받을 수 있다.

버틀러가 주장하는 '나'는 합리적이면서도 도덕적인 존재이다. '나'의 본성은 양심의 원리를 충실히 따른다. 합리적이고 도덕적인 존재로서 '나'의 본성을 정의하려면 '나'가 채택한 양심의 원리에 비추어보아야 한다. '나'는 양심의 원리에 따르는 존재이며 '나'가 따르는 양심의 원리가 '나'를 다시 규정한다. 그러나 버틀러의 이러한 논증은 전제와 결론이 서로 반복되는 순환 논증으로 변해버리는 까닭에 지극히 애매해진다. 61)

반성의 원리, 혹은 양심의 원리에 대해 복종을 요구하는 것은 그 원리가 명령하는 행위들이 사실상 합리적인 존재로서 나의 본성을 충족시키기 때문이라고 버틀러는 주장한다. 그렇지만 그 원리가 명령하는 행위를 수행하지 않는다고 가정할 수도 있다. 내가 부도덕해지면 언제나 불행해지리라는 것을 경험적 사실로서 버틀러는 논증하지 않는다. 내가 잘 형성된 도덕적 이성을 지닌 사람이라면 불행해진다는 건 의심할 바 없이 확실하다. 그러나 실제로 나는 무엇이 진정으로 양심의 명령인지를 파악하지 못하는 사람일 수도 있다. 그럴 경우 나는 마음의 평정을 유지 못할지도 모른다. 버틀러는 이러한 경우를 극히 예외로 제쳐둘지 모른다. 그렇지만 나는 현세의 삶에서만은 의무와 이익이 서로 일치하지 않는다는 것을 실감할지도 모른다. 이쯤 해서 버틀러는 본성의 충족이 현실에서 불가능하면 그것은 내세에서 완벽하게 일치한다는 주장을 펼친다. 신의 예정 조화는 의무와 이익의 일치를 내세에 보장한다. 여기에 이르면 도덕철학의 문제는 신학의 문제로 바뀌어진다. 내세를 불러들이지 않는 한, 나의 이익과 나의 행복은 반드시 일치하지 않는다. 따라서 이성적이고 도덕적

존재로서 나의 본성을 충족시키는 것은 경험세계에서 나의 행복과 정확하게 일치하지 않는다.62)

버틀러는 계속해서 양심의 원리를 완강하게 내세운다. 도대체 의무의 기준이 어떻게 저절로 나타날 수 있느냐는 의구심을 떨쳐버리기 쉽지 않다. 그럼에도 버틀러는 계속해서 수사적으로 말만 바꾸어 논증하려고 한다. 그가 양심에 대한 언급은 한심하기 그지없다. "그럴 권리가 있듯이 그것이 강함을 지녔더라면, 그럴 명백한 권위가 있듯이 그것이 힘을 지녔더라면, 그것은 이 세상을 절대적으로 지배했으리라." 합리적 동물로서 나의 본성을 무엇이 충족시켜 주고 무엇이 충족시켜주지 못할 것인가에 관한 저 오래된 그리스적 개념을 버틀러는 원용한다.63) 그러나 이러한 추론 방식을 왜 받아들여야 하는가에 대해 버틀러는 대답하지 못한다.

버틀러의 결함은 양심의 원리에서 한 발짝도 후퇴하지 않으려는 그의 완강함이다. 양심의 원리가 그의 논의의 전부처럼 보인다. 양심은 실상 신의 명령에 대한 복종심이기도 하다. 그런 만큼 양심의 원리를 내세우는 그의 윤리학은 철학이라기보다는 차라리 신학이다. 그의 신학은 의무와 관심의 균형을 강화하려고 일시적 세계에 영원의 세계를 끌어들일 만큼 종교주의의 색채를 띤다.

버틀러의 이후의 도덕 철학은 종교주의의 색채를 벗어버리고 개인의 자기의식을 욕구, 정념, 경향, 원칙 등의 개념과 연관시켰다. 그럼에도 여전히 행복은 해결하기 어려운 문제로 남았다. 행복이 무엇인가가 여전히 해결하기 어려운 문제로 남는 까닭은,

분명히 나를 행복하게 만들어주는 행동이 다른 한편으로는 내가 해서는 안 되는 행위가 되거나 혹은 하지 말아야 하는 행위가 되는 경우가 허다하기 때문이다. 그런 경우란 곧 나의 이익과 공동체의 이익 사이 갈등의 경우이다. 그리고 이런 경우 대개 나의 이익을 포기하는 것이 당연하다는 듯이 받아들여진다. 이쯤 해서 자기 이익을 내세우는 것을 금기시하고 이기주의에 대한 비난이 이루어진다.

 자기 이익을 추구하는 것은 봉건 시대에서는 금기였다. 이 금기는 희생, 봉사, 헌신을 미덕으로 삼는 봉건체제에서 횡행했다. 농노들이 자기 이익을 추구하는 것은 귀족들에게 불리한 일이었다. 그러나 자기 이익을 배제한 채 공동 이익은 성립하지 않는다. 도덕을 자기 이익과 전혀 무관한 것으로 정의내리는 시도에 대한 반론이 비로소 이루어지기 시작했다. 그러한 반론은 자기 이익과 공동체 이익의 조화를 도모하려는 논의를 이끌어낸다. 18세기에 이르러 도덕을 자기 이익 곧 행복과 연관시켜 정의내리는 이론이 등장하기 시작했다. 그렇지만 이러한 도덕 철학의 역사는 도덕을 과연 행복과 연관시킬 수 있느냐 없느냐, 이 두 갈래 길을 오락가락하는 흔적을 남겼다.

'신은 행복을 무보수로 관리하는 책임자이다.'

 터커(Tucker)와 팰리(Paley)는 신의 섭리를 세속으로 끌어 들인다. 64) 사람들이 자기 이익을 추구한다는 것을 터커는 밝힌다. 자기 이익을 추구하는 사람들에게 도덕 규칙은 우주의 만족 총량을 증대시키는 역할을 한다. 문제는 자기 이익을 추구하는 사람이 도덕 규칙을 기꺼이 지키려고 하느냐 이다. 그렇다는 게 터커의 대답이다. 사람들 모두 행복을 증진시키려고 노력한다면 신은 과거, 현재, 미래의 모든 행복을 '우주라는 은행'에 저축하는 것을 보장한다. 신은 이러한 행복을 동등한 몫으로 나누어서 사람마다 자기의 몫을 받도록 해준다. 사람들 모두는 원죄로 말미암아 똑같은 행복을 누릴 응분의 자격을 갖추지 못했으므로 저마다의 몫으로 나눈다는 것이다. 공공의 저축을 증대하려고 노력할 때 나는 내 몫을 받을 수 있는 자격을 지닌다. 그렇게 노력함으로써 나는 공공의 저축을 증대시키며, 나의 몫도 늘어난다. 나는 우주차원의 공동출자기업의 일원인 셈이다. 신은 그 기업을 무보수로 관리하는 책임자이다.

터커가 행복을 마치 돈처럼 생각했다는 점에서 세속적이다. 그에게 신학이란 정보를 제공하며, 자기 행복에 신중하게 투자하는 사람은 자기가 어떻게 행위 해야 하는가를 계산할 때 신학이 제공하는 정보를 고려한다. 터커를 이은 팰리는 도덕 법칙이 신의 의지로 주어진다고 주장한다. 그리고 이 도덕 법칙을 지키려는 동기는 지키는 자의 행복, 특히 영원한 행복을 추구하려는 동기이다.

터커와 팰리에 따르면, 신이 존재하지 않는다면, 배타적 독선을 일삼아도 무방하다.[65] 자기 몫을 분배해줄 신이 없는데 이 우주 전체의 행복을 위해 노력해야 할 까닭이 없다. 이 두 신학자에 따르면 사람이란 자기 이익을 추구하는 존재라는 전제하에서 비로소 신 개념을 생각할 수 있다. 이러한 이론에 따르면 미덕과 악덕도 자기 이익을 주느냐의 여부로 갈라진다. 미덕과 악덕은 애당초 없었다. '악덕'은 알고 보면 무분별하고 경솔한 순간의 탐욕을 가리키며 '미덕'은 장기적인 안목을 갖는 사려 깊은 이기심이다.

'이성은 감정의 노예이며, 노예이어야 한다.'

흄은 합리주의 윤리 이론을 강력히 거부했다. 합리주의 윤리이론은 언제나 도덕 판단을 이성의 발로 간주해 왔다. 흄은 도덕 판단이 이성에 따른 판단이 결코 아니라고 주장한다. 이성이 나로 하여금 행위 하도록 만들 수는 없기 때문이다. 어떤 행동을 유발시키는 것이 도덕 판단의 의미이며 목적이다. 이성은 수학에서 사용하는 관념들을 서로 관련짓는 문제 혹은 사실 확인의 문제에 관여한다. 그러나 이성은 나로 하여금 어떤 행위를 하도록 만들지는 못한다.

나의 행동은 현재 상황이나 미래 상황으로부터 쾌락과 고통이 생겨나리라는 예상을 통해 이루어진다. 쾌락과 고통의 발생에 대한 반응으로서 예상은 결코 이성적이 아니다. 그것은 감정적이다. "감정을 통해 추구하는 대상이 존재하는가?", "그 대상을 얻을 수 있게 하는 가장 경제적이고 효율적인 방법이 무엇인가?"에 대해 이성은 어떤 정보를 제공할 수는 있다. 그렇지만 이성은 감정을 판단하거나 비판할 수 없다. "내 손가락의 상처보다 전 세계의 파멸을 원한다고 해서 이성에 어긋나는 것은 아니다."라는 악덕한 결론은 전혀 이상하지 않다. 뒤이어 나오는

"인디언이나 내가 전혀 알지 못하는 사람의 곤경을 최소화하기 위해 철저하게 나를 희생시키는 일은 이성에 어긋나지 않는다."는 지극히 이타적 결론도 전혀 이상하지 않다. 이성은 어떤 경우에도 감정에 대해 판단할 수 없기 때문이다. "이성은 정념의 노예이며, 결코 그 이상이어서는 안 된다. 감정을 섬기고 그에 복종하는 것이 이외에 다른 어떤 역할도 할 수 없다." 66) "도덕이란 판단해야 할 것이 아니라 느껴야 할 무엇이라고 해야 더 적절"하기 때문이다.67)

> 사악하다고 여겨지는 행동을 생각해보라. 그 행동을 모든 면에서 면밀히 검토해보고 여러분이 '악'이라고 부르는 사실이라든가 어떤 실재를 발견할 수 있는지를 확인해보라. 아무리 따져 보아도 여러분은 모종의 정념, 동기, 의욕, 생각을 찾아낼 따름이다. 그 밖에 어떤 사실도 성립하지 않는다. '악'이라는 대상을 염두에 두는 한 그 '악'은 여러분을 피해 달아날 뿐이다. 비로소 그것을 찾으려면, 우리 마음을 주의 깊게 성찰하면서 그 행위를 향해 내면에서 일어나는 비난의 감정을 찾아야 한다.68)

악덕과 미덕의 구분은 결코 진실여부의 문제가 아니라고 흄은 주장한다. 악덕과 미덕이 진리의 문제라면 잘못된 행위란 일종의 거짓말이며, 거짓말이란 진실이 아니다. 도둑질이 올바르지 못한 까닭은 남의 소유물을 마치 자기 소유물처럼 여기면서 자기 것이 아님에도 자기 것이라고 주장하기 때문이다. 혼외정사가 올바르지 못한 까닭은, 남의 부인을 마치 자기 아내처럼 여김으로써 남의 여자를 자기 여자라고 주장하기 때문이다. 그러나 흄에 따르면 이러한 주장들은 잘못이다. 예를 들어 혼외정사가 올바르지 못한 까닭은 그 행위가 기존의 결혼관계에 대한 좋지 않은 인상을 주기 때문이라고 반박한다. 그래서 완벽하게 다른 사람의 눈에 띄지 않고 혼외의 성관계가 이루어진다면 그것은 비난받을 만한 성행위가 아니다.69)

흄에 따르면, 어떤 행동을 '유덕하다' 혹은 '부도덕하다' 고 부르는 까닭은, 그 행동이 모종의 감정을 불러일으키기 때문이다. 중요한 사항은 '그 행동이 우리에게 과연 즐거움을 주는가'이다. 흄에 따르면, 도덕 규칙을 지키는 이유는 즐거움 때문이다. 그러나 경우에 따라서 도덕 규칙을 어기는 편이 더 많은 즐거움을 주는 경우는 어떤가? 즐거움을 주지 않음에도 도덕 규칙을 지키는 것은 우리기 자기 이익보다도 공공 이익을 먼저 생각하는 만드는 타고난 자질 때문이 결코 아니다. "일반적으로 개인적 자질이나 임무, 혹은 자기 자신과의 관계와 무관하게 사람들 마음에 '인류애' 같은 감정이 단순히 그 자체로 존재하지 않는다."70)

흄에 따르면, 공공 이익을 존중하는 타고난 성향이 없음에도 도덕 규칙을 지키는 것은 다른 사람이 그 규칙위반을 할 경우 자기에게 얼마나 많은 해가 돌아올지를 헤아리기 때문이다. 규칙준수를 통해 당장 자기에게 돌아오는 이익은 없어도 앞으로 자기가 입을 수 있는 해를 입지 않을 수 있기 때문이다. 장기적 관점에서 규칙을 엄밀히 지킴으로써 얻는 이익은 규칙을 어김으로써 당장 얻을 수는 있는 단기적 이익을 훨씬 능가하기 때문이다.

도덕 규칙을 지키는 것은 자기 이익 때문이다

흄은 일시적이고 순간적인 자기 이익을 경계한다. 대신 흄은 장기적 안목의 자기 이익을 권장한다. 도덕 규칙의 준수는 먼저 사회 전체의 이익을 증대시킨다. 그리고 다음으로 도덕 규칙의 준수는 개인의 자기 이익을 증대시킨다. 사회 전체의 이익을 논의하는 만큼 흄은 공리주의자임이 틀림없다. 그렇지만 공공 이익을 왜 염두에 두어야 하는가에 대한 물음에 대해, 그렇게 하는 것이 결국 나에게 돌아올 자기 이익 때문이라고 흄은 대답한다.

흄에 따르면 도덕 규칙을 지키는 것은 자기 이익 때문이다. 도덕적 승인의 감정과 도덕적 거부의 감정이란 장기적 관점에서 자기 이익을 얻고자하는 바람이다. 도덕이란 자기 이익을 추구하는 존재들이 당장의 작은 이익보다는 미래의 큰 이익을 염두에 둔 선택을 유도하는 규칙이다. 흄에 따르면 도덕 규칙이란 장기적으로 자기 이익을 극대화하려는 사려 깊은 관점에서 만들어지고 지켜진다.

자기 이익 추구는 결코 탐욕스러움이 아니다. 탐욕스러움은 상하 명령 복종 체계에서 어느 한편의 독식이기도 하다. 탐욕스러움이 아닌 만큼 자기 이익 추구는 타인과 상호 공감 나아가 상호 존중을 이끌어 내기까지 한다. 상호 공감과 상호 존중을 이끌어낸다는 점에서 자기 이익의 추구는 비난이 아니라 오히려 권장

받아야 한다.

'자기 이익에 심사숙고하지 않는 사람은 비열하다.'

흄과 더불어 애덤 스미스의 자기 이익에 대한 통찰은 위대하기까지 하다. 애덤 스미스에 따르면, 사람은 누구나 우선, 그리고 주로 자기 자신을 돌보도록 권장 받는다. 사람은 본래 타인보다는 자기 자신을 돌보는 데 적절하고 유능하다.[71] 자기 이익 추구의 원칙은 '칭찬받을 만한 행위 원칙'이다. 그럼에도 자기 이익 추구가 비난받는 경우가 허다하다. 그러나 그러한 비난은 자기 이익 추구에 비난이 결코 아니다. 그러한 비난은 자기 이익 추구가 제대로 이루어지지 못하는 경솔함과 부주의함에 대한 비난이다. 경솔함과 부주의함이 거부감을 불러일으키는 까닭은, 그 성품이 자기 사랑을 결핍하고 있어서라기보다는 자기 이익에 대한 진지한 관심을 결여하기 때문이다.[72] 절약, 근면, 신중, 전심치지(傳心致志), 심사숙고 등은 자기 이익에 대한 진지한 관심 때문에 생긴다.

자기 이익을 진지하게 추구하지 않는 사람은 비열하기까지 하다. 우리는 영토의 정복과 방위에 신경을 쓰지 않는 군주를 경멸하지 않을 수 없다. 관직 없는 신사가 어떤 비열함이나 부정을 저지르지 않고도 상당한 토지 혹은 상당한 직책을 얻을 수 있음에도 그것들을 얻으려하지 않는다면, 우리는 그에 대해 거의 존경의 마음을 가질 수 없다. 자신의 선거에 열의를 보이지 않는 국회의원을 그의 친구들은

그들의 사랑과 지지를 받을 가치가 없다고 내버려둔다.73)

자기 이익을 추구하려는 이기심이 자기 이익만을 추구하는 탐욕스러움과는 분명 다르다. 자기 이익에 대한 진지한 관심은 공공 이익과 조화를 이룬다. 공공 이익을 추구하도록 만드는 것은 결코 인류에 대한 사랑이 아니다. 그것은 우리 성품의 숭고함, 존엄함, 탁월성에 대한 사랑도 아니다. "자기 사랑의 강한 충동에 대항할 수 있는 것은 인류애가 결코 아니다. 자비도 아니다."74) 그것은 오로지 자기 이익의 동기이다.

우리가 저녁식사를 기대할 수 있는 것은 정육점 주인이나 양조업자나 제빵업자의 자비 때문이 아니라 그들이 자기 이익을 중시하기 때문이다. 우리는 그들의 인도주의가 아니라 그들의 이기심에 호소한다. 그리고 그들에게 우리의 필요를 말하는 것이 아니라 그들이 얻게 될 이득을 말한다. 자기 이익은 인간을 그에 따라 행동하도록 몰고 간다. 그러므로 그 외에 다른 것이 있어서 자기 이익을 추구하는 데만 몰두하는 사람들이 사회를 볼모로 하여 엄청난 몸값을 요구하지 못하도록 막아야 한다. 사회적 결과에 대한 고려 없이 자신을 위해 최선을 다하려는 개인은 같은 동기로 똑같은 이익을 추구하는 다른 개인들과 마주치게 되어 있다. 이러한 상황에서 각자는 이웃의 탐욕을 이용하려고 혈안이다. 자기 이익에만 막무가내로 열중할 경우 그는 경쟁자들이 자신의 영역에 슬며시 침입하여 일거를 빼앗아 가는 사태에 직면하게 될 것이다. 만일 그가 제품의 값을 너무 높게 부르거나 자신이 부리는 노동자에게 남과 같은 액수만큼 지불하기를 거절

한다면 앞의 경우 구매자가 없어진 것을 보게 될 것이고, 뒤의 경우에는 노동자를 잃게 될 것이다. 『도덕감정론』에서처럼 인간의 이기적 동기가 상호작용하여 전혀 예상하지 않은 결과를 낳게 될 것이다. 사회적 조화가 바로 그것이다.[75]

'보이지 않는 손'은 행복을 빚어낸다

"구성원 다수가 가난하고 비참한 사회는 결코 번영하고 행복할 수가 없다." 이것은 애덤 스미스의 신념이다. 물론 사회가 어느 개인이나 집단이 원한다고 해서 바뀌는 것은 아니다. 그렇지만 중요한 것은 구성원 개개인이다. 구성원 개개인이 있음으로써 비로소 노동의 세분화와 전문화는 가능해진다. 노동의 세분화와 전문화가 곧 "하층민에까지 확산되는 보편적 부"를 증가시킬 수 있는 '보이지 않는 손'이다."[76]

'보이지 않는 손'은 저마다 자기 이익을 추구하는 개인들 사이의 협동이다. '보이지 않는 손'으로 인간의 개인적 이익과 열정은 '전체사회의 이익'과 조화를 이룬다. 이 '보이지 않는 손'은 협동이 어떻게 이루어지를 보여주는 것에 그치지 않는다. 협동의 결과로서 사회가 원하는 상품이, 사회가 원하는 만큼의 양과 사회가 기꺼이 지불할 수 있는 만큼의 가격으로 어떻게 공급되는가도 보여준다. 바늘 공장에 대한 서술은 그대로 지나칠 수 없을 만큼 유명하다.

한 사람은 철사를 뽑아낸다. 다른 사람은 철사를 똑바르게 한다. 세

번째 사람은 철사를 자른다. 네 번째 사람은 철사 끝을 뾰족하게 한다. 다섯 번 째 사람은 바늘귀를 만들기 위해 철사의 다른 끝을 간다. 바늘귀를 만드는 데는 두 세공정이 더 필요하다. 도금을 하고 광을 내는 것은 별개 작업이다. 바늘을 종이에 포장하는 일도 또 하나의 작업이다. 나는 이런 작업을 하는 공장을 보았다. 고용 인원이 겨우 열 명 밖에 되지 않고 몇몇은 두세 가지 작업을 겸했다. 그들은 가난했으며 허술한 방에서 기계와 함께 지내고 제대로 된 대우를 받지 못하고 있었다. 그들이 전력을 다해 일하면 하루에 12파운드의 바늘을 생산할 수 있었다. 중간 크기의 바늘 4000개 이상이 모여야 1파운드가 된다. 그러니까 열 명의 직공은 그들끼리 하루에 4만8000개 이상의 바늘을 제작할 수 있다. ……그러나 그들이 따로 떨어져 독립적으로 일했다면 한 사람이 하루에 20개 어쩌면 한 개도 만들 수 없었을 것이다.[77]

애덤 스미스의 '보이지 않는 손'은 협동을 바탕으로 자기 이익을 추구한다는 개념이다. 잔인한 경쟁과 극심한 갈등 속에서 협동은 결코 이루어지지 않는다. 잔인한 경쟁과 극심한 갈등은 혼란을 초래하고, 혼란은 통제 수단으로서 강압적 명령 복종체제를 불러온다. 강압적 명령 복종체제에서 상호 존중과 상호 공감은 이루어지기 어렵다. 상호 존중과 상호 공감은 좌우 수평의 평등 체제에서 비로소 가능해진다. 상호 존중과 상호 공감을 바탕으로 협동은 가능해지고, 협동의 과정에서 저마다 자기 이익을 추구한다.
 '보이지 않는 손'은 인간을 명령 복종 체제에 종속하지 않으면서 독립적으로 자기 삶을 사는 주체로 묘사한다. 좌우 수평의 평등체제가 마련됨으로써 비로소 '나'의 삶은 가능해지고, 무엇이 바람직한 삶인가에 대한 성찰이 이루어진다.

6. 어떤 이기주의인가?

1. 독백인가, 독선인가, 아니면 윤리인가?

독백 이기주의, 헤아릴 수 없는 그 은밀함

　대개는 이기주의를 '나'의 감추어진 사적 결단 혹은 지침으로 여긴다. 여기서 '감추어진'은 두 갈래의 뜻을 지닌다. 하나는 겉으로 드러나지 않는다는 뜻이고, 따른 하나는 공개적으로 밝힐 수 있을 만큼 떳떳하지 못하다는 뜻이다. 첫째는 어떤 행위이든 그것은 행위자의 내면의 목적과 의도에서 나오고 그 목적이나 의도는 구체적으로 분명히 밝히기 어렵다는 뜻이다. 이 첫째 뜻에 따르면 이기주의적 결단이나 지침이 공개적으로 밝힐 수 있을 만큼 떳떳한지 어떤지를 말한다는 것은 단순히 추측이거나 억측이다. 지극히 사적인 결단이나 지침이 떳떳한지 아니면 음험하기 이를 데 없는지는 당사자 이외 어느 누구도 도저히 확인할 수 없기 때문이다. 이처럼 감추어진 결단이나 지침으로서 이기주의는 자기 이외의 다른 사람들이 어떤 행위를 해야 한다는 주장이 결코 아니다. 결단의 당사자 이외의 그 누구도 무슨 결단이 이루어지고 있는지조차 헤아리기 어렵기 때문이다.

그럼에도 행위가 어떤 결단이나 지침으로 말미암는다는 추정은 가능하다. 그렇지만 어떻게 추정하더라도 그것은 한낱 자의적 해석일 뿐이다. '나는 나의 이익을 추구하려고 한다.'는 결단이 이루어져도 그것은 결단 당사자 스스로만 알 뿐이다. 그것은 기껏해야 자기 스스로에게 은밀하게 속삭이는 독백일 따름이다. 그 독백은 공공(公共)연한 주장이 아니라 사사(私事)로운 결단이다. '나는 내가 무엇을 해야 하는가를 말할 뿐 다른 모든 사람들이 무엇을 해야 하는가를 말하는 것은 아니다.' 조차도 추정에 바탕을 둔 해석일 따름이다. 그러니 이러한 해석은 한 개인의 행동 지침일 수도 없는 만큼 도덕 원리이나 윤리 이론은 더 더욱 아니다.

아무도 모르게 혼자서 자기 이익을 도모하겠다는 '나'의 결의는 기껏 '독백(獨白) 이기주의'로 부를 수 있을 따름이다. 설령 그것을 은밀한 이기주의라고 간주하더라도 그것이 과연 이기주의인지조차 확인할 길이 없다. 그것은 '나' 한 사람의 내밀한 결단이 이루어진다고 추정한 결과이다. 그런 만큼 자기 본인 이외에는 도저히 헤아릴 길이 없다. 설령 내면에서 어떤 결단이 이루어진다고 공개석상에서 공개하더라도 정말 그렇다고 다른 사람들이 수긍할지도 여전히 의문이다. 오히려 자기가 이기주의자로 행위 하겠다는 결단을 공개하는 사람의 정신 상태가 정상적인가 의심받을지도 모른다. 그렇다고 그러한 내밀한 결단이 없다고 단정하기도 어렵다. 무엇인지 헤아리기도 어렵고 그 무엇이 없다고 단정하기도 어려운 가운데 사람들은 내밀한 결단을 추정할 뿐이다. 그러나 추정이 추정을 낳다보면 자칫 이기주의의 은밀함은 탐욕스러움으로, 그 탐욕스러움은 음험함으로 비치는 만큼 이기주의가 인간 도리는 결코 아닌 듯하다. 그러나 그렇게 보일 뿐 정녕 그것의 정체를 확인할 길은 없다. 그런 만큼 이기주의가 개인의 음험하고 은밀한 결단을 바탕으로 한다는 주장은 이기주의에 대한 터무니없는 모함이다. 진정한 이기주의는 단순히 독백 이기주의에 머물지 않아야 한다.

독선 이기주의, 천상천하유아독존

독백 이기주의와 달리 '독선(獨善) 이기주의'는 천상천하유아독존을 연상시킨다. 독선 이기주의에 따르면, '나' 이외의 모든 사람들은 '나'의 이익을 위해서 행위 해야 한다. '나'를 포함하여 갑, 을, 병의 네 사람이 있을 때 독선 이기주의자로서 '나'의 주장은, 갑은 '나'를 위해 행위 해야 하고, 을도 '나'를 위해서, 병도 '나'를 위해서 행위 해야 한다는 것이다. 사실 이러한 주장을 공공연히 펼치는 사람은 찾기 힘들지만 암암리에 이런 주장을 품고 있거나 한 듯이 처신하는 사람들이 적지 않다. 그런 부류의 사람들이야 말로 일상의 '이기주의자'가 어울리는 사람들이다. 그들은 통상 자기중심의 사람으로서 에고티스트(egotist), 혹은 독선주의자로 불린다.

어떤 여인이 에고티스트, 혹은 독선주의자로 불리는 것은, 그 여인이 매우 자기중심적 인물임을 뜻하고, 또 그 여인이 다른 사람을 자기 목적에 이용하면서 자기를 우선시하고 다른 사람들을 자기 목적의 수단으로만 여긴다는 뜻이기도 하다. 자기 목적의 수단으로 이용할 필요가 없는 사람이라면 거들떠보지도 않는다. 문제는 독선 이기주의자가 한 사람 이상일 때 생긴다. 독선 이기주의자들 사이에 충돌을 피할 수 없기 때문이다. 왜 너는 너만의 이익을 생각하느냐는 물음을 피할 수가 없다. 나의 이익이 배타적으로 우선이라면 상대방도 그의 이익이 배타적으로 우선이라고 주장하기 때문이다. 이러한 충돌 상황은 앉을 자리는 하나인데 앉으려는 사람은 두 명 이상이 나서는 상황과 흡사하다. 대통령은 한 사람만 뽑는데 자기만이 자격이 있다고 주장하는 경우와도 흡사하다.

도대체 어느 한 사람이 배타적으로 자기 이익을 주장해야 할 정당한 이유는 없다. 도대체 왜 어느 누구를 다른 사람보다 우선시해야 하는가? 갈등의 상황에서 서로 자기 이익을 우선시해야 한다고 주장한다면 어느 누구의 주장을 올바르다고 판단하기 어려워진다. 여기서 어느 누가 자기 이익을 우선시해야 하는 까닭이 자기가 다른 사람보다 더 유명하고 잘 생긴 사람이기 때문이라고 주장한다면 그건 코웃음 칠 일이다. 그런 주장에 어떤 사람이 자기가 지능지수가 높다는 이유를 들이댈지도 모르며, 어떤 사람은 자기의 키가 남들보다 크다는 이유를 들이댈지도 모른다. 아니면 어떤 사람은 아무 이유 없이 자기는 자기일 뿐이기 때문에 자기는 우선 존중받아야 한다고 주장할지도 모를 일이다. 독선 이기주의자들이 처한 이런 갈등 상황을 해결해줄 어떤 방법도 없다. 그것은 독선 이기주의자가 그만큼 터무니없기 때문이다.

윤리 이기주의, 이기적이어야 한다는 당위

윤리 이기주의는 독백 이기주의와 독선 이기주의와 다르다. 윤리 이기주의는 모든 사람이 이기적이어야 한다는 주장이다. '이어야 한다'가 이 주장의 핵심이다. 이 주장은 단순히 어느 한 사람의 독백에 그치지 않고 모든 사람이 따라야할 지침을 제시한다. 모든 사람이 따라야할 행위 지침을 제시한다는 점에서 윤리 이기주의는 단순히 인간본성을 서술하는 사실에 관한 주장과 다르다. 윤리적 이기주의는 모든 사람이 이기적이어야 한다는 당위에 관한 이론이다. 그것은 모든 사람들이 어떻게 살아야 한다는 도덕 윤리 이론이다.

한 줄로 서서 버스를 기다릴 때 사람들은 저마다 먼저 도착하는 대로 버스를 탄다는 단순히 사실에 대한 묘사가 윤리 이기주의는 아니다. 누구라도 먼저 오는 순서대로 버스를 타야 한다는 당위에 관한 원칙을 내세우는 이론이 윤리 이기주의이다. 누구나 도착하는 대로 마땅히 줄을 서고 있다는 것이 아니라, 나중에 도착한 사람은 먼저 도착한 사람의 뒤에 마땅히 줄을 서야 한다는 것이다.

　윤리 이기주의에 따르면 어느 한 사람만 중요하게 여겨서는 안 된다. 윤리적 이기주의는 모든 사람들을 똑같이 중요하게 여겨야 한다는 보편 관점이다. 윤리 이기주의에 따르면 어느 누구도 특별한 존재이어서는 안 된다. 모든 사람들이 동등한 권리를 누릴 수 있어야 한다. 만약 그렇지 않을 경우 무질서한 상태에 이르고 만다. 어느 누가 자기는 특별한 존재이어서 줄을 서지 않고 맨 앞에 서야 한다고 주장할 때 남은 다른 사람과 갈등과 충돌을 빚기 쉽다. 어느 한 사람이 자기만을 내세울 때 다른 모든 사람들도 마찬가지로 자기를 내세우는 까닭에 선착순의 원칙에 따라 줄을 서야 한다는 규칙은 무너지고 무질서해진다. 윤리 이기주의에 따르면 이러한 무질서는 어느 한 사람의 권리만을 내세운 탓으로 사람들은 저마다 동등한 권리를 갖는 만큼 동등한 대우를 받지 못할 때 생기는 바람직하지 못한 결과이다. 윤리 이기주의는 당위에 관한 보편적 관점인 반면 다음에 다루어지는 심리 이기주의는 인간본성의 사실에 관한 보편적 관점이다.

2. 이기주의의 정체확인

심리 이기주의, 행위의 동기를 '나'에게서 찾다

　이기주의는 '나' 만큼 중요한 건 없다는 이론이다. 이기주의가 중시하는 '나'는 어떤 내면의 심리 상태를 지니는 '나'이기도 하다. 바로 어떤 심리 상태의 '나'에 주목하는 이기주의가 '심리(학) 이기주의'(psychological egoism)이다. 심리 이기주의는 '자기 이익'을 심리적 쾌락이나 만족과 연결 짓는다. '심리 이기주의'는 모든 행위의 동기를 '나'의 내면의 심리 상태에서 찾는다. 그 동기는 '자기 사랑'(self-love)이다. 다음 진술들이 심리 이기주의를 대표하는 진술이다.[78]

1. 사람은 언제나 자기 이익을 우선시 한다.
2. 사람은 타인 이익에 개의치 않고 오로지 자기 이익을 위해서 행위 한다.
3. 사람은 언제나 자기가 하고 싶어 하는 것만을 하며 그렇게 할 수 없을 때에는 가장 덜 싫어하는 것을 하고자 한다.
4. 사람은 언제나 자기의 쾌락이나 행복을 극대화하는 방식으로 행위 한다.

어느 누구라도 자기가 '하고 싶은' 행위를 한다는 논지가 심리 이기주의이다. 예를 들어 조국이 다른 나라에 짓밟히는 상황에서 비분강개하여 누군가 조국의 침략에 맞서는 과감한 행동은 다름 아닌 그가 그렇게 하고 싶어서 했던 일이다. 심리 이기주의에 따르면, 그 저항가가 그렇게 했다는 사실은 그가 그렇게 하고 싶었다는 사실을 입증한다. 문제는 이 논증이, 어떤 행위든 행위자가 정말로 하고 싶었던 행위라는 점을 전제하고서 그 사실을 입증하려 한다는 점이다. 흉포한 침략에 맞서는 저항은 엄청난 고통과 재난을 자초할 수도 있는 만큼 어느 누구도 섣큼 나설 수 없는 어려운 일이다. 그렇다면 정말로 입증해야 할 것은 침략에 맞서서 과연 저항을 하고 싶었느냐 하는 사실여부이다. 침략에 맞서서 기꺼이 저항하고 싶어 했음을 입증하려면, 그러했다는 사실을 그대로 전제하지는 말아야 한다. 그럼에도 그대로 그러했음을 전제로 삼는다면 그것은 이른바 '선결 문제 요구의 논리적 오류' (logical fallacy of the begging the question)'이다.

그럼에도 침략에 대해 저항을 저항가가 정말로 하고 싶어 했다고 심리 이기주의자가 장담한다면, 그러한 장담은 그 저항가에 대해 심리 이기주의자가 다른 누구보다도 잘 알고 있다는 확신에서 비롯한다. 그렇지만 그 저항가가 실제로 그렇게 하고 싶었는지는 저항가 자신이 그 누구보다도 더 잘 안다. 그럼에도 침략을 저지하려는 일이 저항가가 정말로 하고 싶었던 일이이었다고 심리 이기주의자가 계속 주장한다면, 심리 이기주의자는 저항가가 정녕 무엇을 하고 싶어 했느냐를 결코 논증하는 것이 아니다. 그러한 주장은 저항가가 하고 싶었던 일이란 곧 저항가가 했던 행위라고 정의내리고 싶은 바람을 드러낼 따름이다.

심리 이기주의의 또 다른 논증도 이와 비슷하다. 어떤 여성 경찰관이 추적하던 살인범이 공교롭게도 그의 옛날 연인이었고 그래서 추적하는 중에도 그 옛날 연인이 잡히면 어쩌나 하고 마음 졸인다고 상상해보라. 심리 이기주의에 따르면 그 경찰관은 그 살인자를 체포하고 싶어 하기 때문에 추적하는 중이며 그렇지 않다면 추적하지 않는다는 것이다. 그 경찰관이 그렇게 하고 싶지 않음에도 어쩔 수 없는 처지라고 말하기가 실상 어려워진다. 경찰관으로서 의무와 한 개인으로서의 욕구가 서로 충돌하는 경우는 도저히 성립하지 않는다.[79]

심리 이기주의에 따르면, 설령 의무감이 욕구보다 우선한다 해도 그것은 의무에 따르려는 강한 욕구가 있음을 입증할 뿐이다. 의무로 여기는 행위를 하려는 욕구는 여러 욕구 중 하나일 뿐이다. 의무에 대한 욕구가 어떤 사람에게는 매우 강해서 그러한 욕구에 따라 행위 한다는 것이다. 그러니 결국 누구나 가장 강렬한 욕구에 따라 행위 할 따름이다. 그러나 의무감이 가장 강한 욕구와 동일하다는 사실 여부를 증명하기가 어렵다. 이 둘이 서로 같다는 것은 의무감이 그 경찰관의 행위 동기라는 전제에서 나왔을 따름이다. 그 전제는 사람이 언제나 가장 강렬한 욕구에 따라 행위 한다는 내용이다. 심리 이기주의에 따르면 행위동기가 바로 가장 강렬한 욕구이다. 그렇지만 이러한 주장은 더 보태진 내용이라고는 전혀 없는 명백한 동어반복(tautology)에 불과하다.

어떤 예를 들든 언제나 심리 이기주의는 생면부지의 사람들과 아직 태어나지도 않은 사람들, 이미 죽은 지 오래된 사람들, 어느 누구에 대해서든 똑 같은 말을 반복한다. 심리 이기주의자는 세상 사람들의 동기에 대해 지나친 확신을 보인다. 사람이란 언제나 자기들이 하고 싶어 하는 일을 한다는 주장은 지나친 일반화이다. 어떤 경우 사람들은 자기가 가장 하고 싶은 일을 하지만, 언제나 그렇다는 것을 그 누구도 확신할 수 없다. 심리 이기주의자는 어떤 순간 어떤 사람에게만 해당되는 사실을 거의 언제나 모든 사람들에게 적용한다. 말하자면 특정 순간, 특정한 사람에게 적용되는 사실을 모든 사람에게 적용하려고 한다. 실상 심리 이기주의자가 사람들 전체에 대해 잘 알고 있는지 어떤지를 장담할 수 없다. 그럼에도 심리 이기주의는 인간 행위의 동기 모두를 통찰할 수 있다는 듯이 주장한다. 심리 이기주의는 그런 주장을 내세우려면 그것을 입증하는 증거도 제시해야 함에도 안타깝게 그렇게는 하지 못한다.

심리 이기주의의 진술은 어떤 사실 내용도 담지 많은 동어반복의 명제이다. "사람들은 예외 없이 언제나 가장 강한 동기에서 비롯된 행위를 한다."면서, '가장 강한 동기'를 '행위의 동기'라고 주장한다면, 그 주장은 그저 "당신의 행위 동기는 당신이 행위하게 만든 동기이다."라는 말에 지나지 않는다. 마찬가지로 "사람은 언제나 가장 강한 동기로부터 행위 한다."는 "사람은 언제나 자기 행위의 동기가 되는 욕구에 따라 행위 한다."라는 뜻이다. 또한 이러한 욕구가 반드시 이기적 욕구라는 사실을 입증하는 그 어떤 증거도 없다. 뿐만 아니라 실제로 사람이 욕구에 따라 행위 하지 않을 수 없다는 사실을 입증하는 어떤 증거도 없다.

심리 이기주의에 따르면 내가 어떤 행위를 했다는 사실은 그 행위가 내가 가장 하고 싶었던 행위였다는 주장의 유일한 증거이다. 다른 어떤 증거가 더는 없다. 왜냐하면 조국의 침략에 맞서는 저항가가 실제로 저항을 했다는 사실만으로 그가 저항하려는 욕구에서 행위했다고 확신할 만큼 심리 이기주의자가 다른 사람들보다 그 저항가를 잘 안다고 할 수 없기 때문이다. 그러나 저항하려는 욕구가 저항가의 가장 강력한 욕구라는 사실로부터 저항가가 저항하려고 한다는 결론은 나오지는 않는다. 그러한 결론을 끌어내려면 사람들이 예외 없이 언제나 가장 강력하게 욕구하는 행위만 한다는 전제가 먼저 성립해야 한다. 그러나 이러한 전제는 그 자체 심리 이기주의의 논지이다. 어떤 결론을 입증하는 과정에서 그 결론을 그대로 전제하는 방식으로 그 결론은 타당하지 않다. 그 결론은 증명해야 할 전제를 마치 증명된 것처럼 전제함으로써 나오는 저 악명 높은 '선결문제 요구의 오류' 이다.

심층 심리 이기주의, 무의식의 세계를 끌어들이다

심리 이기주의는 언제나 '선결문제 요구의 오류' 라는 반박을 받는다. 그래서 심리 이기주의는 정신분석학의 논지를 끌어들인다. 정신분석학에 따라 모든 사람이 의식적으로 욕구에 따라 행위 한다는 진술을, 모든 사람이 무의식적 욕구에 따라 행위 한다는 진술로 슬쩍 바꿔버린다. 의식적 욕구에 따른 설명을 피상적 심리 이기주의로 치부해버리고, 무의적 욕구에 따른 '심층 심리 이기주의' 를 도입한다. 이러한 설명은 프로이트(Freud)의 무의식 이론과 함께 니체(Nietzsche)의 '권력 의지' 를 거론한다.

예를 들어 오래 전에 남편이 저지른 부정한 행위를 자주 상기시켜 남편과 자주 언쟁을 벌이는 부인이 사례가 그렇다. 남편이 자기 마음대로 행동하고자 할 때마다 부인은 그에게 과거의 부정을 상기시킨다. 부정한 행위를 들추는 것은 단순히 언쟁을 즐기기 때문이 아니다. 부정한 행위를 들춤으로써 남편을 꼼짝 못하게 하고 남편에게 명령하여 복종하게 만드는 권력을 즐기기 때문이다. 그녀를 상담한 정신과 의사는 그녀가 누리는 즐거움은 남편에게 권력을 행사함으로써 나온다고 진단한다. 어떤 심리적 '보상'이 없다면 과거 일을 들추지는 않았을 거라는 게 진단 내용이다. 그 의사는 과거의 일을 잊고 남편과 화목하게 지낼 때 훨씬 더 많은 보상이 주어질 거라고 설득한다. 그럼에도 남편에게 그 같은 권력을 휘두르는 것을 부인은 의식적으로 즐기지는 않지만 무의식적으로 즐긴다든지 아니면 그것을 의식적으로 욕구하지는 않더라도 무의식적으로라도 욕구한다. 그럴 경우 "나는 언제나 우리가 하고 싶은 것만을 한다."는 심리 이기주의의 논지는 달라진다. 그 논지는 의식의 차원에서 받아들여지지 않지만, 무의식의 차원에서는 여전하다.

정신 분석학의 설명은 대체로 이렇다. 결벽증, 대중공포증의 상태를 의식적으로 즐기는 사람은 별로 없다. 손을 늘 깨끗이 씻으려고 한다든지, 대중이 운집한 곳에 나서기를 꺼려함은 모든 사람에게 언제나 나타나는 증세는 아니다. 그래서 이러한 행태를 의식적 욕구에 초점을 맞추는 심리 이기주의는 설명하기는 어렵다. 그렇지만 정신분석학은 이러한 행태가 내면 깊숙이 감추어진 무의식적 욕구 충족으로 말미암은 것이라고 설명한다.

남편의 상습 음주벽으로 불행하게 지내는 여인은 심층적 정신분석학의 흥미로운 사례이다. 매일 저녁 남편은 흠뻑 취해 귀가

하며, 어떤 날은 몸도 제대로 가누지 못할 만큼 취해 들어온다. 그래도 그녀는 남편을 잠자리에 눕히고 다음 날에는 출근에 무리 없도록 배려한다. 남편의 생활습관을 고치려고 해봤지만 아무 소용도 없어 그녀는 마침내 정신분석의를 찾아간다. 그녀가 무의식적으로 가장 원하는 것이 무엇인가를 정신분석의는 상기시킨다. 남편 주벽을 그녀는 결혼 전부터 이미 알고 있었고 남편이 모성애를 원하면서 아내에게서 어머니의 모습을 찾고자 하는 소극적 인간형이라는 것도 알고 있었다. 그럼에도 그녀는 어머니 역할을 하고 싶어했기에 서로에게 매력을 느껴 결혼했다. 어머니 역할을 하면서 그녀는 즐거움을 느꼈다. 의식적으로는 불행해도 그녀는 남편과 같은 커다란 어린아이를 어머니처럼 보살피는 무의식적 만족(어느 정도는 의식적이라고 할 수 있는 만족)을 얻었다. 정신분석학에 따르면 어느 누구라도 모종의 심리적 보상 없이 어떤 습관을 일정기간 동안 유지하기란 어렵다.

어떤 행태를 의식적 욕구로 설명하지 못할 때, 의식적 욕구와는 다른 무의식 욕구에 따른 행위로 심층 심리 이기주의는 설명한다. 어떤 행위가 피상적 심리 이기주의에 들어맞지 않을 때, 무의식적 공포, 무의식적 욕구, 무의식적 쾌락 등이 등장한다. 제거하지 않고서는 도저히 살아갈 수 없을 만큼 강한 공포와 욕구 역시 행위 동기이며, 그것은 불가사의하고 납득하기 어려운 행태에 대한 훌륭한 설명 도구이다. 무의식은 어떤 이론을 지지하기 위해서 만든 보조 개념에 그치지 않는다. 그것은 인간 행태의 매우 광범위하고 다양한 특질들을 설명할 수 있는 필수불가결한 요소이다.

그러나 문제가 그렇게 단순하지 않은 것은, 자신이 전혀 의식하지 못하는 무의식적 욕구에 의해 움직여지면서도 그렇다는 사실을 사람들은 전혀 확인할 길이 없기 때문이다. 정신분석학이라도 모든 행위가 무의식적 동기에서 유발된다고 단정 짓지는 못한다. 어떤 행위는 그저 습관의 결과로 보인다. 그것은 의식적 욕구에서 비롯되지도 않으며 또 무의식적인 욕구에서 비롯되지도 않는다. 『쾌락의 원리를 넘어서』(Beyond the Pleasure Principle)라는 책에서 프로이드(Freud)는 반복적 강박 관념을 논의하였다. 그는 수동적으로 할 수밖에 없었던 것을 능동적으로 다시 재현하고자 하는 충동은 의식적 욕구에 의해서도 또 무의식적 욕구로도 동기 유발되지 않는 '쾌락의 원리를 넘어서'는 것으로 기술했다. 이것이 사실이라면 적어도 정신분석학자 모두가 심층 심리 이기주의자인 것은 아니라는 결론이 나온다.

하고 싶은 대로 행위 했다는 사실은 중요하다

심리 이기주의는 언제나 심리 상태에 대한 간단한 가설을 세운다. 그리고 그 가설을 인간의 모든 행위를 꿰맞추려고 시도한다.

'자기 이익'이 의식적으로든 무의식적으로든 무조건 '하고 싶어서 하는 행위'에서 언제나 나오지 않는다는 사실을 모르는 사람은 없다, 때로는 자기가 싫어 하는 것이 오히려 자기 손해를 자초하는 길이기도 하다. 자기 이익은 자기 하고 싶은 대로 해서 얻어질 그런 것인지 무척 의심스럽다. 사람들이 하기를 원해서 했던 행위는 나중에 참혹한 재앙이 되기도 한다.

이기주의에 대한 일상의 비난은 실상 심리 이기주의에 대한 비난이기도 하다. 사람 누구나가 의식적이든 무의식적이든 자기가 하고 싶은 대로 행위 한다는 논지는 거부감을 일으키기에 충분하다. 그렇지만 자기가 하고 싶은 대로 행위 한다는 심리 이기주의가 이기주의의 전부는 아니다. 자기가 하고 싶은 대로 하는 것을 자기 이익의 전부라고 생각하는 심리 이기주의자는 자기 이익에 대해 매우 편협한 정의를 앞세운다. 어느 누구도 자기가 하고 싶은 대로 해서 자기 이익을 얻을 수 있을 만큼 능력이 비상하지 못하고 또 세상은 그렇게 호락호락하지 않다. 세상은 언제 어떤 일이 생길지 모를 만큼 우연적이고 그런 세상을 살아가는 행위자는 한 치 앞을 헤아리지 못하는 불완전하기 짝이 없는 존재이다. 그런 만큼 정말로 자기 이익을 추구하는 이기주의자라면 세상이 자기가 하고 싶은 대로 해서 이익을 얻을 수 없음을 깨닫고 무엇이 자기 이익인가에 사려 깊어야 한다. 사려 깊은 만큼 자기가 하고 싶은 대로 행위 하지 않는다. 진정한 이기주의라면 무엇이 자기 이익이어야 하는지를 성찰하지 않을 수 없다.

실상 심리 이기주의는 무엇이 자기 이익이어야 하는가에 대해 스스로의 성찰이 중요하다는 점을 일깨운다. 실상 어느 누구도 자기가 하고 싶은 대로 해서 이익을 얻을 수 있으리라 생각하는 사람은 지극히 드물다. 그럼에도 심리 이기주의는 어느 누구라도 자기 행위는 자기가 하고 싶어서 하는 것이지 남이 시켜서 한 행위가 아님을 선명하게 부각시킨다. 나의 행위는 '나' 아닌 다른 무언가의 요구로 말미암은 것이 아님을 심리 이기주의가 역설하기 때문이다. 어떤 명령에 복종하는 까닭은 그것이 명령이기 때문이 아니라 그것이 내가 따르고 싶은 것이기 때문이다. 자기가 하고 싶은 대로 행위 하는 것이 설령 자기 이익을 구현하지는 못하더라도 자기가 하고 싶은 대로 행위 했다는 사실 만큼은 중요하다.

심리 쾌락주의, 오로지 쾌락만을 추구하다

그 누구도 진정한 자기 이익을 쉽게 단정하지 못한다. 그러나 심리 쾌락주의((psychological hedonism)는 자기 이익을 '쾌락'으로 구체화시킨다. 그것은 사람들이 언제나 자기의 쾌락이나 만족 또는 행복을 극대화하려고 행위 한다고 주장한다. 물론 이 때의 행위는 하기를 원해서 하는 행위와 같지 않다. "사람은 언제나 자기가 욕구하는 대로 행위 한다."는 진술에는 그들이 무엇을 욕구하는지가 나타나 있지 않다. 그들은 명예나 재산 혹은 타인의 존경을 욕구하기도 하고, 아니면 타인의 행복을 욕구하기도 한다. 인간은 욕구 주체이긴 하지만 인간의 욕구 대상은 결코 한정 지워지지 않는다.

그렇지만 심리 쾌락주의는 어떤 사람의 욕구 대상이 그의 미래 상태, 특히 쾌락이나 만족 혹은 행복이라고 주장한다. 심리 쾌락주의에 따르면, 나는 무엇이나 다 욕구할 수 있다. 심지어 타인을 도와주는 것까지 욕구할 수 있다. 그러나 내가 그렇게 욕구하는 것은 오로지 내 자신을 위한 쾌락을 얻기 위해서이다. 타인을 도와주는 행위가 나에게 쾌락을 가져다주지 않는다면 나는 그렇게 하지 않을 것이다. 나의 행위는 이타적일 수 있지만 나의 동기는 언제나 자기 이익에 기초한다.

욕구와 욕구 대상은 서로 다르다

욕구와 욕구 대상은 서로 다르다. 이것은 악명 높은 심리 쾌락주의의 문제이기도 하다. 행위 동기가 언제나 자기 이익에 대한 욕구라고 해도, 그 욕구의 대상이 언제나 쾌락이나 만족이라고는 단정 짓지 못하기 때문이다. 내가 와인 한 병을 원한다고 해서 내가 와인을 원하는지 아님 와인을 마시면서 얻는 쾌락인지 불분명하다. 어쩌면 와인을 마심으로써 얻는 쾌락인지도 모르지만, 여전히 내가 원하는 대상은 와인 한 병이다. 물론 심리 쾌락주의에 따르면, 쾌락이 원하는 대상이며, 오로지 쾌락 때문에 내가 와인을 원한다. 그렇지만 배고픈 상태에서 오로지 음식만을 원하는 사람은 사정이 다르다. 그가 원하는 것은 음식을 먹을 때의 쾌락이 아니라 음식 그 자체이다. 그가 몹시 배고프다면, 그는 음식을 먹을 때 얻어질 쾌락에 관계없이 음식을 선택할 것이다. 음식과 쾌락 중에서 하나만 선택하라고 한다면 그는 음식을 선택할 것이다. 음식 맛이 불쾌하더라도 배고픈 그는 음식을 선택하려고 한다. 분명 그가 원하는 것은 음식이며 음식을 먹을 때 쾌락은 뒤따라 나올 뿐이다.

음식에서 쾌락을 얻는다고 함은 먼저 음식을 원한다는 사실을 전제한다. 모든 사람이 다 그런 것은 아니지만 명예를 원하는 사람들도 있다. 그들이 얻으려는 것은 명예이지만, 그렇다고 반드시 그들이 명예를 얻어서 느끼는 즐거움을 원하는 것은 아니다. 때로 그들은 쾌락을 거의 혹은 전혀 얻지 못하면서도 그것을 바란다. 만약 그들이 명예를 얻기를 원하지 않는다면 명예를 얻음으로써 그들은 어떤 쾌락도 얻지 못한다. 명예를 원하지 않는 사람들은 자신들이 명예를 얻지 못함에 별다른 관심을 두지 않기 때문이다. 그러니 욕구 대상은 실상 명예이다. 물론 그들은 쾌락도 원하지만 그렇다고 해서 그들이 명예를 원한다는 사실이 무의미해지지는 않는다. 그렇다면 그들이 원하는 것이란 오로지 쾌락뿐이라는 주장은 맞지 않는다. 왜냐하면 그들은 쾌락을 가져다줄 명예를 원하기 때문이다. 이것으로 쾌락 혹은 만족이 인간 욕구의 단 하나의 대상이라는 견해를 논박하기에 충분한 듯하다. 분명히 링컨은 다음과 같이 잘못된 견해를 믿는 오류를 범했다.

링컨은 언젠가 사륜마차를 타고 가면서 동승한 친구에게, 모든 인간의 선한 행위는 이기성의 발로라고 말하였다. 늪 위에 걸쳐진 통나무 다리를 건너갈 때 그들은 이러한 입장에 대해 치열한 논쟁을 벌였다. 그들이 다리를 건널 때 늙은 멧돼지가, 늪에 빠져 허우적거리는 새끼들을 보고 애처롭게 둑 위에 앉아 있는 광경이 보였다. 낡은 마차가 언덕을 올라갈 즈음 링컨이 소리를 질렀다. "마부, 여기서 잠깐 마차를 세울 수 없겠소?" 마차에서 내린 링컨은 오던 길로 달려가서 새끼돼지들을 늪에서 건져 둑 위에 올려주었다. 그가 돌아왔을 때 그의 친구가 말했다. "보세요, 에이브러햄. 이런 작은 일을 놓고 볼 때 이기성이 어디서 나온단 말입니까?" "도대체 무슨 소리를 하는 겁니까? 이것이 바로 이기성의 본질입니다. 늙은 돼지가 자기 새끼들을 보고 고통스러워하는 것을 그대로 두고 지나쳤다면 나는 결코 마음이 편치 않았을 겁니다. 나는 어린 새끼들을 구해줌으로써 마음의 평화를 얻은 것이 아니겠습니까?"[80]

그러나 링컨의 말에 다음과 같은 응수는 적절하다.

만약 링컨이 새끼돼지와, '고통스러워하는' 어미돼지의 행복에 조금도 개의치 않고 오로지 자기 자신의 '마음의 평화'만을 염두에 두었다면, 그가 어떻게 새끼돼지들을 구해주면서 행복을 얻을 수 있었는지를 설명하기는 어려워진다. 돼지들을 구해준 결과 그가 만족을 느꼈다는 바로 그 사실이 그가 자신의 행복이외의 다른 어떤 것에 대해서도 일찍부터 욕구를 가지고 있었음을 전제한다. 그렇다면 그런 욕구가 충족됨으로써 링컨이 쾌락을 얻게 되었다는 것은 자명한 사실이다. 링컨의 욕구 대상은 쾌락이 아니었다. 오히려 쾌락은 다른 어떤 것에 대해 일찍부터 갖고 있던 욕구의 결과였던 것이다. 만약 링컨이 자신의 주장대로 새끼돼지들의 처지에 전적으로 무관심했다면, 어떻게 그가 그것들을 도와주는 데서부터 쾌락을 얻을 수 있는가?[81]

심리 쾌락주의의 또 다른 문제는 "자기에게 최대의 쾌락. 만족, 즐거움, 행복을 가져다주는 방식으로 행위 하라."는 말이 논리적으로 실현하기 어렵다는 점이다. 사람들은 행복해지려고 결혼하지만, 의외로 불행해지기도 한다. 17세기 독설가 라로슈푸코

(La Rochfoucalut)는 "성공한 결혼은 많아도 행복한 결혼은 무척 드물다."라고 하지 않던가? 무엇이 행복을 가져다줄 것인가에 대한 판단은 잘못 이루어지기가 다반사이다. 그런 만큼 사람들이 언제나 실제로 자신들을 즐겁게 해주는 행위를 한다는 주장은 분명 잘못이다. 물론 그런 행위를 할 거라는 기대조차도 어렵다. 그래서 "자기에게 최소한의 불행을 가져다줄 거라고 생각하는 방식으로 행위 한다."고 조심스럽게 말하는 사람도 있다. 사람은 대체로 자기를 가장 행복하게 만들어줄 거라고 생각하는 일을 하는 경향이 있다. 그러나 어느 한 순간 행복을 가져오리라고 생각했던 것이 오히려 슬픔을 가져오기도 한다.

'내일'을 일반화하기란 어렵다

심리 쾌락주의는 또 다른 문제에 직면한다. 그것은 행복을 극대화하는 행위를 하려면 어느 정도의 기간을 염두에 두어야하는가 이다. 대개 사람들은 언제나 자기에게 쾌락, 즐거움, 만족, 행복을 극대화하리라고 믿는 행위를 하지만 실상 그렇지 못하다. 대부분 최후에 자기에게 돌아올 행복을 그렇게 사려 깊게 생각하지 못한다. 기껏해야 오늘 아니면 내일이 전부이다. 지금 당장의 인생을 즐기려고 일생 동안 누릴 행복을 염두에 두지 않는 듯이 행동한다. 방탕함이 궁핍을 초래하리라는 것을 뻔히 알면서도 쉽사리 자제하지 못한다.

먼 미래의 행복에 따라 행위 한다는 말은 사려 깊음에 대한 과장이기 쉽다. 어느 편이냐 하면 장기적 행복에 대해 사려 깊다는 편보다는 그렇지 못한 편이다. 그렇다고 사람들이 언제나 자기들에게 판단을 내리는 그 순간의 짧은 행복을 가져다줄 행위만을 한다고 말하기도 어렵다. 사람들은 순간적 행복을 포기하면서 훗날 보다 행복한 삶을 누리고자 현시점에서 희생을 감수하는 편이다. 그들은 궂은 날을 대비해서 절약하고 저축한다. 그들은 훗날 안정된 소득뿐만 아니라 높은 지위를 보장받고자, 남들이 놀고 마시는 동안 남몰래 노력하기도 한다. "사랑하는 이여! 지난날의 슬픔과 앞날의 두려움으로 얼룩진 오늘을 잊어버려라. 내일을 보라!" 그렇지만 조만간이냐 아니면 먼 미래냐 아니면 그 중간 정도냐 어느 경우든 사람들이 염두에 두는 '내일'을 일반화하기란 어렵다.

심리 쾌락주의의 가장 큰 문제는 행위의 동기를 쾌락, 즐거움, 만족, 행복으로 한정지을 수 있느냐이다. 예를 들어 문명의 온갖 혜택을 다 누릴 수 있음에도 한 여인이 에이즈환자를 돕기 위해 아프리카의 오지로 들어간다고 상상해보라. 물론 그녀는 자기가 에이즈환자와 접촉하게 되어 비참한 최후를 맞이할지도 모른다는 걸 알고도 그렇게 한다. 그녀는 가정상의 불행을 잊고자 그렇게 하는지도 모른다. 그러나 그렇다하더라도 에이즈환자와 함께하는 생활이란 아무 희망도 없음이 분명하며, 가정상의 불행으로 가출이라면 좀 더 행복해질 수 있는 다른 곳을 선택할 수도 있었을 것이다.

그 여인에게는 다른 사람들, 특히 도움을 필요로 하면서도 아무 도움도 받지 못하는 사람들에게 자비를 베풀겠다는 생각에 더

컸는지도 모른다. 이 같은 생각이야말로 이타적 욕구임에도 심리 쾌락주의에 따르면 절대 그렇지 않다. 실제로 그녀는 다른 사람의 찬사에 마음이 끌렸는지도 모른다. 어쩌면 그녀는 성인의 반열에 오르고 싶었는지도 모른다. 그러나 다른 사람이 전혀 알지 못하고 있으며 다른 사람으로부터 어떤 찬사도 받지 않는다고 해도 심리 쾌락주의의 결론은 마찬가지다. 에이즈환자에게 봉사활동을 하겠다는 생각은 그녀에게 곤경에 처한 사람을 도울 때 특별한 만족을 주는지도 모른다. 그럴 경우 그녀가 그렇게 하는 까닭은 실상 다른 사람을 도와줄 때 혹은 자기가 다른 사람을 도와주고 있다는 믿음에서 나오는 쾌락 때문이다. 다른 사람이 스스로를 도움으로써만 만족을 얻는 반면 그녀는 다른 사람을 도움으로써 만족을 얻는다. 이 점이 그녀를 여느 사람과는 다른 특별한 인물로 만든다. 심리 쾌락주의에 따르면, 실상 그녀는 다른 사람을 돕는 행위를 하고 있는 게 아니라 오히려 그녀 자신의 만족을 위해 행위 한 것이다. 그녀가 다른 사람을 도움으로써 만족을 얻지 못한다면 그녀는 그 일을 하지 않았을 것이다. 따라서 결국 그녀의 행위 동기는 이기적이었다.

그렇지만 심리 쾌락주의의 이러한 주장은 납득하기 어렵다. 어떤 사람이 남을 도와주는 동시에 그로부터 만족을 얻는다는 사실은 그 사람이 만족 자체 때문에 남을 도왔다는 사실을 입증하지 않는다. 시간을 내어 일부러 다른 사람을 도와줄 때 나는 만족을 얻을 수 있지만, 그렇다고 그것이 나의 행위의 이유는 아니다. 만족을 얻으려고 했다면, 나는 그보다 훨씬 손쉽게 많은 만족을 얻을 수가 있기 때문이다. 나는 그저 당신을 도우려다 만족을 얻었을 뿐이다. 그때 나오는 만족이란 부수적 이익일 따름이다. 그럼에도 아프리카 오지에서 봉사활동을 해야 한다고 느끼면서도 그렇게 하지 않는 것은 죄책감에 시달리게 만든다고 심리 쾌락주의는 주장한다. 대체로 사람들은 의무라고 믿는 것을 해야 한다고 생각하면서 하지 못하는 경우에 죄책감을 느끼기 때문이다. 그렇지만 어떤 일을 할 때마다 그 일에 대해 의무감을 느끼는 것은 아니다. 아무도 어떤 일을 하리라고 기대하지도 않고 생각하지도 않으며 나조차도 그것을 의무라고 여기지 않는다면, 그것을 하지 않더라도 나는 일반적으로 죄책감을 느끼지 않는다. 그럼에도 그런 일은 한 것은 단순히 죄책감이나 만족 때문은 아니다.

어쨌든 심리 쾌락주의에 따르면, 만족이 없었다면 어떤 행위도 이루어지지 않는다. 바로 이 주장은 '선결문제 요구의 오류'이다. 내가 만족을 얻지 못했다면 그 일을 하지 않았을 것이라는 사실을 심리 쾌락주의는 어떻게 알 수 있는가? 그렇다는 것은 단순한 추측일 따름이다. 경우에 따라 사람은 만족을 얻으려고 특별히 어떤 일을 한 것이 아님에도 그 일을 함으로써 만족을 얻기도 한다. 또 어떤 경우에는 의무라고 생각하는 일을 하고서도 의무를 이행했다는 만족을 느끼지 못하기도 한다. 많은 사람들이 어떠한 만족을 얻고자 하지 않으면서도 스스로 해야 한다고 믿으면서 하는 일도 적지 않다.

심리 쾌락주의에 대한 반론은 심리 이기주의에 대한 반론과 유사하다. 모든 사람이 언제 어디서나 자기 행복을 극대화하려고 행위 한다는 것을 어느 누구도 장담하기 어렵다. 그럼에도 심리 쾌락주의는 잘 알지도 못하는 사람과 아직 태어나지도 않은 사람을 포함하여 거의 모든 사람이 행위를 할 때에는 언제나 자기의 행복을 극대화하려고 한다고 장담한다. 어떻게든 안다고 장담하는 것이야 말로 성급한 일반화의 오류이다.

경험에 비추어 보면 어떤 사람은 자신의 행복 때문에 행위 하기는커녕, 자신을 불행하게 만들 행위를 하기도 한다. 그는 자기 행위가 자기를 비참하게 만든다는 것을 알면서도 계속 그 같은 행위를 한다. 현재 도박에 푹 빠져서 재산을 모두 날리기 전에 손 털고 일어나지 않는 노름꾼의 경우가 그렇다. 계속 도박을 할 경우 결국 파산하리라는 것을 잘 알면서도 도박을 끝내 멈추지 못한다. 룰렛이 돌아갈 때의 짜릿한 기분은 어쩌면 그의 파산을 보상해주고도 남을지도 모른다. 그렇지만 그가 다른 한 쪽을 충분히 고려하여 룰렛이 돌아갈 때의 기분이 아무리 짜릿하더라도 도박을 하지 않을 때만큼 행복하지 않다는 것을 깨달으면 어떤가?

습관의 힘이란 매우 강력해서 그것은 심리 쾌락주의를 논박하기에 효과적이다. 흡연 여성은 흡연이 자신의 건강을 해친다는 것을 알면서도 금연하지 못한다. 습관은 버리기에는 너무나 힘든 것이다. 습관에 따른 행위가 행복에 어긋남을 알면서도, 쉽사리 습관을 버리지 못하고 늘 하던 대로 습관에 따른다. 습관을 버리기란 매우 어려워서 엄청난 자기훈련과 희생이 따른다. 이러한 사실을 감안하면 심리 쾌락주의는 더는 성립하기 어렵다. 사람이 언제나 자기 자신의 행복 때문에 행위를 한다고 말할 수 없기 때문이다. 사람은 가장 하기 쉬운 일을 하려고 하기 때문이다. 물론 이러한 일반화는 힘든 일을 하는 사람, 말하자면 와신상담하면서 자신의 결의를 굳게 지켜나가는 사람에게는 분명 해당되지 않는다.

물론 사람이 언제나 가장 하기 쉬운 일을 한다는 이론도 문제가 있다. 실상 어떤 사람에게는 가장 하기 쉬운 행위가 다른 어떤 사람을 위한 행위로 여겨지기도 하고, 따라서 가장 하기 쉬운 행위라도 언제나 이기적이지는 않다. 모든 사람이 행위개시 직전에 자신에게 돌아올 행복과 불행의 양을 계산하는 것은 아니다. 오히려 대부분 미래의 행복과 불행을 계산하지 않고서 행위를 한다. 대개 앞으로 생길 행복에 대해 노심초사하지 않고 행위 한다. 행위가 최대한의 행복을 보장해줄 수 있는지의 여부를 따지지 않고서 그럭저럭 살아가는 게 보통이다.

그럼에도 심리 쾌락주의에 따르면 수행된 행위가 나의 쾌락 때문에 이루어진다. 이런 논지에 대한 반대이론은 쾌락 이타주의(psychological altruism)이다. 이론은 모든 행위가 타인의 쾌락 때문에 이루어진다고 주장한다. 그러나 타인의 쾌락이 아니라 나의 쾌락에 대한 동기를 갖고 이루어지는 행위는 허다하다. 유명해지고 싶어 하고 부자가 되고 싶어 하며 명예와 사랑을 얻고자 하는 사람은 많다. 그럼에도 어떠한 행위든지 본질적으로 타인의 행복에 대한 관심으로 동기가 유발된다는 쾌락 이타주의의 주장은 사실과 너무 다르다. 자기 목적을 위해서라면 타인을 함부로 짓밟으려는 사람도 있기 때문이다. 쾌락 이타주의는 어떤 행위에서든지 이타적 동기를 찾을 수 있다는 주장을 내놓는다. 그러나 그런 동기를 우리는 찾지 못하는 경우는 허다하다. 그럼에도 계속해서 어떤 행위이든지 그 배후의 이타적 동기를 찾을 수 있다는 주장은 사실과는 너무 판이하다. 이타적 쾌락주의 이론을 어처구니없어 하는 이유는 심리 쾌락주의를 어처구니없어 하는 이유와도 같다.

심리 쾌락주의는 사람이 오로지 쾌락만을 추구한다는 깊은 편견을 갖는다. 심리 쾌락주의는 어떤 사람이 쾌락을 추구한다는 진술에서 모든 사람이 쾌락을 추구한다는 진술로 비약한다. 그러한 비약은 성급한 일반화의 오류이다. 심리 쾌락주의는 불리한 증거에도 어떤 사람이 어떻게 행위 한다는 바로 그 사실이 그 사람이 쾌락을 추구한다는 사실을 입증한다고 주장한다. 바로 이 주장이 선결문제 요구의 오류이다. 흔히 이런 주장은 논증해야 할 것을 논증하지 않고 그대로 전제함으로서 제기된 문제를 회피한다.

사람들이 언제나 한결 같게 자기의 쾌락, 즐거움, 만족을 추구한다는 것은 분명 사실이 아니다. 그럼에도 심리 쾌락주의가 사실과는 다르게 인간본성을 묘사하려는 것은, 사람이 자기 아닌 다른 무언가의 명령에 따르지 않고 바로 자기 욕구에 따라 행위 할 수 있음을 강조하기 때문이다. 중요한 것은 타인이 아니라 자기라는 점을 심리 쾌락주의는 부각시킨다. 어떤 행위를 하는 것은 자기 욕구에 따르기 때문이지 해야 하기 때문에 하는 것은 결코 아니다.

'자기 이익'은 언제나 미정(未定)이며 미완(未完)이다

 실상 심리 쾌락주의는 쾌락과 '자기 이익'과 동일시하는 편협한 이론이다. 본래 '자기 이익'은 어느 하나의 속성으로 제한하여 정의내리기 어려운 개념이다. '자기 이익'은 저마다 다른 개인이 자기에게 무엇이 이익인가를 판단할 때 사용하는 개념이다. 어느 누구도 스스로의 생명을 보존한다는 점에서, 그리고 생명보존의 수단을 '자기 이익'으로 여긴다는 점에서는 분명 서로 같다. 그렇지만 생명보존의 기본 의식주를 제외하면 그 내용은 저마다 다르다는 점에서 '자기 이익'은 언제나 미정(未定)이며 미완(未完)이다.

 문제는 이 미정과 미완의 개념을 독단으로 정의 내리려는 본질주의의 악령이다. 본질주의는 본질의 실체가 있다고 믿는다. 이러한 믿음을 토대로 본질주의는 '자기 이익'이 가리키는 대상들의 공통 속성이 있다고 주장한다. 본질주의의 악령에 사로 잡혀 이기주의를 비난하는 사람은, '이기주의'의 '자기 이익'에 혐오감을 불러일으키기 쉬운 온갖 요소들을 대입한다. 그 중 으뜸 사례는 '자기 이익'을 '자기만의 이익'으로 다시 정의하려는 시도이다. 그리고 '이익'을 '쾌락'으로 바꿔치기 한다.

 '자기 이익'을 배타적으로 '자기만의 이익'으로 다시 정의하고도 모자라 '이익'을 '쾌락'으로 바꾼다. 그래서 마침내 심리 쾌락주의는 조악한 이론이며 허접한 이론이고 만다. 심리 쾌락주의를 허접한 이론으로 몰고 가는 작업의 배후에는 이기주의를 배척하고 이타주의를 다시 복원하려는 음모가 감추어진 듯하다. 음모의 배후는 다름 아닌 무조건 복종을 요구하는 봉건 사상이다. 그것은 나보다 남을 위해야 한다는 모토로 '나'를 사라지게 만들려는 음모이다. 맹종과 복종은 저마다 '나'의 삶을 구가하는 방법에 대한 성찰을 허용하지 않는다. 이타주의는 맹종과 복종을 최선의 삶으로 명령하고 '자기 이익'에 대한 성찰을 가로 막는다.

　어떤 상황에서 무엇이 나에게 이익인가에 대한 유일한 답은 없다. 그렇다고 해서 어떤 답도 없다는 뜻은 아니다. 중요한 사항은 '나'의 성찰을 통해 나의 답을 구해야 한다는 점이다. 어떤 판단이 최선인가를 그 누구도 확신할 수 없다면 결국 최종 판단자는 '나'이어야 하고 '자기 이익'은 자기가 정해야 할 몫이다. 인생이 미지의 여행이라면 그 여행길을 밝혀주는 불빛은 다름 아닌 '나'의 성찰이다. 이 때 성찰하는 '나'는 어느 한 순간에 한정 지워지지 않는다. 그러니 쾌락이 어느 시점의 쾌락이어야 하느냐는 문제는 성찰하는 '나'로 말미암아 더는 문제가 아니다. 성찰하는 '나'는 현재의 시점에서 과거를 돌아보며 미래를 향하는 '나'이어야 하기 때문이다.

3. 이기주의는 이기주의이다

"당위는 능력을 함축한다."

"자기 이익을 추구해야 한다."는 하나의 당위이다. 바로 이러한 모토는 "인간은 자기 이익에 따라 행위 한다."는 사실을 밝히려는 주장과는 표현상 분명 다르다. 물론 서로 다르다고 해서 서로 무관하다는 뜻은 아니다. 서로 무관할 수 없는 게 이 두 원리이다. 먼저 "자기 이익에 따라 행위 하라."고 요구하기 위해서는, 자기 이익에 따라 행위 할 수 있는 능력이 있느냐 없느냐가 고려되어야 한다. 도저히 자기 이익에 따라 행위 할 수 없는 사람에게 자기 이익에 따라 행위 하라고 요구하고 명령할 수는 없기 때문이다. 무엇을 하라는 당위 원리는 인간의 잠재 능력에 관한 어떤 기본 사실과 도저히 무관할 수 없다.

"자기 이익에 따라 행위 하라."는 명령이 유효하려면, 먼저 자기 이익에 따라 행위 할 수 있는 능력이 있는지를 어떻게든 확인해야 한다. 그러나 이러한 명령은 그런 능력을 확인할 필요조차 없게끔 이미 그런 능력을 전제한다. 어떤 행위를 할 수 있는 능력을 갖는다고는 도저히 생각할 수 없는 사람에게 어떤 행위를 하라고 요구하거나 권고할 수는 없기 때문이다. 어떤 행위를 하라는 당위를 제시할 때 이미 그런 행위의 능력을 전제함으로써 그런 능력의 유무를 확인할 필요조차 없어진다. "당위는 능력을 함축한다."는 저 유명한 구절은 바로 여기에 적용된다.

비단 자기 이익에 따라 행위 할 수 있는 능력뿐만 아니라 실제로 사람들에게 어떤 능력이 있는지를 확인하려면, 사람들에게 어떤 규범이 제시되는가를 면밀히 살펴보아야 한다. 도둑질을 하지 마라는 규범으로부터 이미 인간에게는 도둑질할 수 있는 능력이 있다는 사실을 확인하는 것과도 같은 이치이다. 이제 중요한 것은 현실적으로 자기 이익에 따라 행위 할 수 있는 능력에도 불구하고 사람들이 그렇게 하지 않는다는 사실이다. 이러한 사실로 말미암아 "자기 이익에 따라 행위 해야 한다."는 요구가 비로소 가능하다. "자기 이익에 따라 행위 해야 한다."는 분명 자기 이익에 따라 행위 할 수 있는 능력을 전제한다. 그러나 이 원리는 현재 그렇게 행위 하지 않고 있는 터라 그렇게 할 것을 요구하고 권유하고 명령한다.

생각해보라. 이미 자기 이익에 따라 살아가는 사람에게 또 다시 자기 이익에 따라 살라는 삶의 방식을 제시하기란 어색하다. 언어 사용상, "그는 자기 이익에 따라 살아가는 사람이 아닌" 까닭에 "그는 자기 이익에 따라 행위 해야 한다."는 당위가 성립한다. "인간은 자기 이익에 따라 행위 해야 한다."는 당위의 원리는, 역설적이게도 "인간이 언제나 자기 이익에 따라 행위 하는 것은 아니다"는 사실에서 비롯한다. 자기 이익에 따르지 않은 까닭에 자기 이익에 따라야 한다는 욕구가 성립한다. 이제 "인간이 언제나 자기 이익에 따라 행위 한다."라는 진술이 잘못임이 밝혀져야 한다. 인간은 얼마든지 자기 이익을 추구할 수 있음에도 언제나 그렇게 하는 것이 아님을 드러내야 한다. 때로는 그런 능력을 발휘하기도 하고 그렇지 않기도 한다는 사실을 밝혀야 한다. 그런 능력을 발휘하지 않을 때 그런 능력을 발휘하라는, 이른바 "자기 이익에 따라 행위 하라."는 당위는 등장한다.

대개 윤리 이기주의를 논의할 때 심리 이기주의가 등장한다. 그럼에도 이 둘을 서로 구별하여 심리 이기주의를 심리학의 영역에, 그리고 윤리 이기주의를 윤리학의 영역에 귀속시킨다. 심리적 이기주의는 사람들이 언제나 한결같이 자기 이익의 동기에 따라 행위 한다는 논지이다. 그러나 이러한 논지를 받아들일 때 자기 이익에 따라 행위 해야 한다는 당위적 요구는 사실상 불필요해진다. 이미 자기 이익에 따라 행위하고 있는 사람에게 거듭해서 자기 이익에 따라 행위 하라는 요구는 어색하기만 하다.

그렇지만 심리 이기주의를 받아들이기란 그렇게 쉽지 않다. 그 어떤 심리이론이 인간 행위의 진상을 소상히 밝힐 수 있을까 하는 일반적 의구심으로부터 심리적 이기주의는 결코 자유롭지 못하기 때문이다. 심리 이기주의의 논지대로 인간 행위가 예외 없이 하고 싶었던 행위라고 장담하기 어렵다. 그럼에도 인간 행위를 예외 없이 하고 싶었던 행위로 설명하려는 시도는 성급한 일반화의 오류이거나 선결문제 요구의 오류라는 지적을 받는다. 이러한 반론은 사람들이 언제나 자기 이익의 동기에 따라 행위 하지 않는다는 사실에 초점을 맞춘다. 따라서 이러한 반론을 통해 사람이 언제나 자기 이익을 위해 행위 해야 한다는 윤리 이기주의의 논지가 성립한다. 사람들이 언제나 자기 이익에 따라 행위 하지 않는 만큼 자기 이익에 따라 행위 해야 한다는 당위적 요구가 가능해지기 때문이다. 이렇게 심리 이기주의에 대한 반론과 윤리 이기주의의 논지는 서로를 지지해준다.

그런가하면 다른 한편으로 심리 이기주의에 대한 반론은 윤리 이기주의를 성립하기 어렵게 위협한다. 윤리 이기주의는 이미 인간에게 자기 이익에 따라 행위 할 수 있는 능력을 전제하는 원리이다. 그럼에도 심리 이기주의를 일체 부정함으로써 인간에게 과연 그러한 능력이 있는지가 의심스러워진다. 심리 이기주의를 물리치려는 반론은 사람이 한결 같게 자기 이익에 따라 행위 한다는 논지를 부정함으로써 자기 이익을 추구하는 인간 능력까지를 부정하기에 이른다. 그래서 만약 심리 이기주의를 물리치려는 반론이 정당하다면, 윤리적 이기주의는 자기 이익에 따라 행위 하는 능력을 있는지의 여부도 확인하지 않은 채 무조건 그런 능력을 발휘하라는 무리한 요구처럼 보인다.

윤리 이기주의와 심리 이기주의는 서로 다르지 않다

심리 이기주의는 윤리 이기주의의 논지에 불필요한 중복이기도 하다. 그럴 경우 윤리 이기주의의 관점에서 심리 이기주의는 오히려 없어도 무방한 그런 이론이다. 그런가 하면 심리 이기주의를 물리칠 때 윤리 이기주의는 자칫 자기 이익에 따라 행위 하는 능력을 확인도 하지 않은 채 그런 능력을 발휘하라는 무리한 요구로 비치기도 한다. 이 지점에서 심리 이기주의가 물리쳐야 할 논지이면서도 동시에 물리쳐서는 안 되는 논지가 되고 마는 기이한 현상이 생긴다. 이런 현상은 명확히 구별되기 어려운 두 개의 논지를 서로 다른 영역에 귀속시킨 탓이라고 필자는 생각한다.

실상 심리 이기주의의 핵심은, 인간의 행위에 자기 이익의 동기 말고는 다른 어떤 것도 있을 수 없다는 주장이다. 그 주장은 자기 이익을 추구 하는 존재에게 타인을 위해 자기를 희생하라는 명령이 가당하냐는 의구심의 발로이다. 심리 이기주의의 가장 강력한 주창자로 알려진 홉스(Hobbes)는 자비와 선의를 요구하는 종교의 가르침을 단호히 거부한다.82) 이러한 거부는 어떤 주장에 바탕을 둔 하나의 평가임이 분명하다. 그렇다는 점에서 홉스가 내세우는 심리 이기주의는 자기희생을 해야 할 하등 이유가 없는 만큼 자기 이익의 동기에서 행위 해야 한다는 강력한 권유로 해석해도 조금도 어색하지 않다. 그래서 그의 심리 이기주의는 당위로서 윤리 이기주의와 조금도 다르지 않다. 오히려 그의 심리 이기주의는 윤리 이기주의로 해석해야 마땅하다. 어느 편으로 해석하든 종교적 계율을 단호히 거부한다는 점에서 심리 이기주의와 윤리 이기주의의 구별은 그렇게 명확하지 않다. 그리고 이 양자의 구별은 그렇게 중요한 문제가 아니다. 오히려 문제는 자기 이익을 추구하면서도 또 그것이 정당함에도 그렇지 않다는 듯 은폐하려는 시도이다.

쇼펜하우어(Schopenhauer)는 본래 이기주의의 주창자는 아니다. 그러나 그는 사람들이 그렇게 흠모해마지 않는 칸트(Kant)

가 도덕 원리에 담겨 있는 이기주의를 은폐하면서 도덕 원리를 무조건적 명령으로 위장했음을 지적한다. 쇼펜하우어에 따르면 "이기주의는 모든 의지 작용을 위해 언제나 준비돼 있고 근원적이며 살아있는, 가장 가까이 있는 규범"[83])으로, 이 규범은 어떤 도덕 원리보다 우월하다고 주장한다. 그래서 칸트의 최고 원리 "너의 준칙이 보편 법칙으로서 모든 이성 존재에게 타당하도록 네가 동시에 원할 수 있는, 그런 준칙에 따라 행위하라"에도 이기주의가 은밀하게 스며들었다는 것이다.

쇼펜하우어에 이어 니체(Nietzsche)는 왜 이기적이어서는 안 되는가를 단도직입적으로 묻는다. "'이기적이지 않아야만' 하는가? 그러나 그대 우둔한 자들이여! 그러면 자신을 희생시킨 자가 찬양되는 것은?······다른 도리가 없다. 이웃을 위한 헌신과 희생의 감정, 자기 환멸의 도덕 전체를 가차 없이 해명하고 법정에 세워야 한다. '다른 사람을 위하여'라든가 '나를 위해서가 아니다'라든가 하는 감정에는 너무나 많은 매력과 감미로움이 있어, '그것은 아마도 유혹이 아닌가?'라는 물음을 던질 수밖에 없다. 자, 우리 조심하도록 하자!······"[84])

쇼펜하우어와 니체 모두가 주장하는 바란, 이제부터라도 자기 이익에 대한 관심을 스스로 부인하는 자기부정의 태도를 버려야 한다는 것이다. 종교적 계율에 대한 맹목적 복종과 그에 따른 자기희생은 자기부정의 대표적 사례이다. 특히 이들의 주장에서 심리 이기주의와 윤리 이기주의는 엄격히 구별되지 않는다. 그들이 말하는 이기주의는 당위로서 규범이기도 하고 행위의 동기가 이기적이었다는 사실이기도 한다.

    명백히 구별되기 어려운 심리 이기주의와 윤리 이기주의, 이 둘의 구별은 쉽게 납득할 수 없을 만큼 인위적 구별이다. 그래서 이 둘을 서로 다른 두 개의 논지로 상정하면 서로 양립하기 어렵다. 실제로 심리 이기주의를 강력히 표방하는 이론은 프로이트를 위시한 극히 일부의 심층 정신분석학[85] 에 불과하다. 그럼에도 심리 이기주의에 대한 반론은 심층 정신분석학에 머물지 않을 만큼 포괄적이다.[86] 심리 이기주의에 대한 비판이 이렇듯 포괄적인 까닭도 그 비판이 단지 심리 이기주의만을 표적으로 삼지 않기 때문으로 보인다. 이 반론들이 공허하지 않다면, 그것들이 윤리 이기주의를 제외해 놓은 채, 오로지 심리적 이기주의만을 겨냥한다고는 생각할 수 없다. 이렇게 심리 이기주의와 윤리 이기주의가 확연히 구별된다는 전제는 계속해서 의구심을 불러일으킨다. 이기주의는 이기주의일 뿐이다.

7. 왜 무조건 명령인가?

1. '옳기 때문에 해야 한다'

'자기 이익보다는 올바른 게 더 중요하다'

어떤 행위이든지 그것은 나에게 이익이어야 한다는 당위만큼 중요한 사항은 없다. 그럼에도 어떤 행위가 올바른 행위가 올바르냐 하는 것은 자기 이익과는 아무 상관도 없다는 주장은 오랜 세월 동안 매우 강력한 주장이었다. 올바른 행위가 나에게 이익을 주기 때문에 그런 행위를 하기도 하지만 그렇다고 이익을 준다는 것이 올바른 행위를 하는 이유의 전부는 아닐 수도 있기 때문이다.

왜 내가 어떤 행위를 해야 하는가라는 물음은 그 행위를 해야 하는 이유를 요구하는 물음이다. 많은 사람들이 어떤 행위를 해야 하는 것은 그 행위가 올바르기 때문이라는 의외로 간단한 대답을 제시한다. 상인이 고객에게 부당하게 손님을 속이는 일이 없어야 하는 것은 정직함이 올바르기 때문이다. 설령 손님을 속여서 부당하게 이익을 더 얻더라도 그렇게 하지 말아야 한다. 이익은 올바른 행위를 해야 한다는 당위에 비추어 무관한 사항이다. 누군가를 속이는 일이 설령 막대한 이익을 주더라도 그렇게 하지 말아야 한다. 그렇게 하는 것은 부당하다. 누군가를 속이지 말아야 하는 것은 그것이 올바르지 않기 때문이며 그 밖의 다른 어떤 고려 사항도 필요하지 않다는 것이다. 이 점을 감안하면 플라톤 이래 도덕을 행복과 연관시키는 것은 잘못된 길로 들어선 것이다.

　플라톤은 올바르게 행위 함으로써 정말로 행복을 얻는다는 주장을 『국가』에서 시종 치밀하게 논증했다. 현상의 배후에 놓인 행위 본질을 비롯하여 영혼의 본질과 행위가 이루어지는 세계의 본질을 조금이라도 인식한다면, 올바른 행위로서 행복해진다는 것이다.[87] 반면 플라톤과는 다르게 소피스트들은 올바른 행위가 언제나 이익을 주지는 않는다고 주장하면서 이익을 얻지 못할 경우에는 올바른 행위를 해야 할 어떤 이유도 없다고 주장했다. 소피스트들은 도덕과 이익의 상호관계를 문제 삼은 반면 플라톤은 그렇지 않았다. 플라톤이 그 상호관계를 문제 삼지 않은 것은, 이익에 따르기 보다는 무조건 올바른 행위를 해야 한다는 점이 무엇보다 중요하다고 생각했기 때문이다.

　올바른 행위와 이익의 상호관계는 언제나 중요하다. 그렇다면 올바른 행위라도 이익을 가져오지 못하면 해야 할 하등의 이유가 없다. 그래서 사람들은 자기 이익을 어떤 행위를 하는 단 하나의 이유로 받아들인다. 자기 이익을 주지 않는 일을 해야 하는 까닭으로서 자기 이익을 제시하기란 불가능하다. 자기 이익을 주지 않는 일을 해야 하는 것이 자기 이익 때문이라는 주장은 어처구니없는 모순이다. 그것은 마치 둥근 사각형이 존재한다고 우기는 것과도 같다.

그럼에도 여전히 왜 자기 이익을 중시해야 하는 까닭은 무엇이냐는 물음은 끈질기다. 도대체 '왜 나는 올바른 행위를 해야 하는가?'라는 물음에 그렇게 함으로써 모종의 이익이 나에게 생기기 때문이라는 대답을 해야 하는 까닭은 도대체 무엇이냐는 물음이 계속 나온다. 올바른 행위를 해야 하는 까닭은 자기 이익이 아니라 그 행위가 올바르기 때문이라는 것이다. 어떤 행위를 해야 하는 까닭은 그것이 올바르기 때문이지 다른 어떤 이유도 없다는 것이다.

18세기의 철학자 칸트(Immanuel Kant)는 행위의 올바름과 잘못을 그 결과로 판단할 수 없다고 주장한다. 그의 도덕적 선에 대한 견해는 특이하다. 이른바 의무주의 혹은 법칙주의이다. 그에 따르면 세상에는 결과에 따라 좋다고 여겨지는 것이 있는가 하면, 또 그 결과와 무관하게 무조건 좋다고 여겨지는 '그 자체 선', 혹은 '본래적 선'이 있다. 이 분류에 따르면, 행복은 무조건 선한 것이 아니다. 왜냐하면 내가 과연 행복한가는 내가 처한 상황에 따르기 때문이다. 예를 들면 낙관적 성향, 지능, 출생 시의 환경, 살아가면서 누리는 행운에 따라 다를 수 있기 때문이다. 이

밖에도 감정 절제, 평온한 사유, 냉정함 등은 어떤 때에는 좋은 것이 되기도 하고 또 어떤 때에는 나쁜 것이 되기도 하는 그런 것들이다. 이렇게 조건적으로 선한 것과 다르게 무조건 선하다고 여겨지는 것은 오로지 선의지뿐이라고 칸트는 주장한다.

> 비록 특정한 불운이나 계모의 사악한 품성같이 사악한 섭리로 말미암아 이 의지에는 스스로의 의도를 성취할 만한 능력이 전혀 없다 해도, 또한 이 의지가 아무리 노력을 해도 이루는 것이 없고 다만 선의지만 남는다고 해도, 이 선의지는 여전히 마치 보석과도 같이 그 자체로 빛나며 스스로의 모든 가치를 그 자체에 간직한다. 유용과 무익은 이 가치에 아무 것도 더하거나 뺄 수 없다.[88]

도덕적으로 가치 있는 행위는 오로지 선의지에 따른 행위이다. 그리고 이러한 선의지를 "의무를 이행하려는 단순한 바람이 아니라, 의무를 이행하고자 나의 모든 능력을 동원하려는 것"이라고 칸트는 다시 정의 내린다. 선의지에 따른 행위란 의무를 이행해야 한다는 의무 의식으로부터 나온 행위이다. 도덕적으로 가치 있는 행위란 단순히 내가 하고 싶어서 한 행위가 아니라 나는 해야 한다는 의무감에서 나오는 행위이다.

칸트는 하고 싶어서 한 행위를 경향성에 따른 행위라고 규정하면서 그것을 선의지에 따른 행위와 대비시켰다. 그래서 자기보존을 위한 행위라도 도덕적 가치를 지니기 위해서는 자기보존을 해야 한다는 확고한 의무의식 아래 이루어져야한다는 것이다. 어머니가 자식에게 젖을 먹이는 본능적 활동도 하고 싶어서 이루어진 한 행위이기에 결코 도덕적 가치를 지니지 않는다는 것이 칸트의 견해이다. 그래서 칸트에 따르면 해야 한다는 의무감에서 행위를 했다면 그 행위가 설령 나쁜 결과를 가져 왔다고 해도 도덕적으로 높이 평가받을 만하다. 사람들이 자연스런 경향에서 선의의 행위를 했더라도 그 행위가 칭찬받을 수 없는 것은 물이 아래로 흐른다고 해서 칭찬받지 못하는 것과 마찬가지라는 것이다. 약속 준수도 전적으로 약속을 지켜야한다는 의무감에서 나와야 비로소 도덕적 가치를 인정받는다. 해야 한다는 의무 의식 말고는 도대체 도덕적 가치를 지니는 것은 아무 것도 없다.

의무여! 너 숭고하고도 위대한 이름이여! 너는 사람들이 좋아할 것은 전혀 지니지 않았으면서도 복종을 요구하는구나! 그러나 너는 의지를 움직이기 위해서 사람의 마음속에 자연적 혐오와 공포를 일으키는 협박은 조금도 가하지 않고 오직 하나의 법칙만을 제시할 뿐이다. 그리고 이 법칙은 스스로의 마음속에 들어와서 마지못해 하는 존경을 받는다. 이 법칙 앞에서는 모든 경향성이 은밀히 반항하면서도 침묵을 지키고 만다.

'머리 위에 별이 빛나는 하늘과 마음속의 도덕 법칙'

칸트에게 인간은 짐승과 다른 합리적 존재이다. 합리적 존재란 이성 명령에 따를 수 있는 존재이다. 따라서 나는 이성 명령에 따라 행위 해야 한다. 인간은 이성 명령에 따라 행위 하여 자기 본성을 실현한다. 이성 명령은 단순히 경향이나 생활환경 등과 같은 주변여건에 좌우되는 가언명령이어서는 안 된다. 그것은 어떤 조건도 붙지 않은 "이러이러하게 행위 하라"는 형식의 정언명령이어야 한다.

정언명령은 마치 '네가 대우받으려는 대로 대우하라'는 기독교의 황금률이나 '자기가 원치 않는 일을 남에게 하지 마라'는 공자의 말씀과 비슷해 보인다. 그러나 내용은 같을지 몰라도 형식은 다르다는 게 칸트의 주장이다. 그래서 칸트는 "네 의지의 준칙이 준칙(準則)인 동시에 보편적 입법의 원칙에 맞도록 행위 하라."를 정언명령으로 채택하였다. 그것은 "너의 의지의 준칙이 너의 의지에 의해 자연의 보편적 법칙인 것처럼 행위 하라." 이기도 하다.

무엇을 해야 하느냐라는 물음에 대해 칸트는 정언명령에 따르라는 대답을 한다. 정언명령은 사람들이 저마다 자기 자신뿐만 아니라 다른 모든 사람들이 해야 한다고 생각하는 그런 행위를 하라는 명령이다. 자기가 하지 말아야(혹은 해야) 할 행위를 다른 사람들이 해야 한다(혹은 하지 말아야 한다)고는 도저히 생각할 수 없다는 것이다. 이러한 정언명령에 따라 해야 할 행위란 결국 보편성을 띤 행위이며, 행위 규칙은 보편 규칙으로 바꾸어진다. 따라서 보편 규칙을 얻기 위해 행위자들은 저마다 입장을 바꾸어 생각해보기의 테스트를 시도해야 한다. 갑이 을을 속이면서 을이 갑을 속이지 말아야 한다는 주장은 이른바 역지사지(易地思之)의 역전환 테스트를 통과하지 못한다. 칸트에 따르면, 자살, 이기적 행동, 태만, 거짓 약속은 보편화되기를 의지할 수 없는 행동이다. 이러한 행동은 서로 역전환이 이루어질 수 없다. 예를 들어 거짓 약속이 보편화될 때 약속의 목적은 사라지고, 또 약속을 믿는 사람이 없어지므로, 약속 자체가 불가능해진다는 것이다.

칸트의 정언명령은 행위 규칙의 보편성을 요구하는 것에 그치지 않는다. 그것은 다른 사람을 자기와 똑같은 의지와 욕망을 가진 존재로 생각하여 대응해야 한다는 것을 요구한다. 자기가 존중받아야 한다면 다른 모든 사람들도 자기처럼 존중받아야 한다, 칸트는 어느 누구보다도 인간의 존엄함을 강조한 철학자이다. "다른 사람들을 그들 자신으로 목적으로 대하라. 결코 목적을 위한 수단으로만 대하지 말라."는 정언명령의 또 다른 표현이기도 하다.

칸트에 따르면 인간은 자연 속에서 특별한 위치를 차지하는 존재이다. "우리의 머리 위에 별이 빛나는 하늘과 우리 마음속의 도덕 법칙"이라는 그의 비문은 인간이 정언명령을 따르는 존엄한 이성적 존재임을 보여준다. 정언명령은 사람들이 다른 사람들에게 금지된 행동이 자기에게는 허용된다고 생각하지 말아야 하며 또 자기의 이익이 다른 사람들의 이익보다도 더 중요하다고 생각하지 말아야 한다는 것을 요구한다. 뿐만 아니라 다른 사람을 자기 욕망의 수단으로만 이용하지 말아야 한다는 것을 요구한다. 정언명령은 만인이 평등하다는 인간의 존엄함과 민주주의 원칙 두 가지 모두에 도덕 근거를 제시한다.

2. '현상계' vs. '물자체'

사람은 '있는 그대로 세계'를 도저히 알 길이 없다

칸트의 의무주의는 그의 지식론에서 나온다. 지식론이란 인간 지식에 관한 이론으로서 '인식론' '지식철학'으로도 불린다. 칸트 지식론의 핵심은 '있는 그대로 세계'와 '보이는 대로 세계로 나누는 이분법이다. 칸트의 지식론에 따르면, 사람은 '있는 그대로 세계'를 도저히 알 길이 없다. 사람이 아는 세계는 사람에게 보이는 세계일 따름이다. 그것은 곧 '보이는 대로 세계'일 따름이다. 바로 이 '보이는 대로 세계'가 내가 아는 세계이다. 보이는 대로 세계 그 너머 '있는 그대로 세계'를 사람은 도저히 알 길이 없다. 있는 그대로 세계는 상상의 세계일 따름이다. '보이는 대로 세계'는 인식 가능한 세계로서 현상이며, '있는 그대로 세계'는 물자체이며 예지계이다. 현상에 적용 가능한 법칙을 현상 너머 물자체 혹은 예지계까지 적용시킬 수는 없다.

현상을 물자체와 구별하고 이 모든 가시적 세계를 현상이라고 선언하고 가시적 법칙들을 현상 너머까지 적용시켜서는 절대 안 된다는 이론이 칸트의 가장 큰 업적이라고 쇼펜하우어는 주장했다. 칸트의 이러한 업적을 "주관 없는 객관은 없다."로 단순 명료하게 쇼펜하우어는 요약한다.[89]

인과적 필연과 자유는 서로 양립 가능하다

 칸트의 이분법은 현상과 물자체, 혹은 주관과 객관을 가른다. 그러나 칸트의 이분법은 마침내 인간이 두 영역에 속하는 운명을 겪게 만든다. 이분법에 따라 인간은 현상의 감각적 세계에 속하면서 다른 한편 물자체의 예지계에 속하는 존재이다. 이 두 영역에 동시에 속하는 인간에게 자유와 도덕적 책임을 부여하려는 논의가 칸트의 윤리학이다. 칸트는 인간의 육신은 다른 물리 세계의 물질처럼 인과적으로 결정되면서도, 다른 한편 인간은 이성적 존재로서 여전히 자유로운 존재로 묘사한다. 그는 자유롭고 이성적인 존재로서 인간을 오로지 경험적 인과 관계에서 파악할 수 없다고 주장한다.

 현실적으로 외부 원인이 어떤 결과를 초래한다. 이른바 경험 특성이다. 반면 어떤 결과의 최후 근거는 사물의 본질 자체이다. 이른바 예지 특성이다. 경험 특성에 따른 고유한 성품을 지니면서도 인간은 본질 자체에 따른 예지 특성을 지닌다. 주어진 현실 상황을 감안하면 하나의 결단과 행위만이 가능한 듯이 보인다. 현실의 경험 세계에서 이루어지는 결단과 행위는 불가피한 듯이 보인다. 그렇지만 현실과 차원이 다른 예지계를 감안하면 다른 결단과 다른 행위가 가능해진다. 경험 세계에서 행위자에게는 다른 행동이 이루어지기 어려운 듯이 보이지만 그럼에도 그가 다른 사람이었다면 그에게 다른 행동이 이루어질 수 있었다.

 칸트에 따르면, 감성계의 주관은 무엇보다도 먼저 경험 특성을 지닌다. 경험 특성으로 주관의 행위는 현상으로서 자연법칙에 따른다. 그런가 하면 사람은 감성계의 주관에 경험 특성 말고도 예지 특성을 지닌다. 이 특성으로 주관은 분명 '현상으로서 자기 행동'의 원인이지만, 반면 예지 특성은 감성의 어떤 제약에도 종속하지 않는다. 칸트는 "경험 특성을 현상 중에 있는 사물(경험 자아)의 특성이라고 하고, 둘째 특성을 '물자체의 특성'(자아 자체)이라고 한다." 90) 인과적 필연성과 자유의 양립가능성에 관한 칸트의 논의는 인간 통찰력의 모든 업적에서 가장 위대하다고 칭송받는 부분이다. 91)

칸트의 논의에 따르면, 인간에게는 악의 자연적 경향이 존재한다. 이 경향 자체는 결국 자유로운 의지 안에 놓인다. 따라서 그에 대해 책임을 물을 수 있다. 그것은 도덕적으로 악하다. 이 악은 모든 준칙의 근거를 허물어뜨릴 만큼 근본적이다. 그것은 자연적 경향으로서, 인간의 힘으로는 뿌리 뽑지 못한다. 그럼에도 악의 성향은 자유롭게 행위 하는 존재로서의 인간 안에서 찾을 수 있으므로, 그의 극복은 가능하다. 92)

인과적 필연성과 자유의 양립가능성에 관한 칸트의 통찰이 특히 돋보이는 까닭은 그것이 곧 '인간의 존엄함'에 대한 통찰이기 때문이다. 칸트는 인간 존엄함을 무엇보다 중시하면서, 그것을 도덕의 근거로 삼았다고 해도 과언이 아니다. 도덕은 곧 인간의 존엄함이고 인간의 존엄함은 곧 도덕이다.

3. '가면무도회'와 '무지의 자식'

'휘황찬란한 칸트의 언사는 위선이다.'

인간의 존엄함만큼 사람들이 소중하게 여겨온 개념도 드물다. 그러나 그만큼 소중하다는 것은 역설적으로 인간이 오히려 언제든지 경멸받는 존재로 전락하기 쉽다는 사실을 드러내는지도 모른다. "'인간 존엄함'의 개념은 죄성(罪性)에 물든 의지와 편협한 정신, 지치기 쉬운 신체를 소유한 나약한 인간 존재에게는 다만 반어적일 따름"이라고 쇼펜하우어는 비웃는다. "그런 만큼 "인간을 증오하거나 경멸하지 않도록 하려면 이른바 '인간 존엄함'을 주장하기 보다는 반대로 공감에 대한 호소야말로 유일하게 타당한 입장이다."

"문명사회에는 기사, 성직자, 군인, 박사, 변호사, 사제, 철학자 온갖 사람이 들끓는다. 그러나 그들의 실재와 외양은 다르다. 그들이 무엇으로 불리든 그것은 가면에 불과하다"[93] 쇼펜하우어의 조롱은 여기에 그치지 않는다. '실천 이성의 윤리 규범' 및 '의지의 자유'는 '늙은 여편네의 철학', '치마폭의 철학'에 지나지 않는다.[94] 인간 존엄성을 강조하는 휘황찬란한 칸트의 언사는 모두가 위선이라고 쇼펜하우어는 판정한다. 위선이 아니더라도 다음과 같은 반론을 피하기는 어렵다.

1. 칸트는 선의지를 본래 선하다고 정의하면서 선의지에 따른 행위만이 도덕적 가치를 지니며 그 행위의 결과는 아무런 상관이 없다고 주장하였다. 그러나 그는 도덕법칙의 보편성을 논의하면서 거짓 약속이 보편화되면 약속이라는 제도가 깨어지고 사회적 혼란이 야기된다고 하였다. 그러나 그는 여기서 어떤 행위의 도덕적이냐의 여부가 그 행위의 결과와 무관할 수 없음을 인정하는 셈이어서 순수한 의무주의자로 간주하기가 어렵다.

2. 칸트는 의무의 절대성을 강조하여 무조건적 명령의 형태를 중요시하지만 현실에서 두 개의 의무들이 서로 충돌하는 경우가 많이 비일비재하다. 그런 경우 칸트는 어느 의무가 더 중요하며 또 어떤 의무를 먼저 이행하여야 하는지에 대해 어떤 명확한 답변을 제시하지 않는다.

3. 보편화가 이루어질 수 있는 준칙이라고 해서 모두 도덕 법칙으로 만들어질 수는 없다. 예를 들어 "홀로 어둠속에 있을 때에는 휘파람을 불어라"와 같은 자기의 지침이 보편성을 띠는 법칙이기를 바랄 수는 있어도 그것이 보편성을 띤 규칙으로 성립하지는 않는다.

4. 준칙을 보편화하는 과정에서 나는 어떻게 다른 사람의 입장이 될 수 있을까? 칸트의 정언명령은 자기 자신의 어떤 물음을 자기의 물음이 아니라 다른 모든 사람의 물음으로 간주하라는 요구이다. 그것은 나 자신이 다른 사람의 어떤 처지에서 무엇을 할 것인가를 성찰하라는 요구이다. 그러나 실제로 그 누구도 그렇게 할 수 없는 노릇이다. 여전히 '나'는 '나'로 남을 따름이다.

어떤 백인은 아프리카인에 대해 다음과 같이 말할지도 모를 일이다.

"부족사회에서 양육된 아프리카인은 나와 다른 도덕관을 가질 수밖에 없고, 문화와 교육 등 유럽식의 기준을 인정하지 않는다. 그들은 조금이라도 도덕적 배려를 받을 가치를 지니지 않으며, 오로지 백인 주인의 재산으로 취급되어야 한다."

이렇게 말하는 백인에게 과연 "아프리카인의 처지에서 생각해볼 수는 없을까요?"라고 요구한다는 것은 거의 불가능하다. 백인과 아프리카인이 서로 다른 처지가 되어보기를 요구하는 것은, 범법자와 재판관이 서로 다른 처지가 되어보기를 요구하는 것만큼이나 불가능하다.

경향과 의무의 이분법은 인간의 자아를 분열시킨다

5. 칸트의 의무주의는 인간의 경향성과 의무감이 언제나 서로 다른 길로 인간을 끌고 간다는 전제에서 나온다. 그러나 내가 하고 싶어 하는 행위가 내가 해야 하는 행위와 일치하는 경우도 많다. 그럴 경우 나는 의무감에서 행위 하기보다는 경향성에서 행위 하는 것으로 보아야 한다. 뿐만 아니라 경향성과 의무감을 한 사람의 내면에서 명확하게 구별해내기란 불가능하다. 오히려 의무를 이행하려고 하는 태도 역시 경향성의 한 형태라고 생각해야 한다. 칸트는 의무감과 경향성을 서로 나누어 인간의 자아를 경향성과 의무감으로 나누어 분열시킨다는 비판을 면하기 어렵다.

아리스토텔레스에서 듀이(John Dewey)에 이르기까지 많은 철학자들은 '의무에서 나오는 행위'란 인간의 도덕적 성숙의 최종 단계는 아니더라도 한 단계일 따름이라고 논의해왔다. 내가 언제나 남의 물건을 훔치고 싶은 마음임에도 오로지 의무감으로 억제되는 경우와 훔치고 싶은 마음이 아예 없어서 다른 사람의 물건을 훔치는 일이 전혀 일어나지 않는 경우를 비교해서 당연히 후자가 더 낫다. 도덕적으로 성숙해져가는 초기 단계에서 나는 아무렇게나 행위 하려는 유혹에 저항해야 하겠지만 스스로 훈련을 통해 무엇이 진정으로 나에게 이익인가를 성찰함으로써 마침내 도둑질을 할 마음을 더 이상 갖지 않게 된다. 이런 경우 도둑질하지 않은 것은 나는 의무감 때문이 아니라 그렇게 하고 싶었던 경향성 때문이다. 격렬한 내면의 갈등을 겪은 후 경향성을 능가하는 의무감을 갖기보다는 행위를 할 때 유혹과 번뇌의 갈등을 겪지 않는 편이 훨씬 바람직하다. 도덕적으로 성숙해지기 전에 나는 이런 고뇌를 겪을지도 모른다. 그렇지만 시간이 흐름에 따라 나는 변화해간다.

엄청난 노력을 기울여 의무감에서 하는 행위도 고귀하지만 애당초부터 사악한 행동에 대한 경향을 극복하여 그 경향에 저항할 필요조차 없는 행위가 더욱 고귀하다. 경향에 저항할 필요조차 없이 이루어진 행위가 더욱 고귀한 것은 그런 행위가 그렇지 않은 행위보다 더 신뢰받을 수 있기 때문이다. 어떤 사람은 방화할 어떤 경향도 같지 않기에 그런 생각을 꿈에도 하지 않는 사람이지만, 다른 사람은 늘 방화하고 싶은 충동에 사로 잡혀있지만 의무감 때문에 그렇게 하지 않는 사람을 가정할 때 나는 당연히 첫 번째 사람에 신뢰감을 가진다. 두 번째 사람은 그의 경향에 압도되어 충동에 따라 나의 집에 불을 지를지 모르기 때문이다. 아예 애당초부터 방화의 경향성을 갖고 있지 않은 사람에게 의무감이란 자기 "경향성을 압도하지 못할 때나 어울리는 값비싼 장신구에 지나지 않는다." 95) 의무감은 사람들에게 신뢰감을 주지 못한다. 의무감은 매우 변칙적인 반면 경향성은 대체로 일정하다. 의무감은 주입되어야 하고 확인되어야 할 행위 기준이다. 그러지만 흄이 지적하듯이 의무감과 대비를 이루는 "인간의 자연적 경향성은 인간에게 끊임없이 영향력을 행사한다. 그것은 인간의 마음에 항상 나타나서 어떤 생각 어떤 견해와도 결합한다. 경험에 비추어 볼 때 극히 일부분의 자연스런 정직과 선의가 신학 이론과 체계가 제시하는 거창한 견해보다 인간 행위에 훨씬 더 많은 영향력을 행사한다는 것은 틀림없는 사실이다." 96)

의무감이 자연적 경향보다도 더 높다는 생각보다 더 위험스러운 것은 한편에서 의무감과 다른 한편의 경향, 이 두 요소의 갈등을 도덕적 갈등 상황으로 서술하려는 생각이다. 이런 생각은 결코 바람직하지 못하다. 의무에서 나오는 행위는 결국 내가 해야만 한다고 생각하는 행위를 하려고 하는 경향에서 나오는 행위이기 때문이다. 그렇다면 문제의 도덕적 갈등은 의무감과 경향 사이의 갈등이 아니라 어느 하나의 경향과 다른 경향 사이의 갈등이라는 해석이 가능해진다.

갈등이란 곧 경향 사이의 갈등이라는 해석에 따르면, 의무에서 나오는 행위가 정녕 나의 의무가 아닐 수도 있다는 반론이 얼마든지 가능하다. 나는 의무에서 행위를 한다고 믿지만 나의 행위는 다른 사람들이 생각하기에 결코 의무에 해당하는 행위가 아닐 수도 있기 때문이다. 그렇다면 "도덕 행위자가 그의 의무를 행하여야하는가 아니면 진실로 의무라고 믿는 것을 행해야 하는가?"는 부질없는 물음이다. 당연히 의무를 행해야 한다고 칸트주의자의 대답도 부질없다. "나는 내가 했던 행위를 의무라고 확신하지만 과연 그것이 나의 의무였던가?"의 물음이 여전히 가능하기 때문이다. 97)

칸트의 정언명령은 십계명을 차용한 신의 명령이다

칸트의 윤리학은 사회 성원이려고 하는 의지와 개인의 이기적 욕구를 대비시킨다. 칸트는 인간본성을 한편으로는 동물과, 다른 한편으로는 거룩한 의지와 대비시킨다. 인간은 '순수한' 실천 이성과 '순수하지 않은' 경험적 신체의 이중 본성을 지닌다.98) "왜 도덕적이어야 하는가?"의 물음에도 그는 모두가 순수한 실천 이성에 따라야 하기 때문이라고 대답한다. 그렇지만 이기주의자도 칸트처럼 주장하는 것은 얼마든지 가능하다. 순간적 만족에 사로잡히지 않고서 먼 미래를 내다보면서 자기에게 무엇이 진정으로 이익인가를 깊이 생각할 수 있기 때문이다.

칸트의 의무주의는 실상 이기주의에 기초한다. "네 이웃을 네 몸처럼 사랑하라."는 말은 자신의 사랑을 먼저 전제해야 다른 모든 사랑을 끌어낼 수 있다는 말 아닌가? 아무리 이타적 행위로 보이더라도 그 이기적 동기를 간과하기 어렵다. 그리고 이 이기적 성향을 바꾸기도 어렵다. 그것은 어쩌면 타고난 성향인지도 모른다. 오히려 이 이기적 성향을 직시해야 한다. 순간적 만족보다는 장기적 만족이 가져다줄 이익이 더 크다는 사실을 직시해야 한다. 작은 이익보다는 큰 이익을 얻고자 하면 그러한 사실을 외면할 수는 없다. 가령 재산과 건강 같은 장기적인 행복을 염두에 두고서 향기로운 와인, 화려한 의복, 멋진 여성 등의 유혹에 맞닥뜨린 상황에서 저항은 얼마든지 가능하다. 이기주의가 문제는 아니다. 문제는 어떤 방법으로 자기 이익을 극대화할 수 있는지를 명확히 알 수 없다는 점이다. 문제는 현재를 살아가기와 먼 미래를 계획하기, 이 둘 사이에서 적절한 균형을 잡기이다.

칸트의 최고 원리는 "남이 네게 행하지 않는 것을 원하지 않는다면, 너도 그것을 남에게 행하지 마라"의 변형인 셈이다. 쇼펜하우어에 따르면, "이 원리는 너무 많은 것을 증명하고 요구하는 원칙으로 보인다. 예를 들어 범법자가 재판관에게 그렇게 말했다고 생각해보라, 서글프게 들릴지 모르지만 정의와 인간애는 궁극적으로 이기주의에 뿌리박고 있다."99) 칸트의 도덕 원리는 결코 정언명령이 아니라 이기주의에 기초한 가언명령이다. 칸트의 정언명령은 이기주의를 은폐하면서 "네 이웃을 사랑하라."는 무조건적인 십계명의 형식으로 위장했을 따름이다100)

칸트의 정언명령은 그 내용상 이기주의이며 형식상 십계명을 그대로 차용한 신의 명령일 따름이다. 칸트는 이 두 가지를 모두 끝내 숨기려고 했다. 쇼펜하우어는 칸트를 자기를 신비화하는 한 남자, "가면무도회에서 저녁 내내 가면 쓴 미녀의 사랑을 얻으려는 망상에 사로 잡혀, 그 미녀가 자신의 아내라는 것을 알아챌 때까지 그녀와 사랑을 나누는 남자"에 비유한다.101)

칸트의 의무주의는 인간의 자연스런 욕구에 맞서는 인간의 도덕 능력으로서 이성을 내세운다. '나'의 자연스런 욕구를 이성으로 억눌러야 인간의 존엄함을 유지할 수 있다는 것이 칸트 의무주의의 핵심이다. 그러나 칸트의 의무주의는 어떤 종류의 증명에도 관심이 없는 무조건적 명령이다. 칸트는 그가 구성하고 옹호하려고 했던 그 당시의 도덕적 전통이 진리임을 입증하려고 하지 않았다. 그는 그 도덕적 전통을 분석하여 그 전통에 따르기를 요구할 뿐이다. 그는 그가 살던 당시의 도덕 전통의 핵심 개념을 체계적으로 연관시키고 통합하여 하나의 최고 원리인 정언명령을 제시할 뿐이다.102)

쇼펜하우어에 따르면, 이성에 바탕을 두는 의무주의의 그 기원은 플라톤이다. '쾨니히스베르그의 그 늙은 고집쟁이'103)라고 부르면서 쇼펜하우어는 칸트를 욕구와 이성을 대비시키는 플라톤에 견준다. "칸트의 학설을, 또한 칸트 이래 플라톤을 한번 만이라도 제대로 이해하고 파악한 적이 있다면, 그리고 칸트가 만든 전문용어들을 함부로 지껄이거나 플라톤의 문제를 어설프게 흉내 내는 대신 이 두 사상가의 학설이 갖는 의미와 내용을 충실하고 진지하게 숙고해보았다면 분명 이미 오래 전에 이 위대한 두 현자의 생각이 얼마나 일치하는가를, 그리고 그 두 학설의 본연의 의미와 목표는 전적으로 동일하다는 사상을 발견했을 것이다."104)

칸트는 플라톤과 유사하다는 데 그치지 않는다. 칸트는 덕과 행복 사이의 관계를 숙고하면서 노골적으로 신과 영혼 불멸을 끌어 들인다. 칸트에 따르면 현실에서 덕이 항상 행복을 보장하지는 않는다. 오히려 악한 자들이 잘 사는 경우가 흔하다. 그래서 그는 덕과 행복의 일치시키려고 '영혼 불멸'을 내세우고, 이 불멸의 존재들 모두에게 적절한 보상을 해줄 '최상선'으로서 신이 반드시 존재해야 한다고 주장한다. 의무를 어떤 이익과도 연관시키지 말아야 한다는 주장과는 사뭇 모순적이다. 칸트는 '영혼 불멸'과 '신의 존재'를 도덕의 성립을 위한 '실천 이성의 요청'이라고 불렀다. 105)

실상 칸트의 윤리학은 특정 종교의 각색이며 윤색이었다. 그는 초월적인 존재로서 신을 '이성'으로 바꾸었다. 신의 명령을 '이성의 명령'에 따른 '도덕 법칙'으로 만들었다. 신의 명령을 '정언명령'으로 꾸몄다. 인간이 '신의 형상으로 창조되었음'은 인간이 '보편이성과 자유 의지를 보유함'으로 뒤집었다. 마침내 정언명령은 실천 이성의 따른 보편 도덕 법칙으로 완성되었다. 쇼펜하우어에 따르면, 칸트가 도덕 근거로 제시하는 내용이 오랫동안 "윤리학의 확고한 기초로 여겨졌지만, 이제 그것도 부적당한 가정이자 신학적 도덕의 단순한 변장이라는 것이 밝혀졌다" 106)

칸트의 윤리학은 의무론으로서 오로지 명령 형식에서 파악하고 인간 행위의 도덕적 가치의 유무를 오로지 의무 이행의 여부로 생각한다. "이러한 생각은 바로 신학적 도덕, 바로 모세의 십계명에서 유래하는 것임을 부인할 수 없다."고 쇼펜하우어는 지적한다.107) 이러한 생각은 인간이 다른 존재에 의존하고 있음을 그대로 보여준다. 그 다른 존재는 인간에게 명령하고 보상하고 처벌하는 존재이다.

칸트의 윤리학은 '하나의 도덕 전통을 표현하는 도덕철학'이다. 그 도덕 전통이란 다름 아닌 유대 기독교 전통이다. 칸트의 윤리학은 바로 그 유대 기독교 전통에 합리적 토대를 마련하려는 '신학적 도덕'이었다.108) 바꾸어 말하면 칸트 철학은 유대 기독교에 뿌리박고 있는 도덕적 신학이었다. 주지하듯 신학은 신에 관한 연구이며, 종교는 신의 명령 체계가 아닌가? 신의 명령체계를 문제 삼는 까닭은 그것이 무조건의 복종을 요구하는 체계이기 때문이다. 칸트의 윤리학은 세속적 신학이거나 아니면 신학적 도덕으로 보인다는 비단 쇼펜하우어만의 지적이 아니다. 마크 존슨에 해석에 따르면, 칸트의 윤리학은 전통적 유대 기독교적 가치들을 비신학적 용어로 다시 윤색하고 각색했다.

유대 기독교의 전통에 바탕을 두고 있는 칸트 윤리학은 오래 전부터 윤리학에 깊고도 넓은 그림자를 드리웠다. 20세기부터 21세기 걸쳐 이 세속적 신학 혹은 '신학적 도덕'을 내세운 종교주의는 윤리학의 탈을 쓴 채 화려한 전성기를 구가하는 실정이다. 그러나 쇼펜하우어는 "종교는 무지의 자식"109)이라고 힐난한다. 이 '무지의 자식'은 명령에 대한 무조건 복종을 요구할 뿐 왜 복종하는가에 대해 성찰하지 않으려고 한다. 명령 복종의 체계는 무엇이 자기 이익이며 자기 이익이어야 하는가에 대한 진지한 성찰을 요구하는 이기주의를 철저히 배격한다. 오히려 자기 이익을 추구하는 이기주의를 피상적 이론으로 죄악시 한다. "인류 발전의 가장 큰 장애 중 하나는 사람들이 가장 현명하게 말하는 사람들의 말이 아니라 가장 크게 말하는 사람들의 말을 듣는다는 것이다"110)는 쇼펜하우어의 말은 의미심장하다.

8. 어떻게 인류 전체의 행복인가?

1. '최대 다수 최대 행복'

그 누구도 미래의 결과를 정확하게 모두 예측할 수 없다

"자연은 인류를 쾌락과 고통이라는 두 군주의 지배아래 두었다. 무엇이 올바르고 그른지에 대한 판단은 그 군주의 권위에 따른다." [111] 벤담(Jeremy Bentham)의 주장이다. 이런 기치 아래 공리주의(utilitarianism)는 "최대 다수의 최대 행복"을 추구한다. 행복이 좋은 것이다. 그렇다면 그것을 마땅히 극대화해야 한다는 주장이 곧 공리주의다. 그러나 행복을 극대화하려면 나의 행복에 대한 관심만으로는 부족하다. 그 행복을 누리는 범위를 나의 이웃, 내가 사는 사회, 나의 국가, 전 인류를 포함하여 행복을 누릴 수 있는 모든 존재에로 넓혀나가야 한다.

공리주의의 기본 원칙은 "선을 극대화하라."이기도 하다. 극대화해야 하는 선은 행복뿐만 아니라 이익, 결과 등이기도 하다. 이러한 공리주의의 원칙에 따라 마땅히 해야 할 행위는 행위와 관련된 사람 모두를 위해 가능한 한 최선의 결과를 산출하는 행위이어야 한다. 그러나 문제는 그 누구도 미래에 일어날 일에 대해 장담하지 못한다. 세상은 한치 앞을 분명하게 내다보기 힘든 그런 곳이다. 그 누구도 미래의 결과를 정확하게 모두 예측할 수 없다. 미래의 결과를 정확히 예측할 수 없는 만큼 최선의 결과를 가져올 의무 이행은 운이 좋으면 몰라도 현실적으로 불가능하다. 그렇다면 마땅히 해야 할 의무는 정말로 최선의 결과를 가져다주는 행위가 아니라 최선의 결과를 가져다줄 거라고 생각하는 행위이어야 한다.

그렇지만 최선의 결과를 가져다줄 거라는 생각하는 행위도 결코 만족스럽지 못하다. 그것은 사람이란 온갖 괴상하고도 어리석은 일을 진지하게 생각하기도 한다. 또 극악한 무지의 상태에서 최선의 결과를 가져올 거라고 확신하기도 하기 때문이다. 질병에 걸린 어린 아이를 몹쓸 악령에 시달린다고 진단하여 그 악령을 몰아내려고 온갖 주술을 행하기도 한다. 그러한 주술이 최선의 결과를 가져올 거라는 믿음은 오늘날 받아들여지기 어렵다.

공리주의에 따라 마땅히 해야 할 행위는 실제로 최선의 결과를 가져다줄 행위도 아니며, 또 최선의 결과를 가져다줄 거라고 생각하는 행위도 아니다. 미래를 내다보면서 행위의 결과가 충분히 알려지기도 전에 행위는 이루어지고야 만다. 실제 결과는 행위가 끝난 후에야 제대로 파악할 수 있는 그런 것이다. 그렇다면 마땅히 해야 할 행위란 확률상 최선의 결과를 가져다줄 행위이다. 행위의 순간 적절한 최선의 증거에 입각해서 최선의 결과를 가져올 것 같은 현명한 행위가 마땅히 해야 하는 행위이다. 그러나 여전히 문제는 현명한 행위가 무엇인가이다. 공리주의에 따르면 인류 전체의 이익 극대화가 곧 현명한 행위라는 것이다.

공리주의자에게는 어떤 행위가 최선의 결과를 가져다줄 것인가를 숙고하는 사려 깊음이 무엇보다도 중요하다. 물론 미래에 결과에 대한 정확한 계산을 하기란 불가능하다. 때로는 계산을 하지 않고 결단해야 한다. 그렇지만 공리주의자가 보기에 사람들 대부분은 너무 많이 생각하기보다는 차라리 너무나 적게 생각하면서 경솔하게 행위를 하는 경향을 보인다. 또 생각을 하더라도 어떤 일면에 너무 치우쳐서 그 나머지를 도외시하거나 혹은 그들에게 중요하다고 여겨지는 어떤 목적만을 생각한다. 어느 경우이든 목적 달성에 유용한 수단을 강구하는 데에는 충분한 시간을 들이지 않는다. 그들은 즉시 '행동에 옮겨놓고' 나서 더 좋게 행위를 할 수 있었다는 후회를 하기 일쑤이다.

일례로 암묵리에 지키고 살아가는 도덕 규칙은 어떤 경우에는 공리주의 원칙에 따라 지킬 필요가 없는 듯이 보이기도 한다. 공리주의의 원칙이 규칙의 준수와 부합하여야 함에도 그렇지 않는 것처럼 보인다. 대개 일상 모든 규칙은 대략의 규칙(rules of thumb)이다. 규칙의 준수가 때로 선을 극대화하기도 하지만 언제나 그런 것은 아니다. 그렇지 않을 경우에 규칙 준수의 이유는 없어진다. 그렇지만 어떤 도덕 규칙이 실제로 선을 극대화할 수 있는지의 여부는 금방 드러나기도 하지만 어쩌면 오랜 세월이 지난 뒤에 드러나기도 한다. 규칙의 준수가 공리주의와 상충하는 경우 어느 편이어야 하느냐는 쉽지 않은 문제이다.

공리주의자 무어(G .E. Moore)에 따르면112) 지금 당장 최선의 결과를 주지는 않을지라도 전반적으로 도덕 규칙의 준수는 최선의 결과를 가져다준다. 도덕 규칙은 역사의 검증을 거친 규칙이기 때문이다. 규칙을 준수해야 하는 까닭을 다음 네 가지로 제시함으로서 공리주의자는 스스로가 사려 깊음을 미덕으로 삼는다는 점을 충분히 보여준다.

왜 사려 깊어야 하는가

1. 내가 처한 상황이 규칙에 대한 예외상황이라고 단정할 수 있을 만큼 나는 모든 결과를 충분히 알지 못한다. 거의 대부분 규칙을 지키는 편이 효과적이라면, 어떤 특별한 경우 그 규칙을 어기는 것이 잘못일 확률은 무척 높다. 개별적인 판단의 결과와 그 가치에 대한 불확실성의 정도는 매우 높은 만큼 나의 판단이 일반적 판단을 뒤집을 수 있는지 의심스럽다.

2. 나는 규칙을 어겨서라도 어떤 결과를 얻기를 강렬히 바랄 정도로 편벽되기 쉽다. 단적으로 나는 합리화하기 쉽다. 규칙을 어기기를 원한다는 사실로 말미암아 내가 하기를 원하는 행위를 정당화하는 방식으로 행위 결과를 조작하기 쉽다. 무어의 지적대로

"규칙이 지켜지지 않아야 할 경우가 있다는 것을 확신할 수 있어도 우리는 그것이 어떤 경우인가를 결코 알지 못하며 따라서 규칙을 어기지 말아야 한다." 113)

3. 설령 현재 상황이 규칙 위반을 정당화하는 상황임을 분명히 인식할 수 있어도, 또 내가 매우 공정하여 나의 이익에만 기울어지지 않아도, 규칙 위반을 통해 나는 다른 사람들에게 본보기가 된다. 이런 경우 규칙 위반이 정당하더라도 나는 정당하지 못한 규칙 위반을 조장하기 쉽다. 나의 본보기가 어떤 영향을 미칠 때 규칙 위반의 예외인 올바른 행위가 잘못된 규칙 위반 행위를 조장할지도 모른다.

4. 규칙 위반의 예외를 만드는 것은 다른 사람들에게 본보기가 될 뿐만 아니라 나의 미래 행위의 선례이기도 하다. 규칙 위반이 정당한 상황에서 규칙 위반을 하면, 그 후부터 예외를 만드는 습관은 강화되어 위반이 정당하지 않는 상황에서도 나는 빈번하게 규칙을 위반할지도 모른다. 무어는 결론 내린다. "누구든지 지성과 감성을 명석하게 유지하기란 불가능하다. 설령 그렇지 않다 해도 일단 일반적으로 그른 행위를 승인하면 처음으로 그것이 정당했던 상황과는 다른 상황에서도 그것을 승인하기 쉽다." 114)

'인간은 생각하는 갈대'

사려 깊음은 인간 상호관계에만 얽매이지 않고 여타의 동물들로 확장된다. 그것들 역시 의식을 가진 존재이다. 나는 생명체의 의식의 한계를 어디에 두어야 할지를 명확히 알지 못하는 만큼, 이 세상 전체 이익을 염두에 둘 때 이들을 배제할 수는 없다. 다른 사람들을 잔인하게 대하는 일이 잘못된 일이라면 동물들을 잔인하게 대하는 일 역시 잘못이라는 것이다.

또 어떤 공리주의자에 따르면, 우리가 우리 행위의 가능한 전체 결과를 중요하게 생각한다면 지금 현실 세계에서 생기는 결과 뿐만 아니라 사후 세계에서 생길 수 있는 결과를 고려해야 한다. 이러한 '종교적 공리주의'에 따르면 어떤 종교를 믿지 않는 어떤 사람은 사후에 엄청난 고통에 시달릴지도 모를 일이고 따라서 이 사람을 개종시켜야 하는 것이 공리주의적 의무이다. 공리주의적 관점에서 종교적 믿음을 갖는 편이 그렇지 않은 편에 비해 더 좋은 결과를 가져온다는 것이다.[115]

"인간은 생각하는 갈대"라던 파스칼(Pascal)은 죽은 후 영원히 살려면 신을 믿어야 한다는 협박을 한 것으로도 유명하다. 지금 당장 신의 존재여부를 어느 누구도 확인할 수는 없다. 신의 존재 여부는 죽어서야만 알 수 있는 사실이다. 만약 죽은 후 신이 없었다면 신을 믿지 않았던 사람에게는 다행이다. 그렇지만 만약 죽은 후 신이 있었다면 신을 믿었던 사람은 다행히 영원한 행복을 보장받지만 신을 믿지 않았던 사람은 불행히도 영원한 고통에 시달린다. 신이 존재한다는 현실의 신앙은 죽은 후 영원한 삶을 담보로 잡은 대담한 도박이다. 신앙을 비웃다가 영원한 저주를 감수할 테냐, 아니면 진실한 신앙으로 영원히 복된 삶을 맞이할 테냐, 어느 쪽이냐? 그것이 파스칼의 협박이다.

그러나 영원한 저주가 두려워 갖게 된 신앙은, 신앙의 진실함

보다는 신앙의 효용을 강조한, 그야말로 '실용주의적 신앙'이다. 죽은 후의 보상에 대한 기대 혹은 처벌에 대한 공포로 말미암은 마지못한 신앙이다. 그런 만큼 죽은 후 정작 그 믿음이 허사였다면, 막대한 손해를 보게 되는 셈이다. 죽는 날까지 속고 살았음을 알고서는 얼마나 억울하고 분할까? 어디 그 뿐이랴. 영원한 저주를 피하려면 가장 무서운 저주를 퍼붓는 종교를 신앙으로 가져야 한다. 그러려면 먼저 그런 종교를 찾아야 한다. 문제는 '어떻게 그런 종교를 찾을 수 있느냐?' 이다. 찾을 길이 막막하다. 그런 종교를 찾으려면 비상한 탐구력이 필요하다. 세상에는 이루 헤아릴 수 없을 만큼 많은 종교가 판친다. 설령 가장 두려운 저주를 예언하는 종교를 찾았다고 해보자. 또 찾아서 열심히 구원을 빌다가 죽었다고 해보자. 그렇지만 신앙을 그저 영원한 저주를 피하려는 방편으로만 삼았다는 이유로 더 큰 저주를 받을지도 모른다. 신앙을 이용한 사람의 진실함 여부를 문책하는 신이 존재한다면, 바로 그런 이유로 영원한 저주가 내려질지도 모른다. 이래저래 영원한 저주를 피하기란 어렵기만 하다.

선의 극대화로 상식을 뒤엎다

선을 극대화하라는 공리주의의 원칙은 간단명료하다. 그렇지만 그 원칙을 적용할 때에는 몇 가지 중요한 물음이 생긴다.[116]

1. 행위의 옳음을 전적으로 공리 극대화라는 원칙에 따라 결정할 수 있는가? 예컨대 약속을 했을 때 그 약속은 공리를 극대화할 다른 어떤 행위를 할 수 없을 때에만 지켜야 하는가?

2. 선의 극대화를 가져온다고 해도 해서는 안 되는 행위가 있지 않는가? 예를 들어 혐오감을 줄 수 있는 못생긴 외모의 사람은 거리를 활보할 수 없다는 말인가?

3. 의무이상의 행위(supererogatory act)란 존재할 여지가 없지 않은가? 선을 극대화하는 행위가 의무라면, 자기 목숨을 희생하는 영웅적인 행위도 단순히 의무이행에 불과한가?

4. 공리주의와 이타주의가 구별될 수 있는가? 만약 당신의 자식을 굶겨 죽임으로써 기아로 죽어가는 여러 어린아이들을 살릴 수 있다면 과연 그렇게 해야 하는가?

5. 이 세상의 고통의 양을 줄이기 위해 어떤 행위라도 할 수 있다는 말인가? 목숨을 부지하기가 즐겁기는커녕 지극히 고통스러운 노인이 있다면 죽여야 하는가?

6. 또 공리주의에 따르면, 당신은 10,000명의 사람이 각각 순수한 행복 100단위를 갖는 사회를 구성하는 일과 20,000명의 사람이 각각 순수한 행복 100단위를 갖는 사회를 구성하는 일 중에서 두 번째를 선택해야 한다. 두 번째는 행복의 총량이 첫 번째의 두 배이기 때문이다. 그러나 10,000명의 사람이 각각 순수한 행복 100단위를 갖는 경우와 20,000명의 사람이 순수한 행복 50단위를 갖는 경우 어느 쪽을 선택해야 하는가? 굳이 선택을 해야 하는 상황이라면 사람들은 행복한 구성원들의 숫자가 적긴 하지만 그들이 좀 더 많은 행복을 누린다는 이유로 첫 번째의 사회를 선택하려고 할 것이다. 여기서 공리주의는 우리의 일반적 신념에 어긋나며, 또 전체 선을 어떻게 분배해야 하느냐는 문제를 해결

하지 못한다.

2. 쾌락 계산은 가능한가?

나는 나를 배려해야 한다

　공리주의 목표는 인류 전체 이익의 극대화이다. 그렇지만 인류 전체 이익의 극대화란 결국 인류 사회 구성원의 이익 극대화이다. 당연히 '나'는 그 인류 구성원의 하나이다. 그렇지만 사회 전체 이익의 증진이 곧 나의 이익 증진이라는 보장은 없다. 나는 언제나 사회 전체 이익의 분배에 소외되고 마는 처지로 전락할지도 모른다. 미래는 현재와는 달리 불확실한 미지의 세계이다. 그렇다면 사회 전체의 이익을 증대시켜 나의 이익을 얻으려는 간접적인 방법보다는 차라리 내가 나의 이익을 직접 찾아나서는 편이 훨씬 유리하다. 나의 이익을 효율적으로 증대시킬 수 있는 사람은 다른 사람이 아닌 바로 '나'이다.

　공리주의는 인류 전체를 염두에 두어야 한다는 숭고한 이념을 강조한다. 그렇지만 실제로 대부분 나의 행위는 무엇보다도 먼저 나에게 영향을 미친다는 점이 중요하다. 내가 나의 행위를 배려하는 편이 남이 나를 배려하는 편보다 훨씬 더 이익임을 잊지 말아야 한다. 어떤 요구를 충족시키려고 할 때 그 요구의 구체적 내용을 아는 것이 중요하다면, 나의 요구는 다른 사람보다 내가 더 잘 충족시킬 수 있다. 나는 내가 무엇을 요구하는지를 다른 사람보다 훨씬 더 잘 알기 때문이다. 그렇다면 내가 나의 요구를 충족시키는 편이 다른 사람이 나의 요구를 충족시키는 편보다 한결 더 수월해진다.

무엇이 나를 행복하게 해줄 것인지에 대해 낯선 사람이나 친구들보다 내가 더 잘 안다. 그들이 나를 도와주려고 하다가 내가 무엇을 원하는지를 제대로 몰라서 오히려 나에게 해를 끼칠지도 모른다. 다른 사람들보다 내가 더 중요한 인물이라는 얘기가 아니다. 인류 전체를 고려해서 행위 해야 한다는 요구가 이익을 극대화하라는 요구이라면, 바로 이익 극대화의 원칙은 내가 나의 이익을 배려하는 방식이어야 한다. 이익 극대화의 원칙은 다른 사람이 나의 이익을 배려하는 방식이 아니다. 이익 극대화의 원칙은, 내가 나를 배려하는 방식이 곧 전체 이익을 극대화한다는 그런 원칙이다. 나를 포함하여 다른 사람이 누리는 이익을 극대화하려면 저마다 자기 이익을 자기가 추구해야 한다는 원칙이 공리주의 원칙이기도 하다.

자기 자신이 다른 어느 누구보다도 자기에 대해 잘 안다는 점이 중요하다. 이 점에 유의해서 사람들 저마다 자기 이익을 극대화할 때 비로소 전체 이익의 극대화는 이루어진다. 일반 행복의 극대화가 이루어지려면 먼저 자기 행복의 극대화가 이루어져야 한다. 자기 이익을 추구하는 이기주의가 공리주의의 바탕임이 분명하다. 이기주의를 바탕으로 공리주의의 목표가 이루어진다. 자기 행복을 거쳐서 전체 행복에 이르기 때문이다. 공리주의의 전체 행복의 극대화 전략은 곧 자기 행복의 극대화이다. 공리주의 목표는 일반 이익이지만, 그 목표 달성을 위한 수단은 이기주의이다.

'선을 극대화하라'는 곧 자기 이익 극대화의 원칙이다. 벤담은 이 양자의 원칙에 입각해서 선을 쾌락으로, 악을 고통으로 여기는 쾌락주의를 채택한다. 쾌락주의만큼 이익 극대화의 목표를 수월하게 달성할 수 있게 해주는 것은 없다는 게 벤담의 확신이다. 쾌락주의에 입각한 그의 쾌락 연산(pleasure calculus)은 선의 극대화라는 궁극 목표의 수단 방편이다. '공리' '공리성' '효용' '효용가치'는 이익 극대화 목적에 수단이라는 뜻이다.

쾌락을 계산하라

벤담은 쾌락과 고통이 본래 선의 유일한 기준이라고 주장했다. 그러나 이것들을 비교하려면 그것들을 측정하는 것이 가능해야 한다. 그래서 그는 쾌락 연산의 7가지 기준을 제시했다.[117]

1) 다른 모든 것이 똑같은 두 개의 쾌락 중에서 더 강렬한 쾌락을 그렇지 못한 쾌락보다 더 선호해야 한다.
2) 다른 모든 것이 똑 같은 두 개의 쾌락 중에서 더 오래 지속하는 쾌락을 그렇지 못한 쾌락보다 더 선호해야 한다.
3) 발생할 것이 확실한 쾌락과 발생할 확률이 확실하지 못한 쾌락 중에서 선호해야 할 쾌락은 확실한 쾌락이다.
4) 더 많은 쾌락을 가져올 쾌락, 그러니깐 '더 많은 수확을 올릴 수 있는' 쾌락과 고통을 가져올 것 같은 쾌락을 놓고서 선호해야 할 쾌락

은 더 많은 쾌락을 가져올 쾌락이다.

  5) 두 개의 쾌락을 놓고서 순수한 쾌락을 더 선호해야 한다.

  6) 다른 조건이 모두 같은 경우 공간적으로나 시간적으로나 가까운 쾌락을 더 선호해야 한다.

  7) 다른 조건이 모든 같은 경우 영향력이 적은 쾌락보다는 영향력이 큰 쾌락을 선호해야 한다.

  7가지 기준을 제시하면서 벤담은 쾌락의 연산을 시도했다. 그러나 그것은 도저히 이루어질 수 없는 꿈이었다. 어느 누구도 이 쾌락이 저 쾌락보다 15배 더 강하다고 말하지 않는다. 와인과 막걸리를 놓고서 와인을 3배 더 즐겼다고 말하는 것은 매우 이상한 화법이다. 쾌락을 비교하면서 어느 쾌락이 다른 쾌락보다 몇 배 더 낫다는 식의 엄밀하게 양화시킨 기수적 평가(cardinal value)를 포기해야 한다. 쾌락 연산을 통해 얻는 것은 이 쾌락이 저 쾌락보다는 더 낫다는 식의 불명확하게 양화시킨 서수적 평가(ordinal value)이다.

  쾌락 연산은 '선을 극대화하라'라는 공리주의의 요구를 충족시키려는 열망의 소산이다. 그러나 그러한 열망은 쾌락과 고통을 감수하는 개인들의 차이를 무시한 채 이루어진 '양적 쾌락주의'였다. 벤담의 후계자 밀(John Stuart Mill)은 아무리 많은 쾌락이라도 질적으로 우수한 쾌락은 선호할 수 없다는 이른바 '질적 쾌락주의'를 내세웠다.

쾌락의 질적 차이가 무엇을 뜻하느냐 혹은 어떤 쾌락을 다른 쾌락보다 양으로서가 아니라 질로서 훨씬 더 가치 있게 만들어주는 것이 무엇이냐는 질문을 받으면 여기에는 단 하나의 답변이 가능하다. 두 개의 쾌락이 있을 때 두 개를 모두 경험한 사람들 전부, 혹은 거의 대부분이 특정한 것을 선호해야 한다는 도덕적 의무감에 구애받지 않고 선호하는 것이 있다면, 바로 그것이 더 바람직한 쾌락이다. 두 개의 쾌락을 모두 숙지한 사람들이 어떤 하나를 다른 하나보다 훨씬 더 높이 평가한다면, 그리고 설령 그것이 상당한 불만족을 수반하리라는 것을 알면서도 그것을 선호하고 우리 본성이 다른 쾌락의 양에 현혹되어서 그 문제의 쾌락을 포기하려들지 않는다면, 우리는 그 선호한 쾌락에 대해 비교 과정을 통해 양보다는 더 가치 있는 질적 우위성을 정당하게 부여할 수 있다.[118]

그렇지만 밀의 비판자들에게 이 질적 원리는 터무니없다. 어떤 경험이 다른 경험에 비해 덜 쾌락적임에도 본래적으로 더 좋다는 주장은 도대체 이상하기만 하다. 두 경험을 비교하면서 쾌락 말고 다른 기준을 들이대야 이런 주장은 성립한다. 쾌락주의에 따르면 덜 쾌락적인 경험이 본래적으로 더 선할 수는 없다. 테일러는 그래서 다음과 같이 말한다. "쾌락이 최상의 선이자 그 자체로 좋은 유일의 것이며 쾌락이 좋다고 하는 다른 모든 것에 가치를 부여할 수 있는 유일한 것이라고 말하다가 어떤 쾌락이 다른 쾌락보다 본래적으로 더 좋다고 말하는 것은, 분명히 좋음에 대해 쾌락 이외의 다른 어떤 기준, 말하자면 쾌락조차도 더 좋은 것, 더 나쁜 것으로 평가가 이루어지게끔 하는 어떤 기준에 호소하는 것이

다" 119)

쾌락과 쾌락을 주는 재료는 서로 다르다

쾌락과 쾌락 재료의 혼동은 그냥 지나칠 수 없는 중요한 문제이다. 쾌락은 그자체로 좋다. 그렇지만 사람들 저마다 다른 재료에서 쾌락을 얻는다. 책을 읽으면서 즐거운 사람이 있는가 하면, 술 마시면서 즐거운 사람이 있고, 매우 사교적이어서 다른 사람들과 교제에서 즐거운 사람이 있는가 하면 거의 혼자서 지내는 시간을 즐기는 사람도 있다. 이렇듯 쾌락의 재료는 사람들 마다 천차만별이다. 사람들 마다 쾌락을 주는 원천은 서로 다르다. 그렇다고 해서 사람들이 쾌락을 목표로 삼는다는 사실이 바뀌는 것은 아니다.

밀은 쾌락과, 쾌락을 가져 오는 재료를 혼동했다. 밀은 품위와 교양을 고상한 쾌락이라고 주장했다. 하지만 품위와 교양은 쾌락을 가져다주는 재료에 지나지 않는다. 그것들은 밀이 보기에 고상한 쾌락이지만 실상 고상한 재료이다. 이러한 혼동에도 밀이 품위와 교양을 갖추기를 권장한 이유는 주목할 만하다. 그의 이론은 도덕 원칙에 대한 맹종이 복종을 결코 가르치지 않는다. 그는 스스로에 대한 성찰을 무엇보다 중시하면서 품위와 교양을 강조했다.

3. '불만족스러운 소크라테스가 더 낫다'

'고상한 감정을 향유하는 능력은 연약한 나무와도 같다.'

　공리주의는 '행복'을 정의한다. '행복'이란 쾌락과 고통 없음이며, 불행은 쾌락 없음과 고통이다.[120] 그렇지만 밀은 다르다. 그에 따르면 행복은 단순히 쾌락의 양적 증대가 아니다. 지성을 갖추고 교양을 지니며 감정과 양심을 가진 사람이라면 짐승이 누리는 쾌락을 마음껏 즐기게 해준다고 해도 여전히 만족스러워하지 않는다.[121] "타고난 능력이 월등한 존재일수록 어지간한 것에는 행복을 느끼지 못"한다.[122] "인간으로서 품위는 인간이라면 누구나 이러 저런 형태로 지니고 있"기 때문이다.

　품위가 높은 사람에게 품위는 행복 구성의 필수요소이다. 따라서 품위를 떨어뜨리는 욕망은 결코 진정한 욕망이 아니다. "결국 만족해하는 돼지보다 불만족스러워하는 인간인 편이 더 낫다. 바보보다는 불만족스러운 소크라테스가 더 낫다. 바보나 돼지가 이런 주장에 대해 달리 생각한다면 그것은 그들이 한쪽 문제만 알고 있기 때문이다. 이에 반해 비교 대상의 다른 사람들은 두 측면을 모두 알고 있"기 때문이다.[123] 품위가 낮은 사람일수록 저급한 쾌락에 빨려 들어가기가 쉽다.

고상한 감정을 향유하는 능력은 매우 연약한 나무와 같다.124) 밀에 따르면 어떤 행동이든지 행복을 증진시킬수록 올바른 행위이며, 행복과 대립하는 것을 증진시킬수록 잘못된 행위이다. 인간이 어떤 행복도 누릴 수 없다면, 도덕 역시 행복을 목적으로 삼을 수 없는 노릇이다. 그렇지만 목적으로서 행복은 고도의 쾌감을 주는 흥분 상태의 지속이 결코 아니다. 이러한 행복은 불가능하다. 고조된 쾌감은 아주 짧은 순간 이어질 뿐이다. 그러한 쾌감은 계속 활활 타오르는 불꽃이 아니라 아주 잠시 타오르다 꺼지고 마는 불꽃이다. 그러니 열정적 기쁨으로 가득한 인생은 행복한 인생이 아니다. 억세게 운 좋아 이런 인생을 사는 사람이 없지는 않다. 그렇지만 인생이 허용하는 것 이상을 기대하지 않는다면 이렇게 행복한 인생을 찾을 수는 없다. 125)

밀에 따르면 즐거운 흥분 상태와 평온함 이 두 가지가 모두 만족스런 삶을 구성하는 요소이다. 그리고 이 둘 중의 어느 하나만으로도 때로는 충분히 만족스럽다. 쾌락의 양이 적더라도 평온한 상태는 만족스럽다. 흥분 상태에 병적으로 집착하는 사람이라면 평온 상태를 유지해주는 여러 외적 조건에 만족스러워하지 못해 삶을 충분히 즐기지 못한다. 그래서 삶을 불만족스럽게 만드는 것은 정신 교양의 부족이다. 이 정신 교양의 부족은 주로 독선(selfishness)에서 나온다.

교양 있는 사람은 "자신의 삶의 주변에서 흥미로운 일을 무궁무진 찾아낸다. 자연의 아름다움, 예술의 발전, 시적 상상력, 역사적 사건, 사람이 과거와 현재를 통해 살아가는 길과 그 미래의 모습 등 수많은 일들이 그 사람의 관심을 끈다." 126) 모든 인간이 자신의 야비한 개별성에 파묻힌 채, 남에 대해 아무런 배려나 감정도 없이 독선적 (selfish) 이기주의자로 살아가는 것은 아니다. 아무리 하찮은 사람이라도 독선적 이기주의자로 살아가야 하는 내적 불가피성을 지니지는 않는다. 올바르게 양육 받은 사람이라면 누구든지 스스로 의미를 부여하는 일에 애정을 쏟으면서 공공 이익에 진지한 관심을 보인다. "관심을 둘 대상도 많고 즐길만한 대상도 많으며 동시에 고치고 개선해야 할 대상도 많은 세상에서, 이렇게 웬만한 수준의 도덕적, 지적 소양을 갖춘 사람이면 누구나 주위의 부러움을 살만한 삶을 영위 한다" 127)

'인간은 온 사방으로 스스로 자라는 나무와 같다.'

밀은 교양 있는 인간과 함께 자유로운 인간을 강조한다. 인간은 본성상 모형대로 찍어내고 그것이 시키는 대로 따라하는 기계가 아니다. 기계라기보다는 생명을 불어 넣어주는 내면의 힘에 따라 온 사방으로 스스로 자라고 발전하는 나무와 같은 존재이다.128) 스스로 자라남이란 각 인간의 고유한 '개별성(individuality)'이 현실로 드러내는 과정이다. 개별적 인간은 스스로를 실현시키려는 존재이다. 더 이상 쪼개질 수 없는(in+divide) 하나의 원자로서 개인(individual)은 결코 완전하지 못하다. 완전하다면 어떠한 것에도 영향을 받지 않아야 하고 또 다른 것이 필요 없어야 한다. 개인은 주변 영향을 받지 않을 만큼 그 자체로 완전하지 못하다. 그렇다고 사람이 세상 또는 주변 환경이 정해주는 대로 살아간다면 원숭이 흉내 내는 능력 이상이 필요하지도 않다.

완전하지 못한 결핍의 인간에게 필요한 건 자유이다. 첫째, 개인의 발전을 위해서 자유가 필요하다. 둘째, 효용 증대를 위해서 자유가 필요하다. 밀은 효용을 "진보하는 존재인 인간의 항구적인 이익에 기반을 둔 가장 넓은 개념"이라 정의한다.[129] 행복해지는 방법을 가장 잘 아는 것은 그 누구보다도 자기 자신이다. 자유롭게 개인을 놓아둔다면 각자는 자신의 효용을 증대시키는 방향으로 나아가며, 저마다의 효용 증대는 사회 전체의 공리 증대로 이어진다. 자유는 이 두 가지 면에서 보장되어야만 한다.

밀에 따르면, 교양 있는 사람이라면 저마다 스스로가 보유한 자원을 활용하여 행복을 성취해야 한다. 교양 있는 사람은 부단히 자기 주변의 대상들에 대해 관심을 기울여 스스로 행복을 성취해 나간다. 살면서 신체적·정신적 해악을 주는 여러 가지 해악들을 만나고 또 겪게 된다. 어느 누구도 어지간한 행운이 아니고서는 그런 재앙을 피하지 못한다. 문제는 이러한 재앙들과 어떻게 싸워야 하느냐이다. 예를 들어 고통을 수반하는 빈곤은 "개인의 건전한 상식과 건실한 태도가 합쳐진 사회적 지혜를 발휘하여 해소할 수도" 있다. 또 "고약하고 다루기 힘든 것의 으뜸이라고 할 질병조차도 건강교육과 도덕교육을 잘 시키고 유해한 환경을 적절히 통제하면 얼마든지 예방할" 수도 있다. "미래의 언젠가는 이 지긋지긋한 문제를 훨씬 더 직접적으로 정복할 날도 올 것이다."[130]

공리주의자 밀은 빈곤도 없고 질병도 없는 미래를 예견한다.

빈곤과 질병조차도 밀에게는 그렇게 큰 문제가 아니었다. 밀에게 실망스러운 것은 다름 아닌 형편없는 처신, 무절제한 욕망, 그로 말미암은 불완전한 사회였다. 실망스러운 것은 인간 스스로 주의하고 노력하려는 태도의 결여였다. 사람들에게 고통을 안겨주는 안타깝게도 이런 태도의 결여였다. 그로 말미암아 수많은 세대가 희생을 치루면서 싸워 이겼어야 할 것은 무분별한 독선적 만족에 대한 유혹이다.

자기 이익은 독선적 만족과는 서로 다르다. 독선적 만족을 경계해야 한다고 해서 무조건적 희생을 감수해야 하는 것은 결코 아니다. 누군가가 자신의 행복을 온전히 희생함으로써 다른 사람의 행복을 증진시킨다면, 그건 그 사회가 대단히 불완전하기 때문이다. 아직까지 사회가 완전하지 못한 탓에 스스로 행복을 포기하고 희생을 감수하는 사람들이 칭송받는다. 그렇지만 희생은 그 자체로 가치 있는 것은 결코 아니다.[131]

어떤 경우의 희생은 행복의 총량을 증대시키지도 않고 그런 기미조차 보이지 않는 탓에 낭비로 밖에는 보이지 않는다. 공리주의의 핵심은 결코 자기 부정이 아니다. 그렇다고 무분별한 독선적 만족을 권장하는 것도 아니다. 올바른 행위와 잘못된 행위의 공리주의 기준으로서 행복은 행위자 자신의 행복뿐만 아니라 관련된 모든 사람의 행복을 포함한다. 그것은 여전히 '네 이웃을 네 몸처럼 사랑하라.'는 가르침이다. 이 가르침은 분명히 내 몸이 먼저 있었기에 가능하다. 내 몸에 대한 사랑은 무엇이 진정한 자기 이익인지에 대한 성찰의 계기를 마련해준다.

"이것이 인생이다.(C'est la vie.)"

무엇이 진정한 이익인가에 대한 '나'의 성찰은 중요하다. 이 점은 로쓰(D. Ross)의 조건부 의무(*prima facie* duty)에서 더욱 분명해진다. 공리주의는 선의 극대화를 기치로 내세우지만 실상 외부의 원칙에 대한 준수를 요구한다. 그것은 나의 삶을 어떤 원칙에 따라 마름질하라는 요구이다. 예를 들어 선을 극대화하기 때문에 약속을 지켜야 하는가, 아니면 약속은 무조건적으로 지켜야 한다는 원칙 때문에 지켜야 하는 것인가? 약속을 지키는 일이 때로는 선을 극대화하지 않을 수도 있고, 때로는 긴급한 다른 사항으로 말미암아 약속을 지키지 못할 수도 있다. 차라리 우리의 의무는 무조건적으로 어떤 원칙에 따라 지켜지는 것이 아닌 그런 것이라고 해야 할 것이다. 예외 없는 규칙이란 없지 않은가? 이러한 문제에 대응하여 조건부 의무는 등장한다. 여기서 '조건부'는 '절대적이 아님'의 뜻이다.

로쓰는 조건부 의무 개념으로 규칙 준수가 어떤 원칙에 따르지 않음을 보여주려고 한다. 그에 따르면 의무는 일련의 규칙이나 선을 극대화해야 하는 의무로 환원할 수 없는 서로 다른 여러 원천을 갖는다. 로쓰에 따르면, 선을 극대화해야 하고 악을 극소화해야 한다는 것을 부정하지는 않지만 그렇다고 나의 유일한 의무가 이 원칙의 준수는 아니다. 나의 의무는 원칙의 보편성보다 훨씬 더 많은 개인적 특성을 지닌다. 그래서 로쓰에 의하면 무엇이 우리에게 의무가 되는가를 숙고하기 이전에 '언뜻 보아' 혹은 '처음에 보아' 우리에게 의무로 여겨지는 그런 것이 의무이어야 한다. 로쓰는 개인이 처한 특수 상황에서 그 보다 더 중요한 다른 어떤 의무가 없을 때 우리가 해야만 하는 그런 행위가 바로 의무이어야 한다고 주장하면서 그 때의 의무를 '조건부 의무'로 불렀다.

로쓰의 조건부 의무론은 현실적으로 의무라고는 여겨졌지만 명확하게 규정되지 않았던 여러 다양한 의무를 부각시킨 점에서 주목받는다.[132] 그럼에도 곧바로 조건부 의무 사이의 갈등이라는 난처한 문제에 이른다. 그러나 의무 갈등의 문제에 대해 로쓰는 "이 세상의 복잡함은 내가 만든 것이 아니다."라는 말과 함께 "모든 자료를 공정히 다루어라", "이것이 인생이다.(C'est la vie.)", "결단은 양식의 문제이다.(The decision rests with perception.)"라는 말로 대응하였다.

의무들 사이의 갈등은 행위자 스스로가 결단해야 할 몫으로 남는다. 그것은 행위자 자신의 성찰을 통해 밝혀야 한다. 삶은 외부의 규칙으로 재단할 수 없을 만큼 복잡하다. 명령과 복종의 체계에서 삶이란 언제나 어떤 규칙 준수로 재단할 수 있는 듯이 여겨졌다. 그러나 삶을 언제나 오로지 외부의 규칙 준수로만 환원할 수 없을 때 비로소 개개인의 성찰은 의미를 지닌다. 무엇이 진정으로 자기 이익인가를 성찰함으로써 스스로 규칙에 대한 맹종에서 점차 벗어남으로써 비로소 '나'의 독립과 자립의 삶은 이루어진다.

공리주의 이론은 최대다수의 최대행복을 추구한다는 점에서 얼핏 이기주의와 다른 듯해도 실상은 이기주의이다. 오히려 공리주의는 이기주의를 토대로 이루어진 이론이다. 올바름과 잘못을 판정하는 기준으로서 행복은 먼저 행위자의 행복이며 행위자와 관련 있는 사람들의 행복이다. 행복을 쾌락 혹은 고통 부재로 행복을 정의 내린다는 것은 곧 행위자의 직접 경험을 가장 중요시 해야 한다는 주장이기도 하다. 행위자의 직접 경험 만큼 중요한 것이 없다는 이 주장은 곧 독립을 중시하는 이기주의의 중요한 특질이기도 하다. 다만 이기주의가 추구하는 '자기 이익'을 쾌락과 고통부재로 단순하게 정의 내림으로써 다른 여러 바람직한 사항들이 빠질 가능성이 있다. 그렇지만 밀의 논의에서 보듯이 무엇이 진정으로 자기 이익인가를 성찰하는 '나'는 단순히 독선적 이익에 함몰되지 않는 '나'이며 주변의 여러 문제들에 두루 진지한 관심을 보이는 품위 있고 교양 있는 '나'이다. 지금 당장 그렇지 않은 '나'일지언정 그런 바람직한 '나'로 거듭나기를 공리주의는 촉구한다.

9. 협동은 가능한가?

1. '자기 이익은 생물학적이다.'

'조용하면서도 낭만적인 조그만 카페의 작은 탁자 아래'

 생물 연구를 바탕으로 인간본성에 대한 탐구의 결실이 사회 생물학이다. 사회 생물학에 따르면, 호모 사피엔스로서 인간은 수많은 동물 종의 하나이다. 인간은 다른 종과 마찬가지로 유전자 다발이다. 물론 같은 생물 종이면서 인간은 스스로를 의식하는 존재이다. 언어와 문화를 소유한다는 점에서 짐승과 사뭇 다르다. 다른 생물 종과 분명히 다름에도 인간의 여러 문화들에서 공통의 생물적 행동을 찾으려는 시도가 사회 생물학이다. 바라쉬(D. P.

Barash)에 따르면, 어디서나 모든 사람의 행동이 뚜렷하게 유사하다. 그는 이 점을 과학적으로 설명하기 위해 사회 생물학이 필요하다고 주장한다. 133) 바라쉬에 따르면, "조용하면서도 낭만적인 조그만 카페의 작은 탁자 아래는 열정적인 애정 행각을 벌일 만한 장소가 아니다. 하지만 그런 장소가 아니라고 해서 그곳에서 생물학적 요구가 사라지는 것은 아니다." 134)

유전자가 생물의 궁극 단위라면 어떤 문화이든 이 기본 단위로 설명이 이루어진다. 당연히 이러한 설명에서는 개체 수준의 의식에 따른 행동은 배제해야 한다. 인간본성이란 의식이나 정신과는 별개로 유전자의 생물학적 과정에서 등장할 따름이다. 의식과 정신이 인간본성에 개재할 수 없으므로 인간 행위를 감성이나 이성 어느 편으로도 설명할 수 없다. 사회생물학은 의식 활동을 배제한다는 점에서 다분히 유물론적이다. 윌슨은 '정신주의'야말로 '가장 강력한 반생물학적 요새'라는 불만을 터뜨리면서 '정신주의'를 혐오하기에 이른다. 135)

> 정신 존재의 상징적 사유의 창조를 생물학적 과정을 통해 마음속에서 그려보는 것은 어렵다.(일부 사람에게 이것이 불가능하다) 나의 논지는 의지를 포함한 모든 알려진 정신의 요소들이 자연선택에 의한 유전적 진화에 귀속된다는 신경생리학적 토대를 가질 수 있다는 것이다. 인간의 사회적 행동의 일부 토대가 사회 생물학적 분석의 영역에서 배제되어야 선험적인 이유는 어디에도 존재하지 않는다. 136)

사회 생물학자는 문화의 진화론적 토대를 확립하려고 한다. 윌슨은 정신의 진화과정을 보여줄 수 있다면 사회 행동의 토대를 유전적으로 설명할 권리가 생긴다고 확신한다. 이런 확신에 따르면, 모든 행동은 무의식적 동기의 발로이다. 무의식의 발로인 만큼 자기 이익의 추구는 자연선택이 만들어낸 지극히 자연스런 인간본성이다.

'나의 죽음은 나와 같은 유전자를 갖는 다른 사람의 생존'

진화론적 관점에서 인간의 타인 배려는 번식 이익에서 비롯한다. 이러한 관점에서 사회생물학은 도덕을 설명한다. 자연선택은 행위자 자신과 유전적으로 밀접한 행위자에게 이익을 주는 유전자를 선호한다. 자기 보존에 도움을 주는 유전자는 분별력 없는 유전자에 비해 후대에 번식할 확률이 높다. 목숨을 잃는다면 나는 번식하여 유전자를 후대에 전달할 기회를 잃어버린다. "우리는 친구들과 친척들에 대한 친절함과 이방인에 대한 적대감 등을 소중히 여기고 승인하도록 선택되었다." [137]

사회생물학은 이러한 관점에서 부모의 자식 사랑을 설명한다. 자녀를 돌보게 만드는 유전자들이 아이들에게 전해져 그 아이들이 비로소 생존할 수 있으며 그 유전자를 지닌 개체를 우세하게 만든다. 사회생물학에 따르면, 굳이 학습을 통하지 않고도 여러 세대에 걸쳐 본능은 유전자의 제어상태에 놓인다. 번식이라는 생물학적 유리함을 도모하는 유전자는 이렇게 전승되어 온 것들이다. 그렇지 못한 유전자들은 이미 사라져버렸다.

유전자의 후대 전승이라는 면에서 사회 생물학은 유사 유전자를 소유한 친척들이 생존을 위해 언제든지 나의 희생이 이루어질 가능성을 포착한다. 예를 들어 부모와 자식 혹은 형제와 자매는 유전자의 절반을 각각 공유한다. 그래서 나의 죽음이 나와 같은 유전자를 갖는 다른 사람의 생존으로 보상받는다면 나의 희생은 그리 헛되지 않다. 새의 경고음은 포식자의 관심을 자기에로 유도한다. 그러나 그 경고음이 유전자를 공유하는 새의 가족 구성원의 유전자를 구한다면 그 경고음을 내고자 하는 새의 유전자는 후대로 전승한다.

유전자 전승이라는 관점으로 인간의 이타적 행위에도 똑같은 설명이 이루어진다. 어떤 이타적 행위가 이루어진 것은 그 행위를 하는 개체가 받는 유전적 이익이 생기기 때문이다. 알렉산더(Alexander)에 따르면, 도덕적 제약을 감수하는 것은 수 백 만년 동안 그것이 없었을 경우에는 번식 이익이 없었기 때문이다. 사회생물학은 이타적 성향에 대한 설명을 거부하고 심지어 그런 성향이 불필요하다고 주장한다.[138]

가까운 친척들에게 도움을 주는 이타적 행위를 통해 자신의 유전자가 후대로 전승할 수 있도록 한다는 관점에서 등장하는 사회생물학 개념은 '혈연 선택(kin selection)이다. 이 개념에 따르면 나의 유전자를 공유하는 사람의 생존은 나의 생존에 못지않은 번식상의 이익이다. 자식을 보호하려는 유전자를 가진 개체는 오로지 자기만 생존하려는 유전자를 가진 개체에 비해 번성한다. 그 개체의 자손들은 더욱 더 번식하여 일가는 번창한다. 반면 자식을 돌보지 않는 유전자를 가진 개체는 유전자 복제 확률이 무척 낮아서 번성은 고사하고 멸문에 다다른다. 물론 이러한 과정은 물론 무의식적으로 일어나고 이익은 오로지 번식상의 이익이다. 그렇기에 유전자 자체는 이타적이거나 이기적이지 않다.

'협동하지 않을 경우보다는 협동할 경우에 더욱 잘 산다'

유전자가 이타적이거나 이기적일 수 없는 만큼 사회생물학에서 '이익'이란 오로지 '번식 이익'이다. '번식 이익'은 단순히 생물학 개념으로 개체 이익이 아니다. 다분히 테크니컬한 용어이다. 그런 만큼 그런 용어를 사용하여 어떤 활동을 설명한다는 것은 그 활동을 있는 그대로의 묘사하는 것이 결코 아니다. 그러한 설명은 오히려 진짜 있는 것처럼 보이게 만드는 대담한 가설이다. 이 진짜 있는 것처럼 보이게 만드는 대담한 가설에 따라 사회생물학은 '자기 이익'을 '다른 사람의 이익'과 대비시키고, 마침내 '상호 호혜'의 개념을 만들어낸다.

'상호 호혜'의 개념은 혈연관계에서 설명할 수 없는 이타적 행동을 설명하는 장점을 지닌다. 사람들은 대개 상대방에게 친절을 베푸는 것이 자기에게 이익으로 돌아오리라고 여긴다. 친절을 베풀 경우 상대방은 그 친절에 대한 보상으로 자기에게 친절을 베풀 것이기 때문이다. 루즈(M. Ruse)에 따르면 "사람들은 일종의 사리분별이 있는 자기 이익의 원리를 바탕으로 집단, 심지어 친척이 아닌 집단에 이르기까지 이타성을 확장하고 보존한다."[139)

트리버스(Trivas)는 '상호 호혜적 이타주의'(reciprocal

altruism) 개념을 제안한다. 그는 '이타적' 행동을 "행동하는 생물에게는 분명하게 손해가 되면서, 동시에 밀접한 관계가 아닌 또 다른 생물에게는 이익을 주는 행동"으로 정의했다. 트리버스는 특히 손해를 '겉으로 드러난 손해'로 제한한다. 그렇게 하면 이타적 행동도 당장 어떤 행동이 손해를 주는 것처럼 보이지만 나중에 이익을 주는 행동으로 드러났다. 결국 트리버스가 밝혀낸 것은 생물체의 활동이 지닌 이중적 특성이었다. 생물체의 활동은 수단과 목적의 관계에서 이기적이면서도 동시에 이타적이었다. 활동의 목적은 자기 이익이었지만 수단은 이타적이었다.

상호 호혜 개념은 생물체들이 협동하지 않을 경우보다는 협동할 경우에 더욱 잘 살아갈 수 있다는 생각이다. 다른 개체를 돕도록 유전 프로그램을 따르면서 그 대가로 아무런 도움을 받지 못하는 개체는 손해를 입게 된다. 반면 다른 개체가 도움을 받은 대가로 도움을 제공한다면, 도움을 제공받은 개체는 그렇지 못한 개체에 비해 번식에 성공할 확률이 높다. 상호 호혜를 장려하는 유전자에게는 그것을 금지하는 유전자에 비해 더 큰 번식 이익이 돌아간다.

그렇지만 상호 호혜의 가능성을 지닌 개체들은 상대를 속이려는 유혹을 물리치지 못할지도 모른다. 도움을 받기만 하면 그만이지 도움을 다시 보상으로 제공하지 않는 편이 더 이익이다, 속이는 개체는 적은 비용으로 큰 이익을 얻으며, 결국 속이는 개체는 번식 이익을 얻는다. 그러나 도움만 받고 도움을 제공하지 않는 경우가 반복되면 그 개체에게 이익을 주는 다른 개체의 이타적 행동은 줄어들기 마련이다. 트리버스에 따르면, 설령 미묘한 속임을 탐지하기 어렵더라도 추잡하게 속이는 개체에 대한 신속한 식별을 선호하는 쪽으로 선택이 이루어진다.

상호 호혜 개념을 바탕으로 속고 속임을 당하는 문제에 관한 다양한 이론이 등장했다. 특히 상호 호혜의 개념으로 여러 사회 제도 중에서도 특히 도덕 제도를 설명할 수 있는가를 놓고서 논의가 분분했다. 상호 호혜의 개념에 따르면, "다른 사람들을 우리가 도와주어야 그 보답으로 우리가 돕는다는 것이 도덕의 핵심이다."140) 이 상호 호혜 개념은 도덕이 자기 이익과 무관한 무조건적 명령과 복종 체계라는 생각과는 판이하다. 오히려 이 상호 호혜 개념은 도덕의 이러한 특성을 비웃는다.

소크라테스와 예수를 포함한 일부 도덕가들은 '다른 뺨을 내밀어 악을 선으로 갚아라.'라고 하는 상호 호혜와는 매우 다른 무엇을 요구했다. 그런데 이것(인간 삶에서 우리가 기독교 정신 어쩌면 성스러움이라고 특징짓는 것)은 대략 도킨스가 '속임을 당하는 개체'라고 명명한 개체들의 전략에 해당한다.141)

사회생물학에 따르면, 도덕이 상호 호혜를 넘어서 일방적 이타성에 바탕을 둔다는 생각은 터무니없는 고정 관념이다. 상호 호혜의 개념에 따르면, 도덕에 대한 고정 관념은 일방적으로 '속임을 당하는 개체'의 전략으로서 손해를 감수해야 하는 전략이다. 반면 상호 호혜의 개념은 속고 속이는 가운데 암암리에 속이기 쪽이 더 이익이라는 생각이다. 속이는 쪽이 더 이익이라는 생각은 니체의 주장과 일맥상통한다. 니체는 무조건 복종을 요구하는 도덕은 강자가 약자를 기만하는 방법에 지나지 않는다고 주장한다. 도덕 규칙에 대한 맹종은 강자로부터 속임을 당하고 있다는 사실에 대한 명백한 증거이기 때문이다. 매키(Mackie)도 유사한 지적한다. "이러한 사실이 기독교적 유형의 도덕가들이 미치는 통탄할만한 영향에 대한 니체의 입장을 새삼 지지하는 듯하다." 142)

2. 죄수의 딜레마

"먹고, 마시고, 즐겨라! 내일이면 우리 모두 죽으리라!"

이기주의 기본 목적은 자기 이익의 극대화이다. 사회 통념에 비추어 이기주의는 협동을 끌어낼만한 이론이 결코 아니다. 사회 통념상 이기주의는 배타적으로 자기 이익만 추구하기를 권장하는 원리로 여겨진다. 그러나 오로지 자기 이익만을 추구하는 방법은 자기 이익의 극대화보다는 오히려 자기 손해를 초래한다. 그래서 이기주의자는 목적 달성의 효과적 수단으로 타인과 협동을 모색한다. 그래서 협동이란 외면상 타인을 배려하는 일종의 이타적 활동이면서도 기본적으로는 이기적 활동이다.

이타적 행위의 바탕이 선의가 아니라 오히려 이기심이라는 주장은 사실 새삼스럽지 않다. 선행은 장기적 안목에서 자기에게도 이익이므로 실천할만하다고 가르쳐지는 덕목일 따름이라는 견해도 대두된다. 이타주의란 이기주의자의 장기 투자방식이어야 한다는 것이다. 경제학자 센은 즉흥적으로 자기 이익을 추구하는 사람을 '바보'로 묘사한다. 바보가 바보인 까닭은 근시안적으로 행동하면서 자신의 행동이 타인에게 미치는 효과를 고려하지 않기 때문이다.143)

자기 이익을 효과적으로 추구하려고 할 때 단기 이익과 장기 이익의 구별은 무엇보다 중요하다. 단기적 안목에서 사람들은 순간적 충동에 사로 잡혀 실제로 최선의 결과는커녕 오히려 최악의 결과를 가져올지 모를 일을 서슴없이 행한다. 사람들은 때로는 무모하기도 하고 어리석기 짝이 없다. 현재의 결과만을 놓고 이루어지는 판단은 그리 믿을만하지 못하다. 장기적 관점의 이기주의자는 당장 오늘만을 생각하지 않는다. 물론 당장 내일 죽음을 맞이하게 된다면 내일을 준비할 필요가 없다. 그러나 사람들 대부분이 그런 절박한 처지가 아니다. "먹고, 마시고, 즐겨라! 내일이면 우리 모두 죽으리라!"라고 주장하는 사람들 대부분은 내일이면 후회의 쓴 맛을 보게 된다. 144)

내일을 염려하는 까닭은 오늘의 일이 단지 오늘로 끝나지 않는 탓이다. 세상의 모든 일은 서로 영향을 미친다. 세상사란 사실 대개의 사람들이 생각하는 것보다 훨씬 더 크게 서로 영향을 미치고 관계를 맺는다. 그런 만큼 세상만사 모든 일에 어느 누구라도 혼자이기를 고집하여 독단의 판단을 내릴 수는 없다. 이기주의자의 삶은 장기적 관점에서 자기 이익을 추구하는 사려 깊은 삶으로, 타인들과 협동이 얼마든지 가능한 삶이다.

윌슨은 "참된 이기주의는 거의 완벽한 사회 계약을 이룰 열쇠다."라고 주장한다. 본성상 이기적 인간의 이타적 행위가 어떻게 가능한가의 수수께끼를 풀려면 이타적 행위가 자기 보존을 달성하려는 행위임을 통찰해야 한다는 것이다. "자비심은 궁극적으로 볼 때 이기적이다.", "니바닉(Nibbanic) 불교의 핵심목표는 이타주의를 통해 개인을 보존한다." 등이 그런 통찰이다. 이기적 인간의 이타적 활동을 이해하려면 맹목적 이타주의와 목적성 이타주의를 구별해야 한다. 목적성 이타주의는 궁극적으로 이기주의이며, 이타적 전략은 철저하게 의도된 계산아래 이루어진다. "순수한 이타적 자살은 오직 하등동물한테서나 볼 수 있다.", "가장 고귀한 영웅적 삶은 불멸성을 보상을 받으리라는 기대아래 형성된다." 등의 주장도 가능하다. 같은 맥락에서 목적을 가진 이타주의자는 자기와 무관한 사람들까지도 배려하는 습관에 길들여지기도 한다. 145) 간혹 다시 찾지 않을 먼 곳을 여행하다가 들어간 식당의 종업원에게 적지 않은 봉사료를 주는 경우가 그렇다.

미시적 관점의 분자생물학도 같은 논지를 전개한다. 도킨스(Dawkins)는 "유전자는 한 개체에서 한정된 이타주의를 육성함으로써 자신의 이기적 목표를 가장 잘 수행할 수 있는 특별한 경우들이 있다."고 밝힌다. 그런가 하면 "이기적 유전자의 기본법칙에서 이탈하지 않고 서로 기본적으로 이기적 세계에서 조차 협력과 상호부조가 어떻게 번창하는지를 우리는 알 수 있다"고 주장한다.146) 협동의 목적은 결코 공동체적이 아니다. 협동은 미덕이 아니라 이기적 생명체의 생존 수단이다.

배신을 최선의 선택으로 만드는 '죄수의 딜레마'

'죄수의 딜레마'는 일종의 사고 실험이다. 사고 실험은 가상 체험이기도 하다. 이 사고 실험을 에워싸고 어떻게 협동이 이루어질 수 있는가에 관한 논의가 광범위하게 이루어진다. 이 사고 실험이 '죄수의 딜레마'로 불리는 까닭은 그 내용이, 어떤 선택을 하느냐에 따라 형량이 무거워지기도 하고 가벼워지기도 하는, 두 죄수의 이야기이기 때문이다. 그것은 서로 격리된 두 죄수가 동시에 신의를 지킴으로써 두 사람 모두 가벼운 형량의 이익을 얻지만, 어느 한 쪽이 배신함으로써 배신한 쪽은 이익을 독식하게 된다는 내용이다. 147)

그 내용은 이렇다. 두 사람이 모두 신의를 지키면 1년 형을 선고받지만, 둘 다 배신하면 3년 형을 선고받는다. 그러나 어느 한 쪽이 배신하고 다른 쪽이 신의를 지키면 신의를 지킨 자는 5년 형을 선고받지만 배신자는 석방된다. 따라서 상대방이 배신할 것이라면 당신도 배신하는 편이 유리하다. 그래야 5년 형보다는 짧은 3년 형을 살게 되기 때문이다. 그렇지만 상대방이 배신하지 않는다고 해도 여전히 당신은 배신하는 편이 더 유리해진다. 상대방이 배신하지 않고 당신이 배신하는 경우 당신은 3년 형이 아니라 석방될 것이기 때문이다. 결국 상대방의 태도에 관계없이 언제나 당신이 배신하는 편이 유리하다. 그러나 상대방도 똑같이 생각하기 때문에 결론은 상호배신이다. 신의를 지키면 1년형이나 5년형을 살아야 하지만, 배신을 하면 석방되거나 3년 형을 살기 때문이다. 따라서 '배신'이 가장 합리적이라는 결론이 나온다. 오랜 역사의 '죄수의 딜레마'의 원형은 플라톤의 귀게스(Gyges)반지의 우화였다.

귀게스는 당시에 리디아의 통치자를 섬기던 양치기였다지요. 어느 날 소낙비가 억수로 내리더니, 지진이 일고 땅이 갈라졌는데, 그가 양들에게 풀을 먹이고 있던 곳에 커다란 틈이 생겼다지요. 이를 보고 놀라워하면서, 그는 아래로 내려갔는데, 거기에서 그는 사람들이 전설로서 이야기하는 여러 가지 놀라운 것들을 보았으며, 특히 청동 말을 한 마리 보았고, 그 아래쪽에 사람보다 더 커 보이는 시체를 보았다. 이 시체는 아무 것도 걸친 게 없었고, 손가락에 반지를 끼고 있어, 그는 그것을 빼가지고 밖으로 나왔지요. 마침 양들에 관한 일을 달마다 보고 하는 모임이 있어, 그 역시 반지를 낀 채, 참석했다고 합니다. 다른 사람들과 함께 자리에 앉은 그는, 우연히도 반지의 보석을 자기 쪽으로 향하게 돌렸는데, 그러자 마자 그의 모습이 동석한 사람들에게 보이지 않게 되었고, 따라서 그들은 그에 관하여 마치 떠나고 없는 사람에 관해 말하듯이 하였답니다. 이에 놀란 그는 자기 금반지를 손으로 더듬어서 보석 박힌 쪽을 밖으로 향하도록 돌렸더니, 다시 그의 모습이 보이게 되었다고 합니다. 이를 알게 된 그는 과연 그 반지가 그런 힘을 가지고 있는지 시험해보았더니, 역시 같은 일이 일어났습니다. 보석 박힌 부분을 안쪽으로 돌리면 보지 않고, 바깥쪽으로 돌리면 보이게 되었던 겁니다. 이를 확인한 그는 신하들

속으로 숨어들어 역모를 꾸미고, 왕비와 간통한 후, 그녀와 함께 왕을 죽이고 왕국을 장악했다고 합니다.148)

귀게스 반지의 우화를 루소(Rousseau)는 '사슴 사냥'으로 각색했다. 사슴 사냥을 할 때는 저마다 자기 위치에 충실해야 한다. 그럼에도 사냥꾼들 중 어느 한 사람 옆으로 산토끼가 우연히 지나갈 때 그 토끼를 잡기위한 대열 이탈이 이루어지기도 한다. 그는 다른 동료들이 그들의 몫을 잃게 된다는 점을 전혀 개의치 않는다. 그는 자신의 대열 이탈로 얻은 이익을 독식할 따름이다.

'사슴 사냥'을 다시 바꿔 홉스태더(Douglas Hofstadter)는 현대판 '늑대의 딜레마'149)라는 게임으로 내놓았다. 스무 명의 사람이 각각 작은 칸막이 속에 앉아 손가락을 버튼 위에 올려놓고 있다. 아무도 버튼을 누르지 않고 기다리면 10분 후에는 모두에게 1,000달러씩이 배당되지만, 누군가가 버튼을 누르면 그 사람은 100달러를 받고 나머지 사람들은 한 푼도 받지 못한다. 영악한 사람이라면 버튼을 누르지 않고 기다렸다가 1,000달러를 받을 것이다. 그러나 좀 더 영악한 사람이라면 누군가가 멍청하게 버튼을 누를 수 있다는, 적기는 하지만 있을 수 있는 확률을 눈치 채고 차라리 자기가 먼저 눌러 버려 이익을 취하려고 한다. 그러나 아주 영악한 사람이라면 앞의 좀 더 영리한 사람이 그 같은 추리를 해서 먼저 버튼을 누를 것임을 알기 때문에 자기가 먼저 버튼을 누를 것이다

협동이란 인간의 사회생활에서 흔히 발견되는 특징이다. 사람

들은 신뢰가 사회생활의 진정한 기초라고 생각한다. 그러나 최선의 선택이란 배신이라는 게 '죄수 딜레마'의 결론이었다. '죄수의 딜레마'의 결론은 많은 사람들에게 충격이었다. 플러드(Merril Flood)와 드레셔(Melvin Dresher)는 '죄수의 딜레마'가 마치 공기처럼 우리 주변 어디에나 존재한다고 생각하면서 엄청난 재앙을 염려하기도 했다.[150] '배신'이 최선의 선택이라는 결론은 엄청난 거부감을 불러일으키기에 충분했다.

'죄수의 딜레마' 결론은 배신이 아니었다

정말로 배신이 '죄수의 딜레마'의 유일한 결론이어야 할까? 그렇지 않다는 연구가 광범위하게 이루어졌다. 그 중 하나는 '죄수의 딜레마' 게임을 두 차례 이상 시행할 경우 배신이 가장 합리적인 선택은 아니었다는 주장이다. 이 주장은 여러 차례 게임을 반복함으로써 적의가 아니라 호의가 게임의 규칙이었음을 밝혀냈다.[151]

플러드와 드레셔는 처음 게임을 고안한 당시에 이해하기 힘든 현상을 관찰했다. 그들은 두 동료 아멘 알키안(Armen Alchian)과 존 윌리엄스(John Williams)에게 판돈을 주고 100회에 걸쳐 게임을 반복하도록 했다. 예상 밖으로 그들은 진지하게 협동하는 모습을 보였다. 그들은 100회 게임 중에서 60회나 협동을 해서 상호부조의 이익을 누렸다.

이후 '죄수의 딜레마'에 관한 연구는 상대의 반응을 보지 않는 '무조건 대응'과 상대의 대응에 따른 '조건적 대응'의 현상을 찾아냈다. 나아가 조건적 대응전략에도 '상대에 따라 협동과 배신을 번갈아 구사하는 맞대응', '관용을 갖춘 대응', '상호 호혜를 이끌어내는 대응'이 이루어진다는 사실도 입증하였다.

'죄수의 딜레마'를 게임으로 설정하여 횟수를 거듭하여 시행하기만 한다면 도출되는 결론으로서 최선의 전략은 결코 '배신'이 아니었다. 결론은 '상호 호혜를 이끌어내는 대응'이었다.152)

상대의 반응에 따른 전략을 표로 만들면 다음과 같다.

구분	전략	내용	단점
무조건전략	무조건 배반	상대의 호의나 비열함에 관계없이 배반한다.	계속적 상호 투쟁으로 협력의 여지가 없다
	무조건 협력	상대의 호의나 비열에 관계없이 협력한다.	배반의 전략에 무력하다.
상대반응에 따른 전략	맞대응	처음에는 협력자로 행동하다가 협력하는 상대를 만나면 서로 협력하여 상호 호혜의 이득을 얻는다.	처음의 배반에 관용을 하지 않음으로써 상호 보복의 연쇄를 끊지 못할 가능성이 있다.
	관용을 보이는 맞대응	일반적으로 맞대응과 같으나 배반에 대해서는 3번에 한번 관용한다. 처	관용은 무조건 배반자를 불러들이고. 무조건 배반자는 맞대응을 불

9. 협동은 가능한가? 257

		음의 배반에 관용함으로써 상호보복의 연쇄를 끊는다.	러온다.
	파블로프 방법	협력을 유도하여 상대가 협력하려는 태도를 보이면 배신하면서 협력과 배신 사이를 오락가락한다.	
	공정한 강자	계속 협력을 하는 어수룩한 상대에게 파블로프 방법처럼 배반을 하지만, 평판을 고려해서 배반의 전략까지도 포용하며, 처음에는 상대에게 우선 호의를 보인다.	

3. 협동은 언제나 가능하다

이기주의는 상호 호혜의 전략이다

이기주의는 협동과 상호부조를 배제하지 않는다. 이러한 사실을 역사적 논의가 입증한다. 153) 그럼에도 이기주의의 주장이 그 자체 모순임을 입증하려는 반론은 끊임없이 제기된다. 이러한 반론들은 윤리 이기주의자가 똑같은 행위를 올바른 행위로도, 동시에 잘못된 행위로도 판단하게 한다는 점을 밝히려고 한다. 한 여인을 놓고 A와 B가 서로 다툰다고 가정해보라. 두 사람 모두 그녀를 차지할 수 없다. 그래서 두 사람이 그 여자를 차지하기 위해 상대방을 죽이려는 마음을 품는다고 해보라. 이때 '그녀를 차지하는 것만이 행복을 줄 수 있고 다른 어떤 여자도 행복을 주지 못한다.'고 전제한다면, 그 여자를 차지하기 위해 A는 B를 죽여야 하고 B는 A를 죽여야 한다. B의 입장에서 A의 생명을 그대로 놔두는 일은 잘못이며 A의 입장에서는 A의 생명을 그대로 놔두는 일은 올바르다.

이러한 상황이 논란을 불러일으킨다는 논의가 없지 않지만, 호스퍼스는 여기에 어떠한 모순도 없다고 단정한다.[154] B를 꼼짝 못하게 하는 일이 A에게 올바르듯, A를 꼼짝 못하게 하는 일이 B에게는 올바르다. A의 행위(A의 이익을 추구하는 행위)가 올바른 이유는 B의 행위(B의 이익을 추구하는 행위)가 올바른 이유와는 판이하다. 말하자면 A가 B를 죽이는 행위와 B가 A를 죽이는 행위는 같은 행위가 아니라 분명 별개의 행위이다. A가 B를 죽이는 것과 (B를 죽이려는 A의 시도에 대한 방해까지를 포함해서) B가 A를 죽이는 일은 전혀 별개다. 따라서 이기주의에 따를 때 같은 행위가 동시에 올바를 수도 있고 잘못일 수도 있는 자체 모순이 생긴다는 주장은 성립되지 않는다.

사실 A와 B 두 사람 모두가 똑같이 서로를 죽여야만 이익을 얻는다는 확신에서 서로 죽이는 데에 혈안이 될 거라고 생각하기는 힘들다. 오히려 문제의 여인에게 정말 누구를 더 좋아하느냐고 묻고서 그녀의 결단을 따르는 편이 그들에게 이익을 준다. 그녀가 A를 좋아한다면, B는 그 여인(자기보다 A를 좋아하는 여인)을 차지하고 싶은 자신의 욕구를 포기해야 한다. 갈등이 불거지는 대개의 경우에서 서로의 파멸을 자초하기보다는 타협, 그리고 협동을 구사하는 편이 훨씬 이익이다.

이기주의를 상호파멸을 조장하는 이론으로 몰아붙이는 처사는 지나친 것은 물론이고 심지어 어리석기까지 하다. 대부분의 경우 일종의 암묵적 타협(modus vivendi)을 통해 갈등의 당사자들은 이익을 얻는다. 당사자들은 서로 살상의 위험을 감수하면서 이익을 독식하려고 하지 않는다. 오히려 이기주의는 자기 이익의 극대화라는 목적을 위해 협동을 통한 상호 호혜의 전략을 구사하기를 권장하는 이론이다. 협동은 단기적 사리추구와 장기적 타산 사이에 갈등의 문제를 후자 편에 서서 해결하려는 하나의 방책이다.155)

"자아 정체는 마치 실체 없는 국가와 같다.'

이기주의가 협동을 배제하리라는 것은 지극히 피상적 비판이다. 오히려 이기주의는 이와는 다른 맥락에서 근본적으로 비판받는다. 예를 들어, 파핏(D. Parfit)은 자기 이익을 추구하는 행위자가 실체가 아니라고 주장한다.156) 그에 따르면, 자아 정체는 마치 실체 없는 국가와도 같다.

자아 정체는 심리적 유사함으로 통합된 여러 다양한 시간의 조각들로 이루어지는 사실들이다. 문제는 이러한 사실들이 충돌 없이 서로 어떻게 연관 지워지느냐에 모아진다. 새벽에 철학책을 읽던 '나'는 밤늦게 소설책을 읽을 '나' 로 바뀌어도 아무 문제가 없어 보인다. 파핏의 예로, 함대 사령관은 부하들에게 "내 명령은 동틀 무렵에 공격하라는 것이다. 내가 이와 다른 어떤 명령을 내리더라도 무시하라."고 말했다가, 동틀 무렵에 "나의 이전 명령은 무효다. 퇴각하라."고 명령을 번복해도 부하들은 군소리 없이 사령관의 두 번째 명령을 따른다. 함대 사령관의 두 명령은 서로 달라도 양립 가능하다. 물론 다음과 같은 문제도 생길지 모른다.

한 러시아 젊은이가 몇 년 후에 막대한 영지를 상속받는다. 그는 사회주의 이상을 마음 깊이 새긴 탓에 지금 시점에서는 그 영지를 농민에게 나누어 줄 생각이다. 그러나 그는 시간이 흐름에 따라 자신의 이상이 퇴색해버릴 거라는 사실을 안다. 이러한 가능성에 미리 대비하여 그는 두 가지 일을 한다. 먼저 영지가 농민에게 자동 분배될 수 있게 만드는 내용을 그의 아내만 폐기할 수 있는 법적 문서로 꾸며 서명을 해둔다. 그 다음에 그는 아내에게, "내가 혹여 마음을 바꿔 당신에게 이 문서를 폐기해달라고 요구하더라도 그렇게 하지 않겠다고 약속하라."고 요구한다. 그런 후 그는 덧붙인다. "나의 이상은 나의 본질이다. 내가 나의 이상을 잃으면 내가 죽은 거나 다름없다고 생각하길 바란다. 그럴 경우 당신은 그 남편을, 당신에게 지금 약속을 요구하는 내가 아니라 타락해 버린 나의 나중 자아로 생각해주기 바란다. 타락한 나의 나중 자아의 요구에 응하지 않겠다고 약속해 달라."[157]

파핏의 논의는 지금까지 이기주의에 가해졌던 반론과는 차원이 다르다. 이 반론은 자비와 선의를 내세우는 이타적 태도가 이기적 태도를 배척한다는 그런 종류가 아니다.[158] 문제는 타락한 남편과 그 이전의 남편이 서로 다르냐 하는 문제이다. 아내는 어떤 시간대의 남편의 말에 귀 기울여야 하느냐가 문제의 핵심이다. 이 반론은 이기주의의 궁극 목표가 정당화될 수 있는지 없는지에는 관심 없다. 이 반론은, 언제 내가 이기주의의 목표를 세웠는가, 또 앞으로도 내가 그런 목표에 따라 계속 살아갈 수 있는가를 묻는다.

사실 파핏의 반론은 오로지 이기주의의 원리에 국한되지 않을 만큼 근본적 비판이다. 인간 정체가 실체가 아니라 단순한 사실 조각의 모음이라는 논의는 지금까지 제시된 모든 윤리 이론에도 심각한 위협이다. '나'가 실체가 아니라면 고정적인 '나'를 가정하기 어려워진다. 그런 만큼 이제부터라도 윤리학에서는 '나'란 본래부터 고정된 자아가 아니라는 전제를 도입해야 한다. 나란 언제나 과거 현재 미래에 걸친 나이다. 나를 고정적 자아로 파악하기란 애당초 불가능하다. 나는 언제나 바뀌는 나이며 그런 점에서 성찰하는 '나'이다. 무엇이 진정으로 자기 이익인가에 부단한 성찰은 나를 어느 한 시점에 한정짓지 않는다.

규범 윤리로서 이기주의에 대한 비판은 부당하다. 부당한 비판은 잘못된 전제에서 나온다. 협동을 통해 상호 이익을 추구하기보다 타인에 대한 배신을 통해 배타적으로 이익을 독점하려는 탐욕스런 사람을 이기주의자로 전제하는 것은 잘못이다. 오히려 이기주의자는 장기 이익을 추구함으로써 타인들에게 이익을 주는 활동을 하지 않을 수 없는 사람이다. 이익 갈등의 상황보다는 오히려 타인과 협동을 맺는 상황이 더 많다.

'자기 이익'과 '오로지 자기만의 이익', 이 둘을 구별하지 않을 때 이기주의에 대한 왜곡은 시작된다. 어느 누구도 하나의 독립된 섬으로 살아갈 수 없다. 세상 모든 일이 독자적으로 일어날 수 없 듯이 어느 누구도 혼자 살아갈 수는 없다. 제대로 이해된 이기주의는 인간을 고립으로 몰아넣기보다는 오히려 인간을 상생을 위한 협력으로 이끄는 이론이다.

'삶은 모든 사람이 함께 운전하며 달리는 고속도로 여행'
이기주의는 상생을 위한 협력을 유도한다. 뿐만 아니라 이기주의는 자기 이익과 타인의 이익을 분리할 때 생기는 두 의무 사이의 괴리를 메우는 장점을 지닌다. 자기 이익과 타인의 이익을 상호 배타적 개념으로 간주해보라. 그럴 경우 자기 이익을 추구해야 하는 의무와 타인의 이익을 배려해야 하는 의무가 충돌한다. 이러한 충돌은 곧바로 자아의 분열을 초래한다. 이기주의자는 장기적 안목에서 자기 이익을 추구하면서 수단으로써 타인의 이익을 동시에 배려한다. 그럼으로써 자기의 이익을 추구하는 방식과 타인의 이익을 배려하는 방식은 하나로 통합된다. 실제로 나의 이익에 대한 바람과 타인에 대한 선의가 서로 독립적일 수 있는가 의심스럽다. 이 이 두 욕구들은 기본적으로 나로부터 비롯된 욕구들이라는 점에서 서로 다르지 않다.

특히 이기주의에 대해 적대적인 비판자들은 다음과 같은 사실에 주목해야 한다. 그것은 이기주의가 자기 이익을 위해 행위 하려고 여러 대안을 놓고 심사숙고하여 선택할 수 있는 자유를 전제한다는 사실이다. 이기주의의 핵심은 어느 누구라도 그 자신의 이익을 추구하는데 자유로워야 한다는 그 점이다. 물론 어느 한 사람만 자유로워서는 안 된다. 이기주의의 단서는, 나를 포함하여 모든 사람들이 자기 이익을 추구할 권리를 서로 존중해야 한다는 것이다. 이기주의자는 다른 사람들의 권리를 침해하지 않아야 한다는 규정된 범위 내에서 자기 이익을 추구해야 한다. 그렇기에 이기주의는 타인에 대한 무조건적 봉사와 희생을 요구하는 배타적 이타주의와도 다르다. 또 이기주의는 자유와 권리보다 집단의 이익을 우선시하려는 전체주의나 집단주의와도 확연히 다르다.

사회 통념상 이기주의자는 마치 삶을 경쟁으로 여기면서 오로지 경쟁에서 이기는 데 여념이 없는 사람으로만 묘사되어 왔다. 그러나 지금까지 논의를 통해 이기주의는 최소한의 규칙에 바탕을 두는 이른바 '규칙 이기주의'(rule egoism)라는 원리에 이어진다. 이 규칙 이기주의는 이기주의가 치열한 경쟁과 잔인한 갈등을 묘사한다는 비판에 맞설 수 있는 최선의 모델이다. 규칙 이기주의에 따라 호스퍼스는 삶을 마치 모든 사람이 함께 운전하며 달리는 고속도로 여행에 비유한다. 고속도로로 나도 차를 운전하며 다른 사람들도 차를 운전한다. 나는 다른 운전자들에 대해 무관심할지도 모른다. 어쩌면 나는 나의 목적지에 안전하게 빨리 도착하는 데에만 관심을 쏟는다. 그러나 그러려면 누구나 지켜야 하는 도로규칙이 있어야 한다. 159)

때로 사람들은 자신들을 규제하는 규칙이 없는 편이 더 낫다고 생각하기도 한다. 그러나 왜 규칙을 지켜야 하는가에 대해 흄이 대답하듯이, 인간은 본성상 타인을 배려하지 않는다. "인류에 대한 사랑 같은 정념이 인간의 마음에는 없다"160) 내가 규칙을 준수하는 까닭은, 당장 규칙을 지키지 않음으로써 잠시 이익을 얻더라도 훗날 얼마나 많은 손해를 입을지를 잘 알기 때문이다. 장기적 안목에서 규칙을 엄수함으로써 얻는 이익이 같은 상황에서 규칙을 지키지 않음으로써 얻는 순간의 이익을 훨씬 능가하기 때문이다. 규칙은 내가 타인에게 하고 싶은 일을 함부로 못하게 만들면서, 마찬가지로 타인이 나에게 하고 싶은 일도 함부로 못하게 막는다. 나는 스스로 충동을 억제해야 하지만, 타인들도 마찬가지로 그들 스스로 충동을 억제해야 한다. 결국 서로가 같은 규제를 받으면서 이익을 얻게 된다.

규칙 이기주의에 따르면, 도덕은 최소한 규칙 체계이다. 최소한 규칙 체계로서 도덕은 이익을 얻기 위한 선행 조건이다. 도덕은 지킨다고 해서 이익을 반드시 보장하지는 않지만 지키지 않음으로써 손해를 입게 만드는 그런 규칙 체계이다. 최소한의 규칙 체계로서 도덕은 마치 장기판의 행마 규칙과도 같다. 행마 규칙이 없다면 장기 게임은 이루어지지 않는다. 물론 행마 규칙을 지킨다고 해서 반드시 승리를 보장받는 것은 아니다. 그렇지만 행마 규칙을 지킴으로써 지키지 않을 때 겪을 실격패만은 모면한다.

규칙 이기주의에 따르면 누군가가 지극히 도덕적이라고 해서 곧바로 도덕군자와 성인으로 칭송받지는 않는다. 최소한 규칙 체계로서 도덕은 자기 이익을 얻게 만드는 선행 조건일 따름이다. 최소한 규칙 체계로서 도덕은 무조건적 명령 복종 체계와는 확연히 다르다. 규칙으로서 도덕은 '나'의 삶에 내려지는 극악한 명령과 과도한 간섭으로 결코 작용하지 않는다. 규칙으로서 도덕은 무엇이 '나'의 진정한 이익인가를 성찰하기를 고무하고 권장하는 바탕으로서 작용할 따름이다. 규칙으로서 도덕은 극악한 명령과 과도한 간섭과 명백히 대비된다.

10. 은폐인가? vs. 성찰인가?

1. 종교와 성찰

'너희는 아들들의 살을 먹고, 딸들의 살을 먹어야 하게 되리라'

종교는 절대 명령이다. 대개 종교는 신을 내세워 무조건 복종을 요구한다. 그리고 무조건 복종에 대한 요구를 철저히 은폐한다. 신의 명령에 대한 무조건 복종을 끌어내려고 종교주의는 미지의 세계인 내세를 내세워 광분한다. 내세를 내세우는 것은 공포감을 불어넣어 복종을 이끌어 내거나 아니면 곤경에 처해 구원받고 싶은 희망을 불러일으켜 복종을 이끌어내려는 심산이다.

내세란 미지의 세계이다. 그 세계는 그 누구도 알 수 없는 만큼 사실여부를 확인해야 마땅한 영역이다. 그럼에도 사실로 확인된 바 없는 내세를 광신주의는 끊임없이 강요한다. 내세에 대해 공포를 느끼지도 않고 구원을 갈망하지도 않는 사람에게는 광신주의는 극악한 처벌을 내린다. 서구 중세 신앙의 시대에는 무신론자를 처단하려고 고문 기구를 갖춘 종교 재판소가 있었고, 수백만의 불운한 여성들이 마녀로 몰려 불태워졌다. 종교의 이름으로 온갖 종류의 잔인한 폭력이 가해졌다.

그럼에도 종교는 훌륭한 가르침이며 이 가르침에 따를 때 '착한 사람'이 될 수 있다는 믿음이 두루 널리 퍼져 있다. 종교의 가르침에 따라 자기 이익에 연연하지 않고 남에게 자비를 베풀어야 한다는 것이다. 그러나 종교는 신의 명령에 무조건 복종을 이끌어내서 모종의 이익을 챙기려는 자들의 음험한 음모로 보인다. 종교주의의 음모를 미처 알아차리지 못한 불쌍한 사람들은 내세에서 받을지도 모를 그 처벌이 두려워서 신의 명령에 무조건 복종한다.

도덕적이어야 하는 까닭을 오로지 신의 명령에서 찾아야 한다고 생각하는 광신주의가 판친다. 지금 세상에서 사람들을 속이면서 활개치고 살 수 있다 하더라도 어느 누구도 죽음을 피할 수는 없는 만큼 내세에서 준엄한 심판을 내릴 신의 명령을 따라야 한다는 것이다. "그른 일을 하면 훗날 내세에서 벌을 받지만 올바른 일을 하면 영원히 복을 받는다."는 것이 믿음의 내용이다.

그렇지만 현실에서 올바른 일을 하면 내세에서 복을 받을 받고 그른 일을 하면 지옥에 떨어지리라는 믿음은 실상 자기 이익에 대한 관심에서 비롯한다. 올바른 일을 해야 하는 까닭이란, 그럼으로써 복을 받기 때문이며, 복이란 다름 아닌 자기 이익이다. 그른 일을 하지 말아야 하는 까닭도, 벌을 피하려고 하기 때문이며, 벌이란 자기 이익이 없어지는 손해이다. 대부분 종교는 자기 이익에 호소한다. 자기 이익에 호소하지 않고서 무조건 신과 내세를 내세우기란 어렵다. "바다에 빵을 던지면 훗날 그것이 네게 돌아가리라." 는 지금의 행위로 훗날 이익을 얻을 수 있음을 보장하는 말이다.

종교주의는 자기 이익을 신의 명령과 연관시키려는 설명을 극력 거부한다. 신의 명령은 무조건 따라야 할 것이기 때문이다. 무조건 신의 명령에 따르라는 종교주의의 요구는 지독하게 잔인할 뿐이다. 무조건 복종을 요구하는 고대의 어떤 신은 숭배자의 장남을 타오르는 불속에 제물로 바치라고 명령한다. 누가 이런 명령에 따를까? 그러나 복종하지 않으면 더 큰 보복을 받는다.

너희가 내 말을 듣지 않고 반항한다면, 나는 크게 노하여 너희 인간들과 맞설 것이며, 너희 죄를 일곱 배로 징계하리라. 그리하여, 너희는 아들들의 살을 먹고, 딸들의 살을 먹어야 하게 되리라.[161]

이 보다 더 무서운 협박은 없다.

또, 내 이름을 위하여 집이나, 형제(兄弟)나, 자매(姉妹)나, 부모(父母)나, 자식(子息)이나, 전토(田土)를 버린 자마다 여러 배를 받

고 또, 영생을 상속하리라.[162]

현세의 모든 부귀영화를 포기하라는 이런 명령을 따르면, 형제 부모 자식을 무조건 버리는 비정한 사람으로 살아야 한다. 예수가 자기 어머니에게 말했던 방식은 모자관계마저 져버리는 패륜이었다.[163]

여자여, 내가 당신과 무슨 상관이 있나이까?[164]

패륜에 그치지 않고 패륜을 조장하기도 한다.

내가 온 것은 아들이 그 아비와, 딸이 그 어미와, 며느리가 시어머니와 불화하게 하려 함이니 아비나 어미를 나보다 더 사랑하는 자는 내 사람이 될 자격이 없다.[165]

이 말에 따르면 모든 생물적 관계를 끊어야 한다. 왜 끊어야 할까? 참으로 끔찍한 명령이 아닐 수 없다. 아이들이 새장 속의 새를 쇠꼬챙이로 갖고 놀듯이 창조주가 피조물을 만들어 놓고 고통을 가한다든지 희롱을 하는 사악한 존재라면 어떻게 하겠는가?

그럼에도 종교주의는 신의 명령에 대한 무조건 복종을 요구한다. 신의 명령에 복종하는 까닭은 신을 사랑해서도 아니고 사랑이 우러나오기 때문은 더더욱 아니며 오로지 신이 그들을 창조한 분이기 때문에 복종해야 한다는 것이다. 한 기독교 도덕가는 그래서 단호하게 말한다.

> 신은 우리와 세계를 창조했다. 그렇기 때문에 우리는 신에게 절대적으로 복종해야 한다. 우리는 우리 스스로 존재할 권리가 전혀 없다. 따라서 그의 명령에 복종해야 하고 그가 말하는 대로 행위 해야 하는 피조물로서만 존재할 따름이다.[166)]

신의 피조물로 살아가는 상황은 자기 부모에게 "왜 나는 거리에서 구걸해야 합니까?"라고 묻는 거지 아이가 처한 상황과 흡사하다. 이러한 물음에 거지 부모는 "너는 내 자식이고 내가 이 세상에 태어나게 했으니 내가 무엇을 명령하든 그에 따른 것이 네 의무이다."라고 대답한다. 그러나 거지 자식은 자기 부모가 이 세상에 태어나게 했다는 사실을 문제 삼는 게 아니다. 오히려 거지 자식은 부모들이 그런 명령을 내리는 게 과연 올바르냐를 문제 삼는다. 그리고 도대체 어느 부모가 자식에게 명령을 하고 그 명령에 복종을 하라고 협박하는가? 도대체 신은 어떤 존재이기에 자기가 창조한 피조물에게 공갈 협박하는가?

자기의 피조물을 자기가 심판하겠다는 협박

종교주의자가 내세우는 논증은 역겹기 짝이 없다. 나를 창조한 신이 존재하고 바로 그 신이 어떤 명령을 내렸다고 가정해보라. 그런데 나는 왜 이러한 명령에 복종해야 하는가? "신이 우리를 창조했기 때문에 나는 그의 명령에 복종해야 한다."는 결코 타당한 논증이 아니다. 여기에는 피조물이 창조자에게 복종해야 한다는 전제가 더 필요하다. 그리고 이 전제는 논란을 불러일으킨다. 피조물이 창조자에게 복종해야 하는지 말아야 하는지는 그 창조자가 어떤 존재이냐에 달린 문제이기 때문이다.

 신이 전지전능한 존재하면 이 세상을 창조하기 전 이 세상의 모든 문제를 판단했어야만 했다. 세상을 창조하기 전 이 세상이 안게 될 온갖 고통과 불행을 미리 내다봤어야 했다. 신이라면 이 세상의 모든 일에 책임을 져야 한다. 이 세상의 고통은 죄에서 기인한다는 주장은 진실로 들리기 어렵다. 지진이 일어나고 눈사태가 나는 것은 죄 때문이 아니다. 설혹 그렇다 하더라도 그 책임은 신이 져야 한다. 내가 최첨단 로봇을 만들려고 하는 데 그 로봇이 장차 나뿐만 아니라 다른 사람을 보는 대로 죽일 수 있는 살인광이 될 것임을 뻔히 알면서 그 로봇을 만든다면 책임은 도대체 누가 져야 하는가? 신은 인간이 앞으로 저지를 죄악을 미리 알았더라면 인간을 창조하려던 결심에 분명한 책임이 있다. 그럼에도 자기가 창조한 세상에 대해 자기가 심판하겠다는 협박은 너무 어처구니없다.

 이 앞 뒤 안 맞는 명령임에도 신을 사랑하고 숭배해야하기 때문에 무조건 복종해야 한다는 것이 종교주의의 결론이다. 사랑과 존경에서 우러나오는 행위를 해야 한다는 주장은 지극한 무지의 소산이다. 남편을 사랑하고 존경하기 때문에 남편의 말에 꼼짝없이 복종하는 경우도 있지만, 그렇다고 해서 복종해야 할 남편의 말이 무조건 모두 맞는 말이라고 장담하기 어렵다. 복종하는 아내의 눈에 남편은 더 없이 훌륭해보일지 모르지만 사실 그 남편은 그만큼 우둔한 사람을 찾을 수 없을 만큼의 그런 사람인지도 모를 일이다. 우리는 아무나 사랑해서도 안 되고 또 누구에게나 복종해서도 안 된다.

아내는 남편을 사랑하지만 그렇다고 거리에 나가 몸을 팔아서 돈을 벌어오라는 남편의 말에까지 복종해야 하는 것은 아니다. 사랑과 헌신, 그리고 숭배와 존경은 얼마든지 왜곡될 수 있다. 우리는 먼저 우리가 사랑하는 사람이 사랑받을만한 가치가 있는지를 확실히 해야 하고, 다음으로 그 사람이 내린 명령이 따를 만한가를 확실히 해야 한다.167)

'나를 죽여 지옥에 보낼 수 있다면 차라리 나는 기꺼이 지옥으로 가겠다.'

신의 명령에 따름이 사랑 때문도 아니고 신의 피조물 때문도 아니라면 도대체 무엇 때문이란 말인가? 오로지 자기 이익 때문이어야 한다. 자기 이익 때문이 아니라면 신의 어떤 명령이라도 마다해야 한다. 신이 자신의 명령에 복종하는 사람에게 복을 주는 반면 거역하는 사람에게 벌을 주기 때문에 신의 명령에 복종하는 건 자기 이익 때문이다. 오로지 신이 명령했기 때문에 복종하는 건 결코 자기 이익 때문이 아니다. 명령의 내용을 헤아려서 복종할 것이냐 말 것이냐를 결정해야 한다. 하지만 종교주의는 불복종을 처벌의 이유로 삼는다. 처벌을 받지 않으려면 무조건 복종을 요구한다. 무조건 복종은 공갈 협박의 위세에 억눌려 어쩔 수 없이 이루어진 불가피한 행위이다. 무조건 복종은 공갈 협박에서 억눌려서 이루어진다. 무조건 복종은 불복종에 대한 처벌의 두려움에서 이루어진다. 명령하는 존재를 존경하기 때문도 아니요 사랑하기 때문도 아니다. 그런 복종은 조금도 고귀하지 않고 조금의 가치도 없다.

불복종에 대한 처벌을 두려워하는 까닭은 내세에 자기가 받을 신의 심판에 대한 두려움이지만 실상 자기가 속한 사회에서 자기만이 불경한 사람으로 낙인찍혀 현실에서 목숨을 부지할 수 없을지도 모른다는 두려움이기도 하다. 살아남으려면 공동체 이념에 무조건 복종해야 한다. 중세 천년 신앙의 시대에 신의 명령에 대한 무조건 복종은 살아남기 위한 유일한 방법이었다. 그러나 그것은 다윈식의 생물학적 적응 사례였다. 인간의 종교적 믿음은 곧 자기 이익 추구의 발로이며 생물학적 성향의 반영이다.168) 종교 관행은 명시적으로는 아니지만 생물학적 이익을 암암리에 제공하였다. 사회생물학자 윌슨에 따르면, 종교는 과연 사회 생물학적이다

그렇지만 인류의 생물학적 지식체계에 비추어보면 신의 명령에 대한 복종은 터무니없다. 소버(Elliot Sober)에 따르면 "미신과 편견에 의해 산출된 도덕적 믿음들은 발생적 논증에 의해 허물어져야 마땅하다."169) 생물학을 전혀 인정하지 않으려는 신학은 자연 법칙과 대비를 이룬다는 점에서 거짓말투성이다. 어떤 행동이든지 그것은 자기 이익으로 말미암은 것이다. 늙은 여인 테레

사는 수녀의 옷을 입고서 사실상 자신의 구원을 얻기 위한 삶을 살았었을 뿐이다.170)

삶이 신의 명령에 따라 이루어져야 하는 것은 결코 아니다. 신의 명령에 대한 무조건 복종을 삶의 전부로 여겨 스스로를 '죄인'이니 '주인의 노예'로 스스로를 비하하는 것은 자존감을 가진 인간으로서 도저히 할 짓이 아니다. 불확실한 세계에서 살아가는 불완전한 인간일지언정 미지의 세계를 만들어 놓고 복종을 요구하는 협박에 굴종하지 말아야 한다, 비굴하게 굴종하기보다는 당당하게 거역하는 편이 인간 본연의 모습이며 그것만이 진정으로 인간의 자기 이익이다.

이것을 믿어야 하고 아울러 이러한 존재를 최고의 인간성을 나타내고 부합하는 명칭으로 불러야 한다는 말을 들었을 때, 나는 그렇게 하지 않겠노라고 잘라 말하겠다. 이러한 존재가 나에게 어떤 힘을 가하든 그가 하지 못할 일이 하나 있는 데, 그것은 나를 강요하여 그를 믿도록 하는 일이다. 나는 나와 같은 부류의 존재와 비교해서 선하지 않은 그런 존재를 선하다고 부르지 않겠다. 이러한 존재가 나를 죽여 지옥에 보낼 수 있다면 차라리 나는 기꺼이 지옥으로 가겠다.171)

생명보다 중요한 자기 이익은 없다. 그렇다면 신의 명령은 다른 관점에서 해석 가능해진다. (a)"신이 명령했기 때문에 어떤 행위를 해야 한다."보다는 (b)"신이란 선한 존재인 까닭에 신은 어떤 행위를 하도록 명령했다."라는 해석이 이루어질 수도 있기 때문이다. (b)는 신의 명령이 어떤 이유, 그러니까 신이 선한 존재라는 이유에서 내려진다는 해석이다. 예를 들어 신의 명령에 복종함으로써 사람들은 더욱 더 활기찬 생명을 지닐 수 있고 그러면서 더욱 더 행복해질 수 있다는 주장이다.

그러나 이러한 추론은 번거롭기만 하다. 신이 어떤 행위(x)를 명령하는 어떤 이유를 갖고 있으며 또 우리가 그 이유를 충분히 이해한다고 가정하면, 신이 굳이 그 어떤 행위(x)를 하라고 명령하지 않아도 우리는 그 행위(x)를 충분히 알아서 할 수 있을 것이기 때문이다. 그 행위(x)가 할 만한 일이라고 생각한다면 우리는 그것이 신이 명령이든 아니든 그 행위(x)를 하려고 할 것이기 때문이다. 그런 만큼 그 행위(x)를 하는 이유는 신의 명령에 좌우되지 않는다. 그 행위(x)를 하는 까닭은 그것이 우리가 해야 할 것이기 때문이지 신이 명령하기 때문은 아니다. 신은 올바른 행위가 무엇인가를 규정하는 존재가 결코 아니다. 그런 만큼 신이 명령했기 때문에 도덕적으로 행위 한다는 주장은 도저히 참아내기 힘든 억지이다.

2. 계시와 성찰

"함부로 맹세하지 말라."

'보상과 처벌'의 체제는 복종을 미덕으로 삼고서 복종을 도덕적 순수함으로 각색한다. 물질적 불순함이 깨끗함을 망쳐 놓듯이 도덕적 불순함이 사람을 망치고 사회를 망친다는 생각이다. 도덕은 건강이고 부도덕은 불건강이다.172) 그렇지만 무엇이 도덕이고 부도덕인가는 무엇이 결정하는가? 종교주의에 따르면 무엇이 올바르고 그른지를 결정하는 기준은 계시라는 믿음이다.

계시에 대한 믿음에 따르면, 신은 일반적으로 경전을 통해 인간에게 신탁을 내리며, 경전을 통해 인간이 복종해야 하는 바를 드러낸다. 그렇지만 계시라고 불리는 것들이 결코 한 두 개가 아니다. 유대인에게는 구약성서가 계시된 진리이지만, 기독교인들에게 신약과 구약이 모두 계시된 진리이며, 코란은 이슬람에게 계시된 진리이다. 종교의 신봉자들은 저마다 자기들의 경전이 오직 하나의 계시된 진리를 담는다고 굳게 믿는다. 그렇지만 계시를 담은 경전들의 내용이 서로 모순을 일으키는 경우가 허다하다. 서로 자기들의 경전을 믿어야 한다고 주장하지만 어느 하나를 유일한 계시라고 믿는 순간 다른 계시들이 모두 거짓이고 말텐데, 거짓 계시라고 간주되는 종교를 믿는 사람들이 그런 일을 온전하게 받아들이기 만무하다.

계시를 올바름과 잘못을 구별 짓는 기준으로 받아들이려고 한다면 먼저 무엇이 정말로 계시인가를 확인할 수 있어야 한다. 그렇지만 무엇이 진정 계시인지 확인할 방법이 있는지조차 알기 어렵다. 계시를 행위 기준으로 삼는다는 것은 무엇이 계시인가를 확인해야 하는 어려운 문제를 떠안는다. 자기들만이 진정한 계시를 찾았노라고 큰 소리쳐봐야 별 소용이 없다. 그런 외침은 결코 증명이 아니다. 자기가 진정 계시를 찾았다고 외치면 다른 사람도 자기 계시가 진정한 계시라고 외칠 게 뻔하다. 계시를 통해 올바름과 잘못을 구분하려는 시도는 모순 갈등을 불러일으켜 삶을 어지럽힐 따름이다.

종교주의자들이 지닌 저마다의 믿음을 인정한다고 하더라도 여전히 문제는 남는다. 서로 진정한 계시를 담고 있다는 경전 내용은 지극히 모호하고 수수께끼 같아 해석하기 곤란하다. "함부로 맹세하지 말라."는 말 그대로 맹세를 하지 말라는 것인지 아니면 맹세하는 사람에 대한 저주를 드러내는 것인지 불분명하고 모호하다. "살인하지 말라."는 그 누구도 죽이지 말라는 뜻인지 아니면 자기 종족의 사람을 죽이지 말라는 뜻인지도 불분명하고 모호하다. 고대 부족 문화에서 살인하지 말라는 명령은 대개 자기 부족에 국한시키는 명령이었다. 그래서 대개 오래된 종교의 경전에서 살인하지 말라는 명령은 다른 종족을 살인하지 말라는 명령인지 아닌지 불분명하다.

또 경전이 언제 만들어졌는지도 불분명함에도 그 경전을 오늘날 현실에 적용하려는 처사는 너무 어처구니없다. 수 천 년이 지난 지금 그 명령을 어떻게 해석해야 하는가는 정말로 곤란한 문제이다. 그리고 그 명령을 해석까지 해서 굳이 따라야 한다는 것도 이해하기 어렵다. 모든 사항을 빠짐없이 망라하려던 당시 경전 제작자들의 의도를 수 천 년이 지난 지금에 헤아려야 할 까닭은 없다. 이 세상에는 경전만으로는 도저히 해결할 수 없는 일들이 너무도 많다. 유대의 전통을 담은 경전으로 유교적 전통의 동성동본금혼의 문제를 해결할 수 없다.

동성동본금혼제도에 대해 찬성하는 사람은 다음과 같이 말한다.

이 세상의 무수히 많은 남녀들 중에 하필이면 동성동본끼리 혼인하려고 한다는 것은 너무 편협한 것 같다. 동성동본끼리 결혼은 우리의 오래된 미풍양속에도 어긋나고 유교에서 말하는 인륜에도 어긋나는 것이 아닐까? 또 동성동본은 근친혼을 뜻하기도 하는 데 근친혼이란 우생학적으로도 좋지 않은 것이 분명하지 않은가?

그렇지만 여기에 만만치 않은 반론이 나온다.

동성동본이라는 개념 자체가 허구가 아닐까? 인간은 누구나 아버지와 어머니의 피를 반반씩 받고 태어난다고 할 수 있다. 그런데 5대만 내려가도 원래 조상의 피가 1/30밖에 되지 않으며, 10대로 내려가면 1/1222, 20대로 내려가면 1/524,288밖에 본래 조상의 피가 섞이지 않게 된다. 따라서 그 나머지는 무수히 많은 타성의 피가 될 것이다. 이렇게 볼 때 혈족이라는 말은 허구이며, 그에 따라 동성동본 금혼제도는 폐지되어야 마땅한 것이 아닐까?

대부분의 종교 경전에 나오는 '간음하지 말라'는 간통을 불법으로 규정하지 않는 오늘날의 현행법과 상충한다. '혼외정사'는 일부일처제가 얼마나 부실한 제도인가를 보여주는 사례이

다. 예를 들어 혼외정사에 대해 다반사로 다음과 같이 주장한다.[173)]

　　혼외정사를 사람들이 금기시하는 까닭은 아직 당신이 전통사회의 터부에 깊이 물들어 있기 때문인 것 같다. 이러한 터부가 생겨난 까닭은 의학적으로 출생조절이 불가능한 시대였기 때문이다. 이 시대의 사람들은 혼외정사로 태어난 신생아들이 법적으로 사생아가 되고 이 사생아들이 법적으로 보호자가 없어 교육을 못 받게 되고 또 범죄를 일으킬지도 모르며, 그로 말미암아 사회가 혼란스러워질 것을 염려했던 것이다. 그러나 출생조절이 가능한 지금에 와서 사생아는 더 이상 태어나지 않을 것이며, 따라서 사생아로 인한 사회 혼란은 염려하지 않아도 될 것 같다.

그러나 여기에 동의하지 않는 의견이 나온다.

　　사람들은 혼외정사가 야기할 다른 결과만을 생각해볼 필요가 있다. 만약 누군가가 혼외정사를 하였을 경우 그 배우자가 갖게 되는 정서적 상태를 생각해 볼 필요가 있다. 이러한 상태는 누구나 겪고 싶어 하지 않는 속박의 상태이다. 혼외정사가 만연할 경우 많은 인간들이 불행한 속박상태에서 지내게 될 것이다.

혼외정사에 대한 찬반 논변뿐만 아니라 일부일처제에 대한 찬반 논변도 거세다. 오늘날 어느 종교가 일부일처제에 대한 회의를 잠재울 수 있는 교리를 마련하고 있는지 무척 의심스럽다.

일부일처제와 '쿨리지 효과'(Coolidge Effect)

'쿨리지 효과'(Coolidge Effect)는 일부일처제에 대한 회의를 반영한다. 그것은 미국 30대 대통령 쿨리지가 영부인과 함께 국립농장을 방문했을 때 일화에서 유래한다. 닭장을 지나면서 영부인이 관리인에게 수탉이 하루에 몇 번이나 교접하는지 물었다. "수십 번은 합니다."라고 관리인이 대답했다. 영부인은 뒤에 오는 대통령에게 그 말을 꼭 해달라고 부탁했다. 이윽고 대통령이 닭장을 지나면서 수탉에 관한 얘기를 들었다. 그 얘기를 듣고서 대통령은 "매번 동일한 암탉과 말입니까?"라고 물었다. 그러자 관리인은 "그건 아닙니다. 매번 새로운 암탉이지요."라고 대답했다. 대통령은 그 말을 아내도 들을 수 있게 크게 말해주길 부탁했다. 그 후 새로운 암컷을 보고 수컷이 자극받는 현상은 '쿨리지 효과'로 불렸다.

한 생물학 보고서에 따르면, 소와 양의 경우 쿨리지 효과는 너무도 컸다. 수컷의 성적 능력의 한계가 거의 없는 듯 보였다. 수소가 암소와 교접을 끝내면, 그 암소를 다른 곳으로 옮기고, 새로운 암소를 데려오는 실험을 반복했다. 실험 결과 수소의 7번째 암소에 대한 반응은 첫 번째 암소에 대한 반응 못지않게 격렬했다. 숫양의 경우도 대개 비슷했다. 숫양은 같은 암양에게는 5번 이상 사정하지 않는 동물이다. 하지만 숫양이 같은 암양과 교접을 끝낼 때마다 매번 새로운 암양으로 바꿔줬더니 숫양은 12번째의 암양에게도 거의 같은 횟수의 사정을 했다. 수컷의 성행위가 시들해지거나 멈춰지는 까닭은, 결코 피곤해서가 아니라, 새로운 암컷이 없어서 더 이상의 자극을 받지 않기 때문이다. 이미 16세기에 프랑스 사상가 몽테뉴도 전원생활 중에 똑같은 현상을 목격했다.

> 암말의 냄새를 맡고 욕정을 주체하지 못하는 나이 먹은 수말을 사육장으로 데려갔다. 얼마동안 그 수말은 암말과 질릴 정도로 교접했다. 그렇지만 그 수말은 못 보던 암말이 지나가자 처음 데려온 암말을 볼 때 지르던 소리를 내며 격정적인 발정 상태를 보였다.[174]

쿨리지 효과는 포유류에게 광범위하며 탁월하게 나타나는 현상이다. 그러면 인간에게도 이런 효과가 나타날까 의심스럽다. 우선 인간은 존엄한 까닭에 실험 대상이 못된다. 그래서 인간에 대한 쿨리지 효과를 경험적으로 입증하기란 어렵다. 설령 그런 실험이 이루어져도 가상일 따름이며 실험 결과 또한 대담한 추측에 불과하다. 인간을 단순히 동물로 간주하기 어렵고, 그러니 인간이 짐승처럼 성적 자극에 곧바로 반응한다고 단정 짓기도 어렵다. 오히려 특유의 사유 능력을 발휘하여 충동을 피해나가는 존재가 인간이다.

그러나 사회생물학에 따르면, 여느 동물들과는 분명 다르지만 인간은 많은 점에서 여전히 동물이다. 전혀 동물적이지 않은 인간적 삶은 불가능하며, 그래서 때로 인간적 삶은 비극이기도 하다. 동물로서 인간은 본능적인 자연적 삶을 살아야 하면서 동시에 이성적 존재로서 일부일처제의 제도적 삶을 거역해서도 안 된다. 본능적인 자연적 삶과 일부일처제의 제도적 삶이 교직(交織)하는 인생은 모순과 갈등으로 점철된다. 일부일처제는 자연적 삶을 넘어서라는 요구인 만큼, 그것은 동물로서의 인간에게는 버거워 보이기도 한다. 그래서 때로 그것은 일탈의 욕망을 강하게 부추긴다.

본능이 행복을 느낄 수 없도록 하는 규범은 바람직하지 못하다. 남녀 양성의 수효가 대단히 차이가 많은 사회에서는 엄격한 일부일처제가 필요하다. 그럼에도 종교주의의 교리에 무조건 얽매여 과거의 규범에 대한 무조건 준수를 요구하는 도덕주의로 변모한다. 불행을 키워나가는 규범은 부당한 위선이나 불명예를 증대시키기 마련이다.

신성불가침의 금기는 성찰을 꺾으려는 음모이다

'네 이웃을 네 몸처럼 사랑하라'는 종교 교리는 이웃의 범위를 분명히 규정짓지 못한다. 그래서 이 교리는 삶의 지침으로 조금의 실효성도 지니지 못한다. 이웃은 아파트 주민 모두를 가리키는가, 아님 학교 동창 모두를 가르치는가, 아님 고등학교 동창 정도에 국한해야 하는가, 등등 그 범위를 도저히 헤아리기 어렵다. 또 '네 몸처럼 사랑' 하는 게 어떤 정도의 사랑인가? 불우한 이웃을 도울 때 주머니에 있는 천원 지폐 한 장을 던져주는 것인가? 적어도 자기 몸처럼 사랑하려면 그 정도에서 그칠 수는 없는 노릇이다. 자기 몸이 결코 천원 지폐의 가치를 지니지는 않을 테니 말이다. 자기 몸처럼 사랑하려면 은행에 가서 5만원 지폐를 다발로 불우한 이웃에게 안기는 것만으로 조금도 충분하지 않다. 자기 몸처럼 이웃을 사랑하려면 불우한 이웃을 아예 자기 집에서 살도록 해야 한다. 백 원짜리 동전 몇 개를 던져주는 것은 자기 몸에 대한 지극한 모욕이다. 자기 몸은 자기가 무한히 사랑해도 모자랄 그런 것이 아닌가? 자기 전 재산을 처분해서라도 자기 질병을 치료하는 것처럼 자기 몸을 사랑한다면 이웃에 대한 사랑은 도대체 어느 정도의 사랑인지 도저히 헤아리기 어렵다.

오늘날의 세계는 과거에 비해 엄청난 변화가 이루어진 세계이다. 그럼에도 몇 천 년 묵은 종교 교리가 도대체 오늘 날의 삶에서 도대체 어떤 지침을 내릴 수 있을까? 이는 매우 중요한 물음이다. 종교 교리에 바탕을 둔 도덕 규칙은 더 이상 필요하지 않다. 주차 질서에 대해 종교 교리는 무슨 지침을 내릴까? 의료 보험제도의 타당성에 대해 종교 교리는 어떤 지침을 가질까? 대통령제가 더 나은가 아님 내각제가 더 나은가, 어느 하나가 더 낫다면 종교 교리는 그에 대해 어떤 이유를 제시할까?

신문기자는 뉴스 취재원을 공표하도록 법으로 규제받아야 하는가, 아님 그렇게 하지 않을 특권을 누리는가? 정신과 의사는 법정에서 자기 환자에게 불리한 증언을 해야 하는가 아니면 변호사를 내세워 그렇게 해야 하는가? 예술 작품은 정부의 검열을 받아야 하는가? 고속도로 주행 중 부상당한 개를 발견한 수의사는 차를 멈추고 그 개를 치료해야 하는가? 연로한 부모를 모셔야 하는 것은 자식들이어야 하는가 아니면 정부이어야 하는가?[175]

　종교 교리는 오늘날 도대체 어디에 쓰이는가? 그건 삶에 대한 진지한 성찰을 꺾어 놓을 따름이다. 종교 교리에 대한 성찰은 커다란 죄악이며 불경으로 몰아가는 처사는 거의 재앙의 수준이다. 소크라테스 이래 철학자들은 성찰을 인간다움의 한 요소로 삼아 왔다. 그럼에도 종교는 성찰을 말살하려고 한다. 이것은 마치 대답하기 거북한 질문에 '쉿 조용히'라고 하거나 벌을 내리는 것과도 같다.

　종교주의는 무지를 조장한다. 종교 교리의 모호함을 성찰하는 일은 신을 불쾌하게 만드는 일로 몰고 간다. 신의 분노는 불경의 죄를 지은 개인에게만 돌아가는 것이 아니라 공동체의 재앙을 불러오기 쉽다는 것이다. '죄악'의 개념은 무조건적 명령에 대한 거역이다. 왜 명령에 복종하는가를 성찰하는 것은 신성불가침의 금기 영역에 대한 침범이다.

　신성불가침의 금기는 성찰을 꺾으려는 음모이다. 신성불가침의 교리는 무한한 존경과 무조건의 맹종이 만들어낸다. 무조건의 맹종은 어떠한 성찰도 외면하고, 그로 말미암아 '나'를 찾을 수 없으며 마침내 '나'는 실종되고 만다. 실종된 '나'를 찾지 않음은 '나'를 버리는 일이다. '나'를 버림으로써 마침내 '나'는 사라지고 만다. 종교 경전에 대한 성찰만이 나를 사라지게 하는 절체절명의 위기에서 '나'를 구해낸다. 구원은 따로 있지 않다. 구원은 스스로에 대한 구원뿐이다. 스스로의 구원은 스스로가 해야 한다. 다른 누가 '나'를 구원해주리라는 기대감으로 스스로를 구원하지 못하고 만다. 스스로를 구원하는 일, 그것은 성찰하는 삶이다.

금기사항은 자기 이익 추구의 결과이다

본래 신성불가침의 금기는 생물학적 자기 이익 추구의 결과이다. 그것은 근친상간을 금기로 받아들인 것은 유전적 이익 때문인 것과도 같다. 근친상간을 금기시하는 사람들이 그렇지 않은 사람보다 더욱 번성하리라는 가설이 근친상간의 금기를 뒷받침한다. 근친상간의 금기는 자연 선택이 본능적으로 근친상간에 저항하는 사람들을 선호하리라는 가설이 깔린다. "생물학적 가설에서 결국 제시하는 것은 근친상간으로 야기되는 생물학적 손실이다. 근친상간을 통해 태어난 아이들이 상대적으로 소수의 자손을 남긴다는 것은 분명한 사실이다." 그러나 자기 이익을 바탕으로 형성된 관념이 오랜 세월을 거치면서 억압기제로 작용하여 자기 이익을 저지하는 듯이 보인다. 다음은 자기 이익과 도덕관념이 서로 일치하지 않음으로써 다음과 같은 가공의 이야기가 만들어지기도 한다.

줄리와 마크는 남매다. 대학생인 그들은 여름방학을 이용해 함께 프랑스를 여행하고 있다. 어느 날 두 사람은 바닷가의 오두막에서 단둘이 밤을 보낸다. 그들은 시험 삼아 섹스를 해보면 재미있을 거라는 결론에 도달한다. 최소한 서로에게 새로운 경험이 될 것이다. 줄리는 이미 피임약을 복용했지만 마크 역시 안전을 위해 콘돔을 사용한다. 두 사람 모두가 섹스가 즐거웠지만 다시는 하지 않기로 결정한다. 그리고 그날 밤의 일을 특별한 비밀로 간직하고 그로 인해 서로 한층 가까웠음을 느낀다.[176]

원시적 사고가 여전히 현대인의 마음에 뚜렷이 새겨진 결과 신성불가침의 관념이 생긴다. 어떤 가치들은 신성불가침의 관념을 만들어내면서 무한 가치 혹은 초월 가치를 부여받아 다른 모든 가치를 압도한다. 심지어는 그것을 다른 가치로 대체할 것을 생각하는 것조차 허락하지 않는 금기를 만들어낸다. 신성불가침 관념을 벗어버리려는 생각 자체가 죄악이어서 신성불가침 관념에 거슬리는 생각이나 행동은 당연히 비난과 분노의 대상이다.[177] 그렇지만 발생 연원을 거슬러 올라가면 신성불가침의 대상은 한낱 조롱거리다.

−한주부가 옷장을 청소하다가 낡은 성조기를 발견한다. 더 이상 그 국기가 필요하지 않다고 생각한 그녀는 그것을 찢어 욕조를 청소하는 걸레로 사용한다.
−집에서 기르던 개가 집 앞 도로에서 차에 치여 죽었다. 가족들은 개고기가 맛있다는 말을 들은 적이 있어서 개의 시체를 잘라 요리를 한 다음 저녁 식사로 먹었다.[178]

종교 교리의 신성불가침도 한낱 관성과 타성의 결과이다. 그럼에도 이 신성불가침에 대한 집착으로 종교 갈등과 종교 전쟁의 온갖 만행이 저질러진다. 종교 교리의 신성불가침은 신의 명령에 대한 무조건 복종을 끌어내기에 더 없는 수단이다. 신성불가침은 신의 명령에 대한 무조건 복종 체제 속의 종속적 삶을 만들어 간다.

어린 시절부터 지금까지 줄곧 지켜왔으며 지킬 수밖에 없었던 많은 규칙들은 종교 교리에서 나온다. 종교 교리는 신성불가침으로 받아들여진 만큼 그로 말미암은 규칙을 왜 지켜왔으며 왜 지켜야 했는가에 대한 물음을 가로 막아왔다. 종교 교리에서 나온 규칙은 지킬만한 이유로 지켜지고 지켜져 왔던 것이 아니라 무조건 지켜져야 한다는 이유로 지켜져 왔다. 규칙을 지켜야 하는 이유를 찾아내는 과정이 곧 성찰이다. 그러한 과정이 생략됨으로써 역사 속에서 무수한 만행과 잔학의 벌어졌다.

20세기 종교로 말미암은 잔학상은 성찰이 무력했던 종교주의의 만행이 빚어낸 결과이다. 물론 많은 사람들이 잔악한 행위를 도중에 멈출 수 있었던 것도 과연 내가 이러한 행위를 할 수 있는 사람이냐 라는 성찰이 이루어졌기 때문이다. 그러한 성찰은 종교주의가 요구하는 신의 명령에 대한 무조건 복종을 거역하는 물음이기도 하다.

3. 양심과 성찰

양심은 천차만별이다

성찰을 외면하려는 태도는 양심에 대한 무조건적 복종으로 나타나기도 한다. 그래서 '착한 사람'은 "양심이 시키는 대로 하라", "양심을 거역하지 마라" 는 명령을 거역하지 않는다. 그렇지만 '좋은 마음'으로서 양심은 도대체 무엇인가? 양심은 도대체 어디에 자리 잡는가? 상식에 비추어 볼 때 양심의 명령은 '나' 밖의 어디에도 없다. 그것은 '나'의 내면에 자리 잡고서 '나'에게 속삭인다. 양심의 명령은 '나'의 내면에서 우러나오는 소리로서 '나'의 결단의 지침이다.

결단의 지침으로서 양심의 명령은 내면에서 우러나오는 소리이지만, 실상 외부 명령을 내면화한 결과이기도 하다. 예를 들어 어린 아이들은 부모가 무엇을 하라는 명령에 따르기보다는 자기들 마음대로 하고 싶어 하면서도 그 명령을 어길 때 모종의 처벌도 감수해야하기 때문에 명령에 따른다. 명령에 복종하면서도 자존심을 지키려고 명령을 마치 자기 스스로의 명령인 듯이 여기면서 따른다. 스스로의 명령인 듯이 여길 때 그 명령은 더 이상 외부의 명령이 아니다. "두 살배기 어린 아이는 밥상에서 국을 엎지르고 비난받을 때 골을 내지만, 네 살쯤 되면 오히려 자기 동생이 밥상에서 국을 엎지는 짓에 대해 오히려 화를 낸다."[179) 이렇듯 외부 명령에 대한 복종은 습관으로 만들어지면서 내부 명령으로 바뀐다.

사람들 저마다 다른 외부 명령에 대한 복종을 습관화해서 스스로의 내부 명령으로 바꾼다고 가정할 때 양심을 바탕으로 올바른 행위와 잘못된 행위를 나누기란 무척 어렵다. 무엇보다도 먼저 사람들의 양심이 천차만별이기 때문이다. 어떤 사람의 양심은 자기 가족의 일원이 살해되거나 불구가 되었을 때 복수하라는 명령을 내리는 반면 다른 사람의 양심은 어떤 일이 있어도 살인이 이루어져서는 안 되며 설령 정당방위라도 살인하지 말라고 명령한다. 또 어떤 사람의 명령은 자기 물건이 아니면 절대로 훔치지 말라고 명령함에 반해 다른 사람들의 양심은 도둑질에 대해 반대의사를 분명히 드러내지 않는다. 햄릿은 숙부 클로디어스를 죽이지 못해 양심상 괴로워했다. 그러나 다른 사람은 햄릿과 똑 같은 상황에 처해 숙부를 죽임으로써 '양심상' 괴로워할지도 모른다.

사람들이 그토록 믿고 따르는 양심의 명령이 도대체 왜 같은 사람임에도 이렇게 다른가? 여기서 무엇보다도 먼저 사람이 양심으로 일컫는 게 환경과 교육에 따라 만들어진다는 사실에 주목해야 한다. 그 사실에 주목함으로써 비로소 양심의 다양성은 설명 가능해진다. 어린아이의 경우 서로 다른 환경과 교육을 받음으로써 다양한 규칙을 내면화한다. 그럴 경우 올바른 행위와 잘못된 행위를 구분하는 기준으로서 양심을 채택할 수 있을지는 무척 의심스러워진다. 어떤 사람의 양심은 도둑질을 하지 말라고 금지함에도 다른 한편에서 도둑질을 해도 무방하다고 명령하는 양심은 도대체 무엇인가?

양심의 명령이 사람들에 따라 달라지는 것은 사람들이 처한 상황이 각기 다르기 때문이라는 답변이 이루어지기도 한다. 예를 들어 "두 사람 모두 양심의 명령에 따른다는 점에서 모두 올바르다. 첫째 사람의 양심은 다른 사람이 아닌 그 사람이 해야 할 올바른 행위를 명령했기 때문이다. 상황은 수시로 변하는 터라 어떤 상황에서 첫째 사람에게 올바른 행위가 둘째 사람에게는 올바르지 않을 수도 있다." 물론 사람들이 행위 할 때의 상황이 무척 다양하다는 건 인정해야 한다. 그렇지만 반드시 따라야 할 것이 양심이라면 어떤 사람의 양심이 원수에게 복수하라고 명령함에 반해 다른 사람의 양심이 절대로 그건 올바르지 못하다고 금지한다는 것은 좀처럼 납득하기 어렵다.

양심은 어떤 사람에게 특별한 명령을 내리지 말아야 한다. 양심은 모든 사람에게 같은 명령을 내려야 한다. 평화주의자의 양심은 그에게 사람의 생명을 해치지 말 것을 명령하지 않는다. 그 명령은 모든 사람이 따라야 할 명령이기도 하다. 엄격하게 자식을 키우는 부모들은 자기들만이 그렇게 키워야 한다는 걸 양심의 명령으로 여기지 않는다. 부모라면 모두 자기들처럼 자식을 키워야 한다는 걸 양심의 명령으로 생각한다. 그럼에도 양심에 따른 행동이 서로 다르고 심지어 모순을 일으킨다. 양심의 명령이라고 우기면서 서로 다른 의견을 내세울 때 해결할 기준은 결코 양심이 아니다. 양심의 이름으로 서로 다른 의견을 내세울 때 서로에 대한 반감은 더욱 커지고 갈등의 골은 더욱 깊어진다.

정통 유대교 전통에서 자란 사람들이 돼지고기를 먹었을 경우, 그들은 양심상 괴로워한다. 정통 힌두교 전통에서 교육받은 사람이 소고기를 먹었을 경우 심한 죄책감에 시달린다. 안식일을 준수하도록 교육받은 사람은 일요일의 데이트에 심한 가책을 느끼며 이슬람의 젊은 인도네시아 여인은 한국으로 시집와서 돼지고기 넣고 요리한 김치찌개를 가족들이 먹는 걸 보고 너무도 놀란 나머지 며칠 씩 몸져눕기도 한다.[180] 사람들의 양심은 어느 정도는 어린 시절에 받은 교육의 산물이다. 많은 사람들이 성인이 되어 저지른 커다란 범죄보다는 어린 시절에 익힌 규칙을 조금이라도 어기면 심한 죄책감에 시달린다. 어린 시절부터 도둑질을 하지 마라, 거짓말을 하지 마라, 등의 얘기를 수없이 들어왔던 사람들은, 금지된 이런 일들을 하면서 심한 죄책감을 느끼지만, 정작 불법운전 공금횡령 심지어 살인 등을 저지르면서는 어떤 죄책감도 느끼지 않을 만큼 태연하고 뻔뻔스럽다.

'양심은 교육의 산물이다.'

사려 깊고 반성적인 사람이라면 세월의 흐름에 따라 양심도 점차 변화하고 성숙해지기도 한다. 어떤 사람은 안식일 교육을 받아 일요일의 영화 관람이 어린 시절에는 심한 가책을 받았었지만 성인으로 자란 후 더 이상 그런 가책을 느끼지 않기도 한다. 어떤 사람은 어린 시절 인종 차별에 관해 따로 배우지 않았어도 인종에 관한 편견이 스스로 잘못이라고 판단하고 조금이라도 인종 차별의 기미를 보이기만 해도 심한 가책을 느끼기도 한다. 그런가 하면 스스로 양심을 속이는 사람도 적지 않다. 햄릿은 숙부 클로디어스를 자기 양심에 따라 죽였다고 생각했지만 실상 그 자신을 기만했었는지도 모른다. 햄릿은 살인이 잘못이라는 걸 너무 잘 알면서도 양심을 외면하려고 했었는지도 모른다. 사람들은 자기가 하고 싶어 하는 일을 마치 양심의 명령처럼 생각하는 수가 허다하기 때문이다. 히틀러는 유대인 학살이 큰 잘못이라는 것을 너무 잘 알면서도 그 같은 일을 하고 싶었던 탓에 양심을 외면했는지도 모른다.

그렇지만 햄릿이 양심상 괴로워했던 것이 실상 숙부 클로디어스를 죽이지 않았기 때문인지도 모를 일이다. 햄릿이 숙부를 죽이는 일이 잘못이라고 믿었다고 생각할 어떤 근거도 없다. 히틀러가 유대인 학살을 잘못이라고 믿었다고 생각할 어떤 근거도 없다. 스페인에서 종교 박해가 성행할 당시 이단자를 고문했던 사람들은 스스로 고문을 성스러운 의무로 믿었으며, 고문을 하지 않는다면 직무 태만이라고 여겼을지도 모를 일이다. 그 시대에 고문 행위를 두고 올바르다고 생각했었지만 지금 그 행위를 올바르다고 생각하는 사람은 거의 없다. 확실한 건, 내가 그르다고 생각하는 어떤 행위를 올바르다고 믿는 사람들이 많으며, 많은 사람들이 그르다고 생각하는 어떤 행위를 나는 올바르다고 믿는다. 개고기를 먹으면서 영양을 보충하는 일은 결코 저지르지 말아야 할 만행이라고 믿는 사람이 있는가 하면 그거야말로 여름 한 철에 벌여볼만한 즐거운 일이라고 믿는 사람도 적지 않다.

사람들이 저마다 같은 행위를 놓고도 양심에 따라 다른 판단을 내린다는 사실로 말미암아 그대로의 양심보다는 '계몽 양심'에 호소하기도 한다. 그렇지만 도대체 '계몽 양심'의 정체가 의심스럽다. 종교 박해자들은 자신의 양심이 '계몽 양심'이라고 여기면서, 자기들의 심판을 받았던 이교도들은 양심을 저버린 놈들이라고 믿는다. 사람들 저마다 자기 양심이 '계몽 양심'이라고 믿으며, 자기와 반대 의견을 지닌 사람들은 양심을 저버렸다고 믿는다. 서로 의견이 다를 때 저마다 자기 의견이 '계몽 양심'에 따른 결과라고 주장한다.

양심의 기원을 감안할 때 그것이 다양하게 나타나리라는 것은 뜻밖의 사실이 아니다. 어린 시절 어떤 부류의 행위는 시인(是認)의 감정에 걸맞기도 하고 부인(否認)의 감정에 부합하기도 한다. 연상이라는 일반 과정을 거친 쾌락과 불안은 행위가 산출한 시인 및 부인의 감정과 관계 맺음은 물론이고 행위와 나름대로 관계 맺는다. 세월이 흐를수록 우리는 어린 시절의 도덕 교육의 내용을 몽땅 잊어버린 채 여전히 어떤 부류의 행위에 대해서는 불안을 느끼며, 어떤 부류의 행위에 대해서는 올바른 일을 했다는 만족감을 지닌다. 우리 내면을 성찰하면, 이러한 감정은 신비롭기까지 하다. 우리는 이러한 감정을 야기한 상황을 잊어버린 지 이미 오래되었기 때문이다. 그래서 이러한 감정의 속성을 신의 소리로 여기는 게 자연스럽기도 하다. 그러나 실상 양심은 교육의 산물이며, 대다수 사람들에게 양심은 교육자의 의도에 따라 무엇을 승인하거나 반대하도록 훈련될 수 있다. 따라서 윤리를 외부의 도덕 규칙과 분리하려는 일이 설령 옳다고 하더라도 '양심'이라는 개념만으로는 만족스럽게 이루어지기 어렵다.[181]

양심의 명령은 모호하기 그지없다

사람이 저마다 다양한 교육을 받는 탓에 양심은 다양하게 드러난다. 그렇지만 특히 주목해야 할 사실은 양심이 내리는 명령이 지극히 모호하다는 사실이다. 평화주의자의 양심은 살상이 잘못이기에 결코 하지 말라고 명령하지만 별로 도움을 주지 못하는 명령이다. 파리를 잡아 죽이거나 독사를 죽이는 일은 정녕 잘못일까? 어떤 사람은 인간이든 동물이든 생명 살상은 잘못이라고 믿어 의심치 않는다. 힌두교인은 모든 생명이 신성하므로 설령 자기 자식을 죽인 코브라라도 죽이지 말아야 한다고 믿는다. 그렇지만 모든 생명이 아니라 사람을 죽이지 말라고 믿는 사람들이 더 많다.

사람을 죽이지 말라는 명령도 상당히 모호하다. 재범을 저지를 위험이 큰 살인마만을 처형해야 하는가? 그렇지만 사형은 살인의 다른 형태로 여기면서 어떤 범죄자에게라도 사형은 결코 이루어지지 말아야 한다고 믿는 사람들도 많다. 그러나 나를 죽이려고 달려드는 사람이라면 정당방위로라도 죽여야 하지 않을까? 살해하느니 차라리 살해당하는 편이 더 낫다고 말해야 할까?

'나'의 생명을 희생하는 편이 다른 사람의 생명을 빼앗는 편보다 더 바람직한가? 태아가 인간이라고 가정하면서 어떤 경우에라도 임신중절을 허용하지 말아야 할까? 설령 태아가 기형이거나 심각한 유전질환에 감염되었어도 임신 중절을 허용하지 말아야 할까? 태아가 성장하면서 모체의 생명을 위협한다고 해도 임신중절을 허용하지 말아야 할까? 이런 경우 태아와 모체 모두 죽음에 직면할 수 있으므로 태아와 모체 중 하나만을 선택해야 한다. 태어나지 않은 태아의 희생을 주장하는가 하면 모체의 희생을 주장하기도 한다. 모든 살해 행위가 잘못이라면 어느 편을 선택하든 그것은 잘못임이 분명하다.

실상 무엇을 살인이라고 해야 할지 모호하다. 자기 자식을 위험에 방치하거나 굶어 죽도록 놔두는 짓은 독살과 얼마나 다른가? 아프리카에서 기아로 죽어가는 어린 아이들을 위한 원조 기금을 내지 않음은 살인과 어떻게 다른가? 원조를 받지 못하면 죽을 수밖에 없고 원조를 받아야만 살 수 있는 상황이라면 그런 상황은 인간 행위가 유발하는 온갖 종류의 죽음과는 어떻게 다른가? 예를 들어 갑자기 브레이크가 파열하여 생긴 교통사고로 우발적으로 생긴 죽음은 어떻게 다른가? 숲 속을 거닐다가 곰을 잡으려고 놓은 올가미에 걸려 죽은 사람이나 불법으로 반대 차선을 주행하다가 사망한 사람의 경우는 어떻게 다른가? 사격 연습을 하던 사람의 총탄에 우연히 맞은 행인이나 부실하게 축조된 아파트의 붕괴로 죽은 사람의 경우는 어떤가? 이러한 사건들은 고의로 일어나지 않으며 또 예측가능하지도 않다. 살인 행위란 때로는 불가피한 실수나 부주의가 야기한다. 그렇다면 불가피했던 사태에 대한 비난은 과연 정당할까라는 물음을 피하기 어렵다.

모호함은 거의 모든 규범에서 나타나는 현상이다. '나'의 물건이라고 생각하고 어떤 물건을 집어 들었는데 '나'의 물건이 아니었다거나, 어떤 사람의 물건을 훔쳤는데 알고 보니 '나'의 물건이었다면, 과연 '나'의 행위는 도둑질인가? '나'의 물건을 훔친 사람의 아파트로 잠입해서 내가 잃어버린 만큼 물건을 들고 나왔다면 '나'는 도둑질을 한 것인가?

'나'에게 5천원이라고 생각하면서 5만원 지폐를 건네주었는데 아무 말 없이 받았다면 '나'는 도둑질은 한 것인가? 부산에서 물건을 사고 거스름돈으로 천원을 더 받았음을 서울에 도착해서 알고 난 후에라도 다시 돌아가 돌려주지 않을 때 '나'는 도둑질을 한 것인가?

거짓말을 하지 말라는 양심의 명령도 모호하다. 무고한 사람이 고발당할 때 그 사람의 거짓 혐의를 부정하지 않는 것도 거짓말인가? 거짓말을 한다는 것은 거짓을 말하는 일일 뿐만 아니라 고의로 거짓말을 만들어내는 일이다. 그렇다면 사실이 아닌 진술을 사실로서 진지하게 믿는다고 해서 거짓말을 하는 것은 아니다. 그렇지만 일부러 허위를 말하는 것이 언제나 잘못인가? 고문에 못 이겨서 거짓말을 한다면, 그건 잘못인가? 친구를 죽이려는 조직 폭력배에게 친구의 소재를 거짓으로 말한다면 그건 잘못인가?

양심의 명령은 모호하기 그지없다. 문제는 모호함이 아니라, 그 모호함을 은폐하려는 처사이다. 이러한 처사는 구원을 내세우는 종교주의의 치명적 타락상이다. 양심에 따라야 한다든지 양심을 지켜야 한다는 요구는 이 세상의 온갖 규범의 부당함과 어처구니없음을 덮어두고 무조건 복종하라는 요구이다. 양심에 따르라는 요구는 사회에 만연하는 악에 편승해서 이익을 얻고자 하는 음모처럼 보인다. 이 음모에 따르면, 양심에 따름으로써 '착한 사람'이 되어야 하고 그래야 구원을 받는다. 양심의 명령을 거역하는 '나쁜 사람'으로 말미암아 이 세상에 악이 만연한다는 얘기다. 양심의 명령에 따라 착한 사람'이 되라는 요구는 심지어 세상의 악이 '착한 사람'의 탓인 양 몰아간다. 구원을 얻고자 양심에 명령에 따르면서 '나'를 송두리째 버려야 하는 것인가, 아니면 착한 사람이기를 거부한 채 세상의 온갖 부조리와 악을 맞서 저항하고 거역해야 하는가? 대답은 오로지 '나'의 진지한 성찰을 통해서만 찾아질 수 있으리!

맺음: 성찰하지 않는 삶은 무의미하다

1. 적과 동침하다

이기주의의 부정적 이미지는 허수아비이다

　이기주의의 부정적 이미지는 뿌리 깊다. 그 부정적 이미지를 떠올리면서 윤리 이론으로서 '이기주의'를 아예 외면하고 부정하려는 논변들 일색이다. 사회 통념에 비추어 윤리 이론으로서 이기주의 역시 논리상의 결함은 물론이고 허다한 도덕적 결함을 지닌다고 거들떠보지도 않으려고 한다. 실상 이기주의자임이 분명함에도 스스로 이기주의자임을 인정하지 않으려는 것은 적과 동침하는 격이다.
　이기주의에 대한 비판적 한 논문에서 레이첼스는 경멸과 비하의 정서 환기적 (emotive) 표현을 반복해서 사용한다. '도전적이다' '색다르다' '과격하다'는 그나마 호의적 평가다. '반사회적이다' '왜곡되었다' '사실로부터 비약 한다', '지성인들을 기만 한다', '거짓이다', '어리석고 치졸하다', '이론적으로 너무 단순하다' '지탄받을 만하다' 등 극악한 평가에 서슴없다.182)

 대개 이기주의에 대한 극악한 평가는 이기주의에 대한 편견과 선입견에서 벗어나지 못한 탓이다. 이기주의에 대한 겉핥기식의 이해가 뿌리 깊고도 폭넓어서 좀처럼 씻어내기가 어렵다. 자기 이익을 위해서라면 언제라도 타인을 함부로 무시하는 천박하고 비열한 야만의 탐욕스러움이 이기주의의 이미지이다. 겸양을 모른 채 고집스럽고 인색하며 악랄하다거나, 남을 배려하기는커녕 우악스러우며 탐욕스럽다거나, 이해관계에 아등바등 거린다거나, 그런 류의 인물이 일상 이기주의자의 전형이다. 이기주의자를 "자기중심적이고 인정머리 없고 냉혹하고 파렴치하고 무자비하게 자기의 힘을 강화하려는 사람, 남에게 그 어떤 피해가 가더라도 그에 개의치 않고 인생에서 좋은 것들을 추구하는 사람, 오로지 자기 생각만 하고 혹 남을 생각하더라도 오직 자기 목적을 이루기 위한 수단으로만 생각하는 사람"으로 바이어는 묘사한다.183)

 문제는 이기주의에 대한 부정적 이미지이다. 그러나 이 부정적 이미지는 이기주의의 본래 취지를 감추려고 내세운 허수아비이다. 생각해보라. 도대체 '타인에게 미칠 영향을 조금도 생각지 않고 오로지 자기 이익만을 추구하는 사람'이 있을까 의심스럽다. 정말 그런 사람이 있다면 정녕 그는 초능력자이다. 저 오래된 전설의 주인공 귀게스(Gyges)는 정말로 그런 능력을 지녔었다. 그러나 초능력자 귀게스는 전설에서나 존재할 뿐 현실에는 결코 존재하지 않는다.

진정 초능력자라면 '타인에게 미칠 영향을 조금도 생각지 않고 오로지 자기 이익만을 추구하는' 게 얼마든지 가능하다. 그렇지만 '타인에게 미칠 영향을 조금도 생각지 않고 자기 이익만을 추구하는 사람'은 현실에 존재하지 않는다. 설령 존재하더라도 심각한 정신질환을 앓고 있는 현실 부적응 환자이기 십상이다. 살인, 강도, 절도, 사기, 기만, 등등의 범죄는 통상 '극악한' 반사회적 범죄로 여겨진다. 그렇지만 그런 범죄를 저지르는 사람이 예외 없이 모두 타인이 받을 고통과 불이익을 조금도 생각하지 않았던 인물이었다고 단정 짓기 어렵다.

안중근은 범죄자가 아니다

범죄에 붙여지는 '극악한'이라는 수식어는 대개 국가가 어떤 행동에 대해 사회 구성원들의 반감을 불러일으키려고 만들어낸 용어이다. 그 범죄 자체가 '극악'한 것은 아니다. 범죄인들은 대개 현행법을 어긴 사람일 따름이다. 그리고 사회 질서 유지의 명분에 따라 국가는 현행법만을 부각시켜 실상 범죄를 저지른 사람의 애타는 처지라든가 범죄가 이루어진 절박한 상황에 대한 타인의 공감을 애당초 차단시킨다. 조선 침략의 원흉을 죽인 안중근 의사의

의거가 어떻게 '극악한' 살인인가?

국가주의는 범죄자를 타인에게 미칠 영향을 조금도 고려하지 않는 '극악한' 막무가내의 삶을 사는 것으로 묘사한다. 그럼으로써 범죄자는 지극히 불건강한 정신질환자이거나 극악한 사회 부적응자로 만들어 '이기주의자'라는 낙인을 찍는다. 그러나 특정 사회의 현행법에 따라 범죄자이고 '이기주의자'일 뿐이다. 실상 국가의 특정 요구를 거부한 범죄자를 이기주의자라고 비난해야 할 까닭은 없다. 그 누구라도 자신의 삶을 소중히 여긴다고 가정한다면 이 범죄자로 몰린 이 사람에게 필시 절박한 사정이 있었으리라는 추정도 가능하다. 그 개인의 절박한 사정을 외면할 때 그는 범죄자이며 사회의 부적응자이며 비정상인이 되고 만다.

범죄자로 몰린 개인이 자기 이외의 타인을 조금도 의식하지 않은 채 타인을 곤경에 몰아넣었다고 생각하기란 쉽지 않다. 범죄자의 안타까운 처지를 무시한 채 심각한 정신질환자와 극악한 사회 부적응자로 몰아가는 처사는 국가 법률에 무조건적 복종을 부추긴다. 국가주의는 언제나 국가가 개인에 우선한다는 주장이다. 그러나 자기 이익을 추구하는 개인의 삶은 헤아릴 수 없을 만큼 다양하다. 삶을 오로지 현행법 규범으로 마름할 수는 없다. 국가의 법률 준수 여부만으로 '나'의 삶은 심히 왜곡되고야 만다.

특히 국가가 어떤 이념을 지향하느냐에 따라 국가의 구성원들의 삶은 왜곡되기 쉽다. 국가의 헌법은 절대 다수의 국민의 열망을 외면한 채 극소수의 기업가와 정치가를 위한 이데올로기로 전락하기도 한다. 극소수의 엘리트들이 자신들의 이익에 부합하도록 국가를 디자인하여 국민을 마치 짐승처럼 다루는 시스템을 구성하기도 한다. 국가는 더 이상 '나'의 삶의 방향을 제시하고 '나'의 복지를 보장해주지 않는다. 국가는 '나'에게 무조건 복종을 요구하는 명령체제일 뿐, '나'의 삶을 귀속시킬 수 있는 실체가 결코 아니다. 국가는 '나' 아닌 정책 결정자의 이익에 기초하여 만들어진 시스템일 따름이다. 그런 만큼 국가에 대한 맹목적 충성은 곧 국가 혹은 국가 정책을 입안하는 소수 엘리트들의 이익을 위한 희생일 따름이다. 이러한 상하 복종 명령 체제에서 '나'의 삶을 살리는 이기주의는 당연히 금기이다. 이러한 체제에서 미덕은 이타주의에 바탕을 둔 희생과 헌신뿐이다. 도대체 왜 그런가 묻고 성찰하지 않을 수 없다.

성찰은 비극적 인간의 부단한 숙고 활동이다

인간은 그 누구도 특출하지 못하다. 인간은 결코 완전하지 못하다. 모자라기가 자기가 얼마나 모자라는지조차 모를 만큼 지극히 모자란다. 너 자신을 알라고 몇 천 년 전부터 아무리 외쳐도 모자라기는 마찬가지이다. 인간은 곧 결핍의 존재이다. 결핍을 자각하는 순간 그 결핍을 헤아리고 그 결핍을 채우려고 한다. 결핍의 인간은 스스로의 결핍을 성찰하는 존재로 거듭난다. 스스로의 무지를 깨달음으로써 비로소 지혜를 찾아 나서듯이 철학은 언제나 결핍에서 비롯한다.

결핍이 철학을 낳는다. 인간 사유가 언제나 불완전하여 모자란다는 결핍감을 느낄 때 비로소 성찰과 함께 비판이 이루어진다. 결핍을 느끼면서 무엇이 모자라는가를 헤아리고 그 모자라는 무엇을 채우려는 활동이 곧 철학이며, 철학은 모자라는 사유 활동을 비판으로 채워준다. 철학은 곧 비판활동이다. 모자라는 부분이 많을수록 비판 활동은 더욱 왕성해진다.

도덕 철학은 도덕에 관한 철학으로, 도덕 원리 혹은 도덕 규칙에 드리운 인간 사유의 모자람을 성찰한다. 그 어떤 도덕 원리, 도덕 규칙도 완벽할 수가 없다. 특히 도덕 원리와 도덕 규칙이 '나' 없이 작동하지 않도록 '나'의 성찰이 반드시 필요하다. '나'를 배제함은 가장 큰 결핍이다. '나'를 배제함은 '나'의 성찰의 결핍이다. '나'의 성찰은 무조건적 맹종을 요구하는 도덕주의를 거부한다. 세상은 도덕 규칙을 단순히 그대로 받아 적는 받아쓰기 시험장이 결코 아니다. 앵무새처럼 뜻 모를 몇 마디 말을 다시 반복하는 게 '나'의 삶은 결코 아니다. 삶의 지침으로서 도덕 원리 도덕 규칙이 반드시 '나'의 성찰을 거쳐야 한다.

물론 성찰이란 단순히 이성 활동 혹은 감성 활동 중 어느 하나로 단순하게 규정할 수 없는 폭넓은 사유 활동이다. 그것은 이성과 감성 어느 하나로 환원할 수 없는 복합적 의식 활동이다. 그렇다고 이 의식 활동은 몸과 마음의 이분법을 따를 만큼 무분별하지 않다. 인격체란 결코 단순히 몸으로 이루어지기만 하는 물리적 유기체가 아니다. 그렇다고 인격체가 몸으로부터 완전히 독립해서 몸 안에 갇히는 영혼의 존재는 더욱 아니다. 사람은 "물리적・대인 관계적・문화적 환경과 상호작용하면서, 복합적이고 변형 가능한 생물적 유기체이다."184)라고 말하는 편이 적절하다.

몸과 마음의 이분법에 사로잡히면 '육체를 떠난 경험', '육체를 떠난 영혼'과 '허공을 떠도는 혼령' 등의 표현을 사용하기 쉽다. 그럴 경우 '성찰'은 몸과 따로 떨어지는 순수한 정신활동처럼 여겨지기 쉽다. 그렇지만 몸은 느낌, 감각, 정념, 욕구의 집합이다. 그런 만큼 몸은 자기만족을 추구하려는 자연스런 경향을 띤다. 몸의 이러한 자연스런 경향에 따라 무엇이 진정으로 '자기 이익'인가를 주어진 상황에서 부단히 숙고하는 과정이 다름 아닌 성찰이다.

"비극은 인간 숙고의 복잡성, 불확정성, 철저한 곤경을 눈앞에서 보여준다."185)고 누스바움은 말한다. 여러 결핍을 채우려는 비극적 인간의 부단한 숙고활동이 곧 성찰이다. 그것은 좋은 삶과 훌륭한 성품에 대한 전망을 품으면서 '자기 이익'을 헤아리는 의식 활동이다. 사람들은 자주 믿음과 목표들이 서로 갈등하고 충돌하는 상황에 직면한다. 이러한 복잡한 상황에서 자기의 어떤 결단과 행동이 어떻게 자기의 삶을 어떻게 바꾸어 나가는지를 탐색한다. 이러한 탐색은 자기가 지금까지 견지하던 여러 가치와 태도를 비판적으로 음미하는 과정이기도 하다. 성찰은 곧 탐색이며, 탐색은 무엇이 진정으로 자기 이익인가에 대한 숙고이다. 자기 이익이란 곧 궁극적으로 자신이 생각하는 바람직한 삶의 전망에 따른 결실이다.

"인간은 무엇이나 할 수 있다."

삶이란 단순하지 않고 그지없이 불확실하다. 삶이 단순하지 않고 불확실한 것은 어떻게 살아야 하느냐는 물음에 대해 유일하게 확정된 올바른 대답이 없기 때문이다. "인간은 무엇이나 할 수 있다."고 누구나 외칠 수 있다. 사람이 해야 할 유일하게 올바른 행동이란 없다. 무엇이 올바른 행위인가를 결정짓는 유일한 기준도 찾을 수 없다.

세상은 마치 어둠처럼 모호한 미지의 세계이다. 내가 무엇을 해야 할 것인가가 모호하고 무엇을 하더라도 그 정확한 결과를 확신하지 못한다. 언제 어디서 어떤 일이 벌어질지 모르고 언제 목숨을 잃을지도 결코 알지 못하는 그런 곳이 세상이다. '나'의 삶이 송두리째 나도 모르게 순식간에 사라지는 일이 이 세상에는 비일비재하다. 삶은 불확실의 연속선이다. 언제 어디서 누구의 의도적인 공격을 받아 목숨을 잃을지도 모른다.

성공한 부동산업자가 있다. 아내와 두 자녀와 함께 부족함 없는 삶을 꾸려갔다. 그 사내가 어느 날 사라져버렸다. 금전 문제? 여자 문제 모두가 깨끗했다. 사내를 찾아 달라는 의뢰를 받은 사립탐정은 닮은 사람을 봤다는 제보 덕에 그를 찾아냈다. 사내는 사립 탐정에게 저간의 사정을 설명했다. 공사 중이던 건물의 철골이 점심을 먹으러 가던 사내 바로 앞에 떨어졌다. 애써 일군 자신의 삶이 우연히 떨어진 철골에 의해 끝장날 수도 있다는 사실에 사내는 충격을 받았

다.186)

그런가 하면 대학 졸업을 한 학기 앞두고 아프리카 탄자니아로 봉사활동을 나섰던 대학생이 봉사활동을 벌이던 근처 바닷가에서 해수욕을 하던 중 심장마비로 돌연사하기도 한다. 바다에서 조업 중이던 선박이 다른 나라의 해적에게 납치된 지 석 달이 지났음에도 정부는 이렇다 할 만 대책도 마련하지 못하고 있어 선원의 가족들만 애타는 구조를 기다리는 상황도 생긴다.187)

어둠처럼 모호한 세상에서 사람들은 구원을 갈구한다. 자비로운 누군가가 나타나 구원해주리라고 막연히 기대하기도 한다. 그러나 그런 구원과 자비는 헛된 꿈인지도 모른다. 자비로운 타인이 구원해주리라는 희망이 깨지면 타인을 대신하여 국가, 도덕, 종교가 자기를 구원해줄 거라고 굳게 믿는다.

그러나 국가, 도덕, 종교도 나의 삶을 살아줄 수 없는 어쩔 수 없는 타자이다. 현실의 그 무엇도 자기를 구원하지 못한다는 것을 깨닫는 순간 이 세상 저 너머의 초월적 존재가 있기나 한 듯이 구원을 갈구한다. 그러나 그 초월적 존재가 나약하고 불완전한 인간의 작품이 아니라는 보장은 없다. 그러한 존재로 자유를 얻고 진리를 얻을 수 있으리라 굳게 믿지만, 그러한 믿음은 스스로를 종속의 구렁텅이로 몰아갈 뿐이다. 그러한 믿음은 '나'를 초월적 존재의 노예로 만들 뿐만 아니라 종교주의자의 노예로 만든다. 나를 다른 존재의 종속물로 만들어가는 것만큼 자존감을 꺾는 일도 없고 소름끼치는 무지도 없다. 나 아닌 다른 어떤 존재도 나를 대신해서 살 수 없다. 나는 나이고 타인은 타인일 따름이다.

2. 참을 수 없는 간섭, 위선, 음모

어떤 개인의 희생은 또 다른 개인의 번영이기도 하다

진정한 이기주의는 국가주의에 대한 강력한 반론이다. 과거 조선을 침략하고 지배했던 일본에 충성을 맹약한 친일파들은 식만통치하에서 부귀영화를 누릴 대로 누렸다. 그들은 조국의 불행을 악용하여 막대한 부와 재산을 챙겼다. 그들은 일본의 귀족으로 변신해서 망국의 백성들에게 충성 봉사 희생을 요구하였다. 조국은 이미 망했으니 '우리'는 새로운 국가에 충성해야 한다는 국가주의를 내세웠다. 그들이 그토록 강조했던 '우리'는 침략자 일본에 충성 봉사 희생을 이끌어내려는 국가주의의 기만적 용어에 불과했다. 그들이 말하는 '우리'를 위해 조선의 망국민들은 충성 희생 봉사의 명분으로 징용 징병에 끌려갔다. '나' 없는 '우리'가 국가에 무조건 복종했을 때의 참혹한 결과였다.

국가주의는 자기 나라에 대한 의무만 강조할 뿐 다른, 나라에 대한 의무는 털끝만큼도 갖지 않는다. 극악무도한 일본은 자기 나라 이익을 위해 이웃나라를 침탈한 후 조선인들을 전쟁터로 끌고 갔다. 일제가 직접 동원한 조선인의 수효는 24만 2,341명이었고 이 가운데 2만 2,182명이 죽었다.[188] 그 중 위안부로 끌려간 여인들의 삶은 처참하기가 이루 말할 수 없다. 그 여인들은 사랑을 빼앗겼고 희망을 갈취당했고 인생을 통째로 도둑맞았다.

병사들은 토요일에는 오후 두시 혹은 세시 무렵부터 왔습니다. 현관은 100여명이 넘는 병사들로 넘쳐 났습니다. 나는 걸을 수조차 없었고 생리를 하는 도중에도 쉴 수 없었습니다. 많을 때에는 하루 40명이나 상대해야 했고, 씻지도 못했기 때문에 고통이 심해졌습니다.189)

그들은 나를 테이블 밑에서 위로 끌어 올렸습니다. 거기서 나는 발을 차며 저항했지만, 그 남자의 힘은 너무 강했습니다. 그는 나를 침실로 끌고 갔으며 침대에서 나는 다시 한 번 반항했습니다. 나를 침대로 집어던지고는 내 옷을 모조리 찢었습니다. 그리고 칼로 내 몸을 쓸어 내렸습니다. 목부터 다리까지 마치 고양이가 쥐를 가지고 놀듯이, 그리고 나를 잔혹하게 강간했습니다.190)

군인을 하루에 삼십 명이나 사십 명을 받으라고 하면 어떻게 받는가? 밥도 잘 먹지 못하고, 아래가 조그마하니까... 자기 마음대로 못하니까 성숙하지 못했다고 해서 거기를 칼로 자르는 거야.191)

나는 그 때 아직 열 두 살 이었습니다. 뭐가 뭔지 전혀 몰랐습니다. 그는 나를 바닥에 눕혀 짓누른 채 칼로 내 몸에 상처를 냈습니다. 나는 피를 흘렸는데 그는 바지를 벗어버리고 나를 강간했습니다. 곧 바로 다른 남자가 들어와 내 옷을 벗겨 알몸을 만든 후 그 남자도 칼로

내 몸, 특히 가슴 부근에 상처를 냈습니다. 내 몸을 보면 온 몸이 상처투성이입니다.[192]

아기 밴 사람, 만삭의 사람, 쪽 뽑아서는 한 트럭 싣고 가서 총살시켰다. 조선에서 연행되어 온 여성들은 일본 사병들의 성 배설을 위한 위생적인 공중변소였다.[193]

이 불우한 여인들이 해방을 맞이하였어도 처참한 사정은 별로 달라지지 않았다. 국가는 그들에게 끝없는 가해자 일뿐이다. 특히 타민족 타국가의 침략으로 말미암은 피해는 어디에 하소연할 길이 없다. 일본의 패망 후 피해보상청구를 위한 1951년 샌프란시스코 강화조약이 이루어졌다.[194] 그러나 이 조약 과정에서 아시아 식민지는 철저히 배제되었다. 그리고 한국 전쟁 후 1965년에 이루어진 피해보상을 위한 한일회담에서도 사정은 마찬가지였다. 박정희 정권은 피해에 대한 개인청구권을 전혀 인정하지 않은 채 한일 협정을 맺어 한국인 피해자들의 전후 보상의 길을 완전히 봉쇄했다. 자국민의 피해를 국가는 의도적으로 외면하였다.

일본 침략으로 한국인의 숱한 삶은 처참하게 부서지고 사라져 버렸다. 그럼에도 일본의 침략으로 말미암은 그 안타까운 삶에 대해 국가는 물론 어느 누구도 책임지지 않았다. 책임은커녕 오히려 호도하고 외면하기 급급했다. 망가진 '나'의 삶을 무력한 개인의 불가피한 운명으로 치부했다. 국가가 개인의 이익과 번영

행복에 관심을 둔다는 것은 국가주의의 허울 좋은 명분이다.

국가정책이란 그것을 입안하고 경영한 특정 계급의 개인 소산이다. 그렇다면 국가 정책은 어느 한편의 개인이 다른 한편의 개인에게 봉사와 희생을 요구하는 한 방편임이 분명하다. 조선 침략에는 그것을 획책한 일본의 극악무도한 지도자들이 있었음이 분명하고 그들 덕택으로 일본은 막대한 이득을 누렸고, 그 막대한 이득은 곧 일본 국민들의 풍요와 번영으로 이어졌다. 일본 국민들이 누린 풍요와 번영을 위해 조선인들의 봉사와 희생을 제물로 삼았다. 일본의 극악한 만행은 곧 조선인들의 희생이었고, 조선인의 희생은 일본인들의 번영이었다. 어떤 개인의 삶을 송두리째 희생시켜 또 다른 개인의 번영이 이루어졌다.

자기가 속한 국가가 아니라 이웃나라 국가의 만행으로 빚어진 처참한 삶을 생각할 때 국가주의의 비정함은 어느 개인의 비정함과도 비교할 수 없을 만큼 엄청나다. 그런 국가의 명령에 복종하여 '나'의 삶을 송두리째 맡긴다는 것은 있을 수 없는 일이며 있어서도 안 될 일이었다. 이미 국가는 개인의 삶을 온전히 번영시키기에는 무력하고 또 무책임하다. 그럼에도 국가주의는 지금도 국가의 덕을 강조하고 국민의 복지를 슬로건으로 내세운다. "무책임한 국가에 복속하는 삶이냐?" 아니면 "독립, 자립, 자존의 삶이냐?", 그것이 반드시 성찰해야 할 문제이다.

가부장적 체제는 '나'를 버리도록 '나'를 억눌러 왔다

주변의 어떤 대상이든 보는 사람의 시각에 따라 달라 보인다.

사람은 저마다 개성을 지닌다. 그런 만큼 사람들이 보는 대상은 서로 달라 보인다. 기억도 마찬가지이다. 사람들이 같은 사건을 놓고도 기억하는 내용은 저마다 다르다. 그것은 사진에 찍힌 모습이 사진을 찍는 사람이 선택해서 만든 이미지인 것과도 같다. 역사적 사건도 결국 기술하는 사람이 선택에 따른 사건임이 분명하다. 그렇다면 사회 규범의 준수도 그것을 성찰하는 사람에 달린 문제이기도 하다. 전통적 도덕 규칙은 물론 현행의 사회 규범이 무조건 훌륭한 명령이라고 생각할 수는 없다. 정해진 보편 규칙이란 없다. 맹종을 요구한다면 그건 이미 도덕 규칙이 아니다. 진정한 이기주의는 도덕주의에 대한 강력한 반론이다.

한 때 청계천 피복시장은 2만여 명의 노동자를 고용해서 각종 옷을 만들어 냈었다. 그렇지만 1970년 평화시장의 '미싱'을 돌리던 의복 공장의 여직공의 처지가 극악했었음을 미국의 인권 단체는 보고 한다.

> 14-16살의 어린 소녀들이 마룻바닥에 꿇어앉아서 아침 8시에서 밤 11시까지 하루 평균 15시간을 일해야 했다. 노동자들은 한 달에 이틀만 쉴 수 있었다. 할 일이 매우 많은 때는 철야 작업을 했다. 이런 가혹한 노동에 대한 임금은 1,500원에서 3,000원 사이였다. 그들의 하루 임금은 다방 커피 한잔 값이었다.[195]

어린 소녀들이 이 극악한 노동 조건을 기꺼이 받아들였을 리 만무하다. 그들은 자신들이 처한 극악한 노동 조건을 벗어나고 싶었고 바꾸고 싶었을 것이다. 그들은 자신들이 처한 처지를 벗어나고 바꾸는 일을 했었어야 한다. 그들이 그렇게 하지 못했던 것은 그들이 복종에 길들여져 있었기 때문이다. 복종은 억압체제의 미덕이다. 사실 그 불쌍한 어린 소녀들은 그런 체제에서 살고 있었다.

도덕주의는 무조건 복종을 요구하는 가부장제의 억압체제의 또 다른 이름이다. 가부장제는 어떤 성찰도 거부하고 오히려 성찰을 억압하는 제도이다. 『심청전』의 심청은 도덕주의의 대표적 희생자이다. 심청은 눈먼 아비를 위해 자기 몸을 기꺼이 팔아버리는 비극적 운명의 주인공이다. 도대체 딸을 팔아서라도 눈을 뜨고 싶은 아버지가 있을까 싶지만 가부장적 체제에서는 가능하다.[196)]

가부장적 억압체제는 너무 뿌리 깊어 아직도 벗어나기 어려운 틀이다. 온갖 가정불화는 가부장적 억압 속에서 일어난다. 서로가 서로에게 명령하고 복종을 요구하는 체제로서 가부장제 속에서 남편과 아내의 갈등, 부모와 자식의 갈등, 시어머니와 며느리의 갈등은 빚어진다. 상하 명령 복종체제의 가부장제로 말미암아 빚어지는 갈등은 이루 헤아리기는 어렵다. 그렇다고 문제의 이 명령 복종 체제로 말미암은 희생이 얼마나 억울했는지, 또 얼마나 어처구니없었는지, 또 얼마나 터무니없었는지를 헤아리기 어려운 것은 아니다.

상하 명령 복종체계로서 가부장적 체제는 '나'를 버리도록 '나'를 억눌러 왔다. '나'를 내세우는 것은 상상하지 못할 금기였다. 수평적 평등 관계에서 이루어지는 상호 이해와 상호 존중은 없었다. '나'를 내세우는 것을 어쨌든 금기였으며 교육은 그런 금기를 바탕으로 이루어졌다. 이런 금기에 바탕을 두는 교육을 통한 이익의 수혜자는 도대체 누구인가? 그건 역설적이게도 '나'만을 내세우는 사람들이다. 다른 사람들로 하여금 '나'를 내세우지 못하게 해 놓고 자기만의 '나'를 내세워 이익을 얻으려고 하는 자들이다. 이들이 내세우는 윤리가 바로 희생과 봉사를 요구하는 이타주의이다.

가부장제는 이타주의에 덕목을 내세운다. 가부장적 제도의 수혜자들은 그 제도에 대한 비판적 성찰을 결코 바람직하게 여기지 않을 사람들이다. 성찰을 통해 가부장적 제도의 폐해를 찾아내 지금까지 이익분배에 변화가 생기는 것을 이들은 결코 바라지 않는다. 가부장적 제도의 지지자들은 가부장제에 대한 진지한 성찰을 차단한다. 성찰하지 않는 삶을 살아왔던 까닭은 성찰하는 삶을 방해하고 금기시하고 억압했던 가부장적 제도의 탓이다.

가부장제가 판을 칠 수 있었던 건 인간이 불완전하고 모자라는 만큼이나 인간이 처한 상황도 지극히 우연적이고 불안정하기 때문이다. 불안정은 안정의 결핍이다. 안정의 결핍을 느낄 때 비로소 인간은 불안정한 상황을 벗어나려고 그 불안정함을 헤아린다. 헤아림을 멈출 수 없는 게 인간의 운명이다.

성찰을 멈추는 순간 '나'는 무의식의 식물인간이다. 성찰은 '나'를 보존하고 '나'를 유지하는 길이다. '나'를 의식하지 않을 때 '나'의 삶과 '나'의 세상은 사라진다. 세상은 시시각각 변하면서 어떤 우발적 사건이 '나'를 사라지게 할지도 모른다. '나'를 사라지게 할지도 모를 상황에서 타인이 베푸는 구원을 기대하고 희망하는 것은, 곧 스스로를 저버리는 일이다. 어쩌다 타인이 베풀어주는 구원에 다행스러워할 수 있으나 그 타인은 여전히 나에게는 타인일 따름이다. 불안정한 상황의 위험에서 살아남으려면 스스로를 스스로가 보존하는 길뿐이다.

모호하고 불확실한 세상을 살아가는 사람들의 판단은 경솔하고 무모하고 충동적이고 어설프기만 하다. 분별력 있다고 믿었던 어제의 행동은 오늘에 이르러 우둔한 짓으로 드러난다. 삶은 언제나 착각과 실수로 채워진다. 세상이 모호하고 불확실한 만큼 인간은 우둔해지고 어리석어질 수밖에 없다. 우둔하고 어리석어진 개인은 절망하기 쉽다. 남의 구원도 기대하지 않고, 국가의 구원을 바라지 않으며, 가부장제도 마다한 터에 더 무엇을 기대할까?

고독한 개인은 삶의 고달픔을 덜어줄 또 다른 구원의 손길을 막연히 기대한다. 여기서 슬며시 등장하는 게 초월적 존재를 내세우는 종교 독단이거나 종교 광신이다. 종교주의는 인간 삶의 허약함과 불확실함 불안전함을 빌미로 신의 명령에 복종하기를 요구한다. 삶의 고달픔에 견디는 사람들에게 신의 명령에 무조건적 복종으로 번영과 행복을 영원히 누릴 수 있다는 메시지는 더 없이 달콤한 유혹이다. 그러나 그 달콤한 유혹에 굴복함으로써 비로소 '나'를 버리고 스스로 복종하는 노예의 삶을 지내야 한다.

'나'의 삶을 산다는 것은 외로운 일임이 분명하다. 그렇다고 '나' 아닌 다른 초월적 존재의 자선과 자비를 기대하는 삶은 진정 자기의 삶이 아니다. 그건 '나'의 삶의 결핍이다. 삶의 결핍을 '나'의 성찰로 채우려 하지 않고 저 피안의 초월적 존재의 명령에 대한 무조건적 복종으로 채우려하는 것이야말로 종교주의자가 바라는 바가 아닌가?

3. 성찰하는 '나'

성찰하는 '나'를 땐 이기주의란 없다

어떻게 살아야 하는가를 어느 누구도 확신할 수 없다. 누구나 행복을 추구하지만, 그 행복이 무엇인지조차 모른다. 당장 눈앞의 현실은 확실한 듯해도 그 현실과 이어지는 미래는 언제나 불확실하다. 그 누구도 자기의 어떤 활동이 가까운 미래에 자기에게 어떤 이익을 주리라는 것을 정확히 예단하기 어렵다. 훗날 커다란 이익을 얻으리라는 기대감에서 했던 행위가 엄청난 손실로 돌아오는가 하면, 지금 막대한 손실을 주던 사업이 나중에 의외의 이익을 주기도 한다.

누구나 행복을 목적으로 추구한다고 상정해도 어떤 수단을 선택하느냐가 문제이다. 그 수단을 통해 때로 자기 이익을 성취하기도 하지만 때로 손해를 자초하기도 한다. 진정한 이기주의는 무엇이 행복이라고 결코 단정 짓지 않으면서 무엇이 행복이어야 하는가를 쉼 없이 성찰한다. 성찰하는 '나'를 뺀 이기주의란 없다.

봉건사상에 찌든 세상은 여전히 상하 명령 복종이 만연한다. 봉건사상은 상하의 명령복종 체계 속에서 모호하고도 무지한 명령에 맹목의 복종을 요구한다. 봉건사상은 왜 무조건 복종이어야 하느냐에 대한 나'의 성찰을 배제시키고, 복종에 대한 거역에 죄책감이나 자책감을 유발시킨다. 무조건 복종의 의무체계는 점차 자기 이익을 외면하는 체제로 굳어진다. "오로지 의무만이 어떤 의무에 우선하는"197) 제도는 몹시 "독특한 제도"198)라고 윌리엄스는 지적한다.

인간 관심의 다양성, 욕구 발생의 다양한 차원, 및 다차원의 욕망들을 상상적으로 충족시키는 가능한 방식들의 스펙트럼을 감안한다면 인간 삶을 무조건적 명령에 대한 복종으로 묶어내려는 시도는 생각할 수조차 없다.199) 다양한 삶을 살아가는 사람들을 보편타당한 의무 개념으로 엮어 내려는 시도는 명령에 대한 무조건 복종을 유도하려는 독단적 음모이다. 무조건 복종에 대한 요구만큼 극악무도한 간섭은 없다.

인간을 제외한 모든 짐승이 이기주의에 따라 산다는 점은 중요하다. 이기주의로 살아가는 짐승들 사이에는 본래 광신주의가 없다. 이념의 갈등도 없다. 서로 물어뜯고 싸우기는 하지만 공격하는 쪽이 공격받는 쪽을 잘 살게 만들겠다는 생각을 품고서 벌이는 전쟁도 없다. 워커는 말한다.

인류 역사를 통틀어서 읽을 수 있는 거라고는 전쟁, 비참함, 박해, 필설로는 옮길 수 없는 재난,....그리고 공격자들의 생각처럼 사람들이 더 낫게 생각하게 하거나 더 낫게 행위 하도록 만들 수 있다는 목적 때문에 서로의 행동을 간섭하겠다**는** 전체 인류의 한계에서 비롯하는 것 말고 더 무엇이 있다는 말인가?[200]

성찰은 '나'의 이야기를 만들어 가는 성찰이다

'나'의 삶에 대한 성찰은 무엇이 '나'에게 진정한 이익인가에 관한 성찰이다. 누구나 자기 이익을 추구한다고 하더라도 무엇이 진정한 자기 이익이라고 장담할 사람은 없다. 자기 이익을 추구하는 존재에게 '자기 이익'은 여전히 성찰을 요구하는 미완의 개념, 미정의의 개념. 미지의 개념이다. '자기 이익'의 속성이나 본질에 사로잡혀 '자기 이익'을 정의하려는 시도는 불완전한 존재를 무오류의 존재로 가정하는 것만큼이나 터무니없다.

자기 이익에 대한 성찰은 사람마다 서로 다를 수밖에 없다. 그렇지만 무엇이 진정한 '자기 이익'이어야 하는가에 관한 성찰이 이루어지려면 누구라도 일방적인 상하 명령 복종 체계에서 먼저 벗어나야 한다. 성찰은 '나'에 대한 온갖 제약과 간섭에서 벗어나려는 성찰이기도 하다. 나'의 무한한 계발과 '나'의 무한한 확대는 외부의 극악한 명령에 대한 무조건 복종에서 벗어날 때 비로소 가능해진다.

나를 억압하는 온갖 제약과 간섭을 벗겨내고 또 다른 '나'를 만들어가는 심사숙고의 과정이 곧 성찰이다. 성찰을 통해 과거의 나에서 현재의 나를 거쳐 미래의 나는 서로 맺어진다. 성찰은 지금 내가 어떤 사람이었는가에 대한 탐색이다. 동시에 성찰은 '나'는 앞으로 어떤 사람이어야 하는가에 대한 사고 실험이다. 성찰은 곧 과거 현재 미래를 아우르는 '나'에 관한 이야기이다. '나'의 삶이란 '나'의 성찰을 통해 '나'의 이야기를 엮어나가는 과정이다. 그러한 과정이 곧 이기주의의 삶이다.

부디 이기주의로 살아가기를!

주석

서론: 왜 이기주의인가?

1) Wittgensein, *Tractatus Logico Philosophicus* (The Humanities Press Inc, London, 1956) 비트겐슈타인의 사상은 전기와 후기로 나뉜다. 전기의 주제는 무엇을 말할 수 있는가?(what can be said?)이다. "이 책에서는 철학적 문제가 다루어진다. 그리고 내가 믿기로는, 이런 문제의 제기는 우리의 언어 논리에 대한 오해에 기인함을 보여준다."

이 책의 전체 의미의 요약은 다음과 같다. "도대체 말할 수 있는 것은 명확하게 말하고, 말할 수 없는 것에 대해서는 침묵해야 한다는 것이다." (p.27.) 여기에 바탕을 두고 그는 '이름은 대상을 의미 한다.'는 대상 의미론을 제시하였다. 이름의 의미는 그것이 지시하는(refer) 대상이며, 명제의 의미는 이름들이 모여 그리는 사실에 대한 묘사이다. 명제의 의미는 그 명제가 그리는 그림이다. 그 그림이 묘사하는 내용이 그 의미이다.

2) 비트겐슈타인의 후기 *Philsophical Investigation* 에 나오는 사상.

3) Nathaniel Branden, *Honoring, the Self* (Houghton Mifflin. 1983), pp.220-221

4) '상상'에 관한 이러한 논의는 Mark Johnson, *Moral Imagination : Implication of Cognitive Science for Ethics* (The University of Chicago Press, Chicago and London, 1993) 8장을 참조·원용하였다. 번역본 『도덕적 상상력』 (노양진 옮김, 2008, 서광사).

5) 『이기주의자로 살아라』 (요제프 기르쉬너, 손영미 역, 뜨인돌, 2001) p.5.

6) John Hospers, *Human Conduct* (Harcourt Brace Javanovich, 1986 2nd ed.), p.134-5. 'doormat'는 구어로 '학대받아도 가만히 있는 사람'의 뜻이기도 하다. 『엘리트 영한사전』 (시사영어사, 1993), p.719.

7) Ayn Rand, "The Virtue of Selfishness", *Right and Wrong* (Harcourt Brace Javanovich, 1986), ed., Christina Hoff Sommer, pp.175-178.

8) 토크빌, 『미국의 민주주의』 (임효선·박지동 옮김, 한길사, 1997) p.693.

9) 같은 책, p.690.

10) 에드워드 윌슨, 『인간본성에 대하여』 (이한음 옮김, 사이언스북스, 2000), pp.209-210.

1. 행복에 관한 명상

11) Terrence Irwin, *The Development of Ethics* (Oxford Univ. Press, Oxford, 2008), 'egoism'과 'eudaemonism' 항목 참조.

12) Irwin (2008), 'Aristoteles' 항목 참조.

13) Alasdair MacInyre, *A Short History of Ethics* (Notre Dame Univ. Press, Indiana, 1996), p.85.

14) McIntyre (1996), p.57.

15) McIntyre (1996) p.74.

16) McIntyre (1996), p.77.

17) Hospers (1986), pp.103-104.

18) *Nicomachean Ethics*, 1106b21-23.

18) Mark Johnson (1993), p.210-211. 번역본 마크 존슨 (2008), pp.416-418.

19) 마크 존슨(2008), p.414.

20) Hospers (1986), 번역본 『인간 행위론』 (최용철 옮김, 간디서원, 2003). pp.171-178.

2. 절제의 삶: 에피쿠로스학파

22) Epicurus, "Lettcr to Menoeceus," in *Epicurus : The Extant Remains*, trans. Cyril Bailey (Oxford Unuv. Press, Oxford, 1926).

23) Hospers (1986), p.92.

24) Hospers (1986), p.93.

25) W. E. H. Leckey, *A History of European Morals* (Braziller, New York, 1955 : first ed. 1869), p.88.

3. 체념의 삶 : 스토아주의

26) *The Manual of Epictetus*, trans P. E. Mates (Oxford Library. Oxford, 1916).

27) Hospers (1986), p.129 재인용.

28) *The Conquest of Happiness*, 번역본 『행복의 정복』 (오제운 역, 시사영어사, 1996), p.117.

29) Milard S. Everett, *Ideals of Life* (Wiley, New York, 1954), pp.107~108.

30) Hospers (1986), pp.100-101.

4. 자연의 삶

31) Hospers (1986), pp.109-112.

32) Lucius Garvin, *A Modern Introduction to Ethics* (Houghton Mifflin, Boston, 1952), p.374.

33) Matt Ridley, *The Origin of Virtue* (Penguine Books, N.Y.,1996), pp.214-5.

34) John Stuart Mill, "Nature", in *Three Essays on Religion* (1873). Reprinted in *Nature and the Utility of Religion*, ed., George Nakhmikian (Liberal Arts Press, New York, 1958), pp.20~22.

35) 이러한 본능의 또 다른 예는 다윈(Charles Darwin)의 『인류의 하강』(*The Descent of Man*) 4장과 아드리(Robert Ardrey)의 『아프리카의 기원』(*African Genesis*)과 『영토 유지 본능』(*The Territorial Imperative*) 등에 나온다.

36) Ayn Rand, "The Objectivist Ethics ", in *The Virtue of Selfishnees* (New American Library, N.Y., 1964), p.21.

37) Bronislaw Malinowski, "Crime and Custom", in *Savage Society* (1917), 번역본 『미개사회의 범죄와 관습』 (김도현 옮김, 책세상, 2010), p.24.

38) 말리노브스키 (2010) pp.41-42.

39) 말리노브스키 (2010) p.51.

40) 말리노브스키 (2010), p.68.

5. 이기주의의 폭과 깊이: 이기주의 철학

41) Alasdair MacIntyre, "Egoism and Altruism", *Encyclopedia of Philosophy* (The Macmillan Company, 1978), vol. 2.

42) *The English Works of Thomas Hobbes*, ed., W. Molesworth, VII, p.73. A. MacIntyre, *A Short History of Ethics*, p.133. 재인용

43) *Ibid.*, IV, p.53. *A Short History of Ethics*, p.133. 재인용

44) *Ibid.*, III, p.130. *A Short History of Ethics*, p.133. 재인용

45) Mark Johnson (1993), pp.220-221.

46) Alexander Solzhenitsyn, *The Gulag Archipelagio 1918-1956* : *An Experiment in Literary Investigation* I-II, (Harper& Row, 1973) Vol. 1. pp.458.

47) 라틴어 conatus는 영어로는 endeavour(의도), exertion(노력, 힘의 발휘) impulse(추진력, 충동), inclination(행동, 경향) 등의 뜻이다. 물리학 개념으로 그것은 위치와 숫자로 주어질 수 있는 것보다 더 작은 공간과 더 작은 시간으로, 점이나 순간을 통해 만들어지는 운동이다.

　　스피노자(Spinoza)에 따르면 인간은 보편 질서의 한 유한한 부분이다. 인간은 특별한 종류의 일관성과 균형을 지니

는 한 거대한 내적 복합성 체계이다. 인간은 다른 인간 및 자연과 끊임없이 상호 작용하며, 이 상호 작용은 항상 이 방향 혹은 저 방향으로 균형을 깨려는 경향을 지닌다. 이 균형이 적절히 이루어질 때 인간은 살아남아, 육체적이며 정신적인 건강을 유지한다. 균형이 일시적으로 어느 정도 이상 깨지면 병들고 만다. 그리고 균형이 회복할 수 없을 지경이면 마침내 죽는다.

　이제 다른 모든 자연물처럼, 사람은 모든 변화에 대항하여 그 특징적 평형을 유지하기 위해 반응하는 타고난 경향을 지닌다. 이 타고난 경향을 스피노자는 '코나투스'라고 부른다. 어떤 것의 코나투스는 그 사물의 본질이다. 어느 특정 상황에서 그 존재가 취하는 특정 방식은, 그 존재의 코나투스이다.

48) *Leviathan*, ed. Richard Tuck (Cambridge Univ. Press., Cambridge, 1991), p.13.

49) *Leviathan*, ed. Richard Tuck (1991). p.89.

50) Alasdair MacIntyre, "Egoism and Altruism", *Encyclopedia of Philosophy* (The Macmillan Company, 1978), vol.2. pp.463a-463b.

51) *Leviathan*, ed. Richard Tuck (1991), pp.124-125.

52) *Leviathan*, ed. Richard Tuck (1991). p.153.

53) George Lakoff, *Moral Politics : How Liberals and Conservatives Think*, 번역본 『도덕 정치를 말하다』(손

대오 옮김, 김영사, 2010), p.81.

54) R. P. Wolff. In *Defence of Anarchism* (Harper & Row, 1970), p.15.

55) Wolff (1970), p.18.

56) Wolff (1970), p.9.

57) Francis Hutchson, "An Inquiry in the Original of our Ideas of Beauty and Virtue" (1725), in *Francis Hutchson : Philosophical Writings*, ed., R. S. Downie (London : Everyman, 1994), pp.87-88.

58) Adam Smith, *Moral Sentiments*, 번역본 『도덕 감정론』 (박세일 · 민경국 공역 비봉출판사, 1996), pp.580-581.

59) MacIntyre (1998), p.163.

60) MacIntyre (1996), p.165.

61) MacIntyre, "Egoism and Altruism", *Encyclopedia of Philosophy*, vol. 2.

62) MacIntyre (1996), p.165.

63) MacIntyre (1996), p.166.

64) MacInyre (1996), pp.167-168.

65) MacInyre (1996), p.168.

66) *A Treatise on Human Nature*, II,3.3.

67) *A Treatise on Human Nature*, III,1,2.

68) MacIntyre (1998), p.170. 재인용.

69) MacInytre (1998), p.170.

70) *A Treatise on Human Nature*, III,2,1.

71) 아담 스미드 (2009), p.413.

72) 애덤 스미스 (2009), pp.582-583.

73) Adam Smith, *The Theory of Moral Sentiments*, 번역본, 『도덕감정론』(박세일 · 민경국 옮김, 2009), p.323.

74) 애덤 스미스 (2009), p.253.

75) Robert Heibroner, *Worldly Philosophers*, 번역본 『세속의 철학자들』(장상환 옮김, 이마고, 2005), pp.62-79 참조.

76) 하일브르너 (2005), pp.69-70.

77) 하일브르너 (2005), p.79 재인용.

6. 어떤 이기주의인가?

78) Hospers, *Human Conduct* (Harcourf Brace Jovanovich, Inc, N.Y., 1986), p.70.

79) Hospers (1986), P.72.

80) C. Sharp, *Ethics* (Appleton-Century-Crofts, N.Y.,1828), p.75.

81) Joel Feinberg, "Are ALL Human Actions Motivated by

Self-Interest?" in *Understanding Moral Philosophy*, ed. James Rachels (Dickenson Publishing, Belmont, 1976), p.71.

82) Alasdare McIntyre, "Egoism and Altruism", *Encyclopedia of philosophy* (The Macmillan Company, 1978), vol. 2, p.463a-463b.

83) 쇼펜하우어, 『도덕의 기초에 관하여』 (김미영 옮김, 책세상, 2003) p.84.

84) 니체, 『선악의 저편-도덕의 계보』 (김정현 옮김, 책세상, 2002), pp.62-63, pp.202-203.

85) 어떤 행태를 의식적 욕구로 설명하기 어려울 때 무의식적 욕구를 끌어들여 설명하기도 한다. 대개는 무의식적 욕구뿐만 아니라 무의식적 공포, 무의식적 쾌락 등을 쉽사리 끌어들인다. 의식에 바탕을 둔 피상적 설명보다 한층 더 깊이 들어가 무의식을 끌어들이는 심층적 정신분석학을 도입함으로써 심리 이기주의는 인간 행위에 대해 언제나 적합한 이론으로 보이려고 한다.

86) 이기주의를 윤리 이론으로 다루는 윤리학서의 경우 거의 예외 없이 심리 이기주의를 두 가지로 나누어 다룬다. 그 하나는 인간 행위를 행위자가 하고 싶어서 하는 행위로 규정하는 심리 이기주의이며, 다른 하나는 인간 행위를 행위자가 쾌락을 얻고자 하는 행위로 규정하는 이른바 쾌락 이기주의이다. 심리 이기주의를 강력히 지지하는 심층적 정신분석학

은 이 중 후자에 속한다. 그럼에도 심리 이기주의에 관한 논의는 후자에만 국한되지 않는다는 점에서 '포괄적'으로 보인다.

7. 왜 무조건 명령인가?

87) H. A. Prichard, "Duty and Interest", in *Readings in Ethical Theory*, ed. Wilfrid Sellars and John Hospers (Englewood Cliffs, N.J ; Prentice Hall, 1970), p.691.

88) Immauel Kant, *Fundamental Principles of the Metaphysics of Morals*, trans Thomas K. Abbott (Henry Regnery, Chicago, 1945), pp.10-11.

89) 쇼팬하우어 (2004), p.117.

90) Leslie Stevenson & David L. Haberman, *Ten Theories of Human Nature* (Oxford Univ. Press, N.Y., 1998), p.120. 번역본 『인간의 본성에 관한 10가지 이론』, p.234.

91) 쇼펜하우어 (2004), p.113.

92) 쇼펜하우어 (2003), p.241.

93) Ralph Weiner, *Der Lachende Schopenhauer, Eine Blütenlese* (Milittzke Verlang, Leipzig 1996), 번역본 『쇼펜하우어 세상을 향해 웃다』(최홍우 옮김, 시아출판사, 2006), p.289.

94) 랄프 비너 (2006), p.125.

95) Hospers (1986), p.280.

96) David Hume, *Dialog Concerning Natural Religion*, 2nd ed. Norman Kemp Smith (Social Science, N. Y., 1948), part 12, p.221

97) Hospers (1986) p.283. Kurt Baier, *The Moral Point of View* (Cornell University Press, Ithaca 1958), pp.146-147 참조.

98) Mark Jonson (1993), p.67

99) 랄프 비너 (2006), p.265.

100) 쇼펜하우어 (2003), p.88.

101) 쇼펜하우어 (2003), p.103.

102) Mark Johnson (1993), pp.153-154.

103) 랄프 비너 (2006), p.190

104) 랄프 비너 (2006), p.188.

105) 김영철, 『윤리학』 (동아학연사, 서울, 1982) pp.126-127.

106) 쇼펜하우어 (2004), p.125.

107) 쇼펜하우어 (2003), p.43.

108) Mark Johnson (1997), pp. 20-21, p.67. 이러한 세속적 신학은 헤어(Hare) 기워스(Gewirth) 롤스(Rawls) 노직

(Nozick) 도너건(Donagan) 등 20세기 철학자의 저술이 계승한다.

109) 랄프 비너 (2006), p.278.

110) 랄프 비너 (2006), p.283.

8. 어떻게 인류 전체의 행복인가?

111) Bentham, *Introduction to the Principles of Morals and Legislation*, ed., Mary Warnock (Wiiliam Collins Sons and Company, 1962), p.33.

112) G. E. Moore, *Principia Ethica* (Cambridge Univerrsity Press, 1903), p.162.

113) Moore (1903), p.163.

114) Moore (1903), p.163.

115) Hospers (1986), pp.160-161.

116) Hospers (1986), pp. 161-170.

117) Bentham, *Introduction to the Principles of Morals and Legislation*, ed. Mary Warnock (1962), pp.64-66.

118) J. S. Mill, *Utilitarianism*, chap.2 번역본 『공리주의』 (서병훈 옮김, 책세상, 2007) p.27.

119) R. Taylor, *Good and Evil* (Prometheus, Buffalo, 1984), pp.93-94.

120) 존 스튜어트 밀 (2007), p.24.

121) 존 스튜어트 밀 (2007), p.27.

122) 존 스튜어트 밀 (2007), p.28.

123) 존 스튜어트 밀 (2007), p.29.

124) 존 스튜어트 밀 (2007), p.30.

125) 존 스튜어트 밀 (2007), p.35.

126) 존 스튜어트 밀 (2007), p.36.

127) 존 스튜어트 밀 (2007), p.37.

128) *On Liberty* 번역본 『자유론』(서병훈 옮김, 책세상, 2005), p.115.

129) 존 스튜어트 밀 (2005), p.34.

130) 존 스튜어트 밀 (2007), p.38.

131) 존 스튜어트 밀 (2007), p.41.

132) Bernard Williams (1985), p.176.

9. 협동은 가능한가?

133) Roger Trigg, *The Shaping of Man* (Blackwell Publishing Ltd, Oxford, 1982), 번역본 『인간본성과 사회생물학』(김성한 옮김, 궁리, 2007), p.192.

134) 로저 트리그 (2007), p.195.

135) 로저 트리그 (2007), p.198.

136) 로저 트리그 (2007), p.198.

137) 로저 트리그 (2007), pp.201-202

138) 로저 트리그 (2007) p.204

139) 로저 트리그 (2007), pp.207-208

140) 로저 트리그 (2007), p.211.

141) J. L. Mackie, "The Law of Jungle", *Philosophy 53* (1978) 로저 트리그 (2007), p.212 재인용.

142) 로저 트리그 (2007), p.212.

143) Amatya. K, Sen "Rational fools: a critique of the behavioral foundation of economic theory", *Philosophy and Public Affairs* (1977), pp.317-344., Matt Ridley, *The Origins of Virtue* (Penguine Books, 1996) p.21.

144) Hospers (1996), p.65.

145) 윌슨 (2000) pp.209-216.

146) 리처드 도킨스, 『이기적 유전자』(홍영남 옮김, 을유문화사), p.23, p.354.

147) Matt Ridley (1996), pp.51-64. 번역본 『이타적 유전자』(신좌섭 옮김, 사이언스북스, 2001) 참조.

148) *The Republic of Plato*, trans. F. M. Conford (Oxford, 1941), p.451.

149) Ridley (1996), p.55.

150) Ridley (1996), pp.58-59.

151) 윌리엄 파운스톤, 『죄수의 딜레마』(박우석 옮김, 양문, 2004), p.169-175.

152) '상대에 따라 배반과 협동을 번갈아 구사하는 맞대응'의 전략은 레퍼퍼트(Anold Rapopott), '관용을 갖춘 대응'은 노와크(Martin Nowak), 그리고 '상호 호혜를 이끌어 내는 대응'은 프린(Marcus Frean)이 주로 연구하였다. Ridely (1996), p.60, pp.76-78, p.80

153) Pyotr Alekseyevich Kropotkin, *Mutual Aid ; A Factor of Evolution* 번역본 『만물은 서로 돕는다』(김영범 옮김, 르네상스, 2005). 크로포토킨은 이 책의 결론에서 말한다. "우리 시대에 이룬 진보는 모두가 주장하듯이 만인에 대한 개개인의 투쟁 때문이라는 생각은 비가 내리는 원인을 모르면서 진흙으로 만든 우상 앞에서 제물로 바친 희생덕분에 비가 내렸다고 여기는 꼴이다. 서로를 위해 자연을 정복하는 경우처럼 산업 분야의 발전을 위해서도 상호부조와 친밀한 교제 등이 늘 그랬듯이 상호투쟁보다 훨씬 더 이익을 준다."

154) 이러한 논의는 다음의 논문들을 중심으로 전개되었다. 논의의 핵심은, 이기주의자 각각의 행위가 서로 다른 행위인가(각각에게 올바른 행위인가) 아닌가(각각에게 올바른 행위이면서도 잘못된 행위인가)이다. Kurt Baier, *The Moral Pint of View* (Cornell Univ. Press,1958), pp.189-190, Brian

Medlin, "Ultimate Principles and Ethical Egoism", John Hospers, "Baier and Medlin on Ethical Egoism", *Problems of Moral Philsophy* (Dickenson Publishing Company, 1972), ed., Paul Taylor, pp.119-130.

155) 매트 리들리 (1996), p.188.

156) Parfit, *Reason and Persons* (Clarendon Press. Oxford, 1984), p.275.

157) Parfit, *Reason and Persons* (Clarendon Press. Oxford, 1984), p.327.

158) *Encyclopedia of ETHICS* (Garland Publishing,1992), ed., Lawrence Becker, pp.295b-296a.

159) Hospers (1986), p.122-125.

160) Hume, *Treatise*, Bk. III, Part II, Sec.i, *Encyclopedia* (1978), p464b.

10. 은폐인가? vs. 성찰인가?

161) 『레위기』 26; 27~29.

162) 『마태』 19; 29.

163) Bertrand Russell, *Why I am not Christian*, 번역본 『나는 왜 기독교인이 아닌가』 (송은경 옮김, 사회평론, 1999), p.56.

164) 『요한』 2: 4.

165) 『마태』 10; 35-37.

166) R. C. Mortimer, *Ethics* (Rinehart, N.Y., 1950), p.7. Hospers (1986) 재인용.

167) Hospers (1986), p.44.

168) Wilson (1978), p.184

169) Elliot Sober, *Philosophy of Biology*, 번역본 『생물학의 철학』(민찬홍 옮김, 철학과 현실사, 2000) p.385.

170) Christopher Hitchins, *The Missionary Position*, 번역본 『자비를 팔다』(김정환 옮김, 모멘토, 2008) 이 책 전편에서 히친스는 수녀 테레사가 검은 돈을 움직이는 사채업자와 관계있다는 주장을 펼친다.

171) John Stuart Mill, *An Examination of Sir William Hamilton's Philosophy* (Spencer, Boston, 1865), p.131.

172) Mark Johnson (1993), p.51.

173) Stevenson, *Ethics and Languge* (Yale Univ. Press, New Haven, 1945), p.123.

174) Donal Symons, *The Evolution of Human Sexuality* (Oxford Univ. Press, 1979), 번역본 『섹스얼리티의 진화』(김성한 옮김, 한길사, 2007), pp.355-356.

175) Hospers (1986), pp.10-11.

176) Steven Pinker, *Blank Slate*, 번역본 『빈서판』(김한영

옮김, 사이언스 북스, 2004), pp.473-474.

177) 스티븐 핑커 (2004), p.485.

178) 스티븐 핑커 (2004), p.474.

179) Hospers (1986), p.5.

180) 김경욱, 『위험한 독서』 (문학동네, 2008), p.82.

181) Bertrand Russell, *Religion and Science* (Henry Holt & Co, N.Y. 1935), p.237.

맺음: 성찰하지 않는 삶은 무의미하다

182) James Rachels, "Egoism and Moral Skepticism", *Right and Wrong* (Harcourt Brace Jovanovich Publishers, 1986), ed., Christina Hoff Sommers, pp.179-192. 레이첼스는 이 논문의 전편에서 이기주의를 신랄하게 비판한다. 필자는 본문에서 이런 비판들 중 특히 눈에 띄는 감정적인 표현을 순서대로 열거하였다.

183) Kurt Baier, "Egoism", *A Companion to Ethics* (Blackwell Reference, 1991), ed., Peter Singer, p.197. 번역본 『규범윤리의 전통』 (김성한 외 옮김, 철학과 현실사, 2005), pp.96-97.

184) Mark Johnson (1993), p.161. 마크 존슨(2008), p.328.

185) Nussbaum, *The Fragility of Goodness: Luck and Ethics in Greek Tragedy and Philosophy* (Cambridge Univ. Press, Cambridge, 1986), p.14.

186) 김경욱 (2008), p.20.

187) 「한겨레신문」, 2011.1.5, p.29, p.6.

188) 우쓰미 아이코, 『전후보상을 생각하는 일본과 아시아』 (김경남 옮김. 논형, 2010), p.5.

189) 윤미향, 『20년간의 수요일』(웅진주니어, 2010), p.64.

190) 윤미향 (2010), p.65.

191) 윤미향 (2010), p.66.

192) 윤미향 (2010), p.67.

193) 윤미향 (2010), p.68-70.

194) 우쓰미 아이코, (2010), pp.41 이하 참조.

195) 이정우, '아! 전태일', 「한겨레신문」, 2010.11.9, p.15.

196) 이정원, 『전을 범하다』(웅진미디어, 2010), pp.45-58 참조.

197) B. Williams, *Ethics and Limits of Philosophy* (Harvard Unv. Press, Cambridge, 1985), p.180.

198) 도덕 체계에서 도덕 의무는 특별히 중요한 하나의 숙고 결론을 통해 나타난다. 어떤 결론이냐 하면 그것은 무엇을 해야 하는가를 지시하는 결론이며, 도덕 이성이 따르는 결론이며, 어떤 특수한 상황과 관련된 결론이다. 그렇지만 어떤 특별한 도덕적 숙고의 결론이 모두 하나같이 하나의 의무로 나타나지 않는다. 비근한 예로 어떤 도덕적 결론은 무엇을

해도 좋다는 허락을 나타낸다. 이러한 도덕적 결론은 의무를 드러내지 않는다. Williams (1985), pp.174-175.

"만약 윤리학이라는 주제에 관한 진리와 같은 것이 있더라도 왜 그것이 단순해야 한다는 기대가 존재하는가? 왜 그것이 다수가 아니라 의무 또는 좋은 상태와 같은 한 두 개의 윤리 개념만을 사용해서 개념적으로 단순해야 하는가?" Williams (1985), p.17.

199) Mark Johnson (1993), p.249.

200) James J. Walker, *The Philosophy of Egoism*, p.13. John Hospers, *Human Conduct* (1986), p.131 재인용.